短线金手
TRADER BOOK SERIES 书系

短线金手 1

私募盈利系统实战剖析

吴国平　陈旭 / 著

企业管理出版社
EMPH ENTERPRISE MANAGEMENT PUBLISHING HOUSE

图书在版编目（CIP）数据

短线金手1：私募盈利系统实战剖析 / 吴国平主编；陈旭著 . —北京：企业管理出版社，2019.5

（炒股“短线金手”丛书）

ISBN 978-7-5164-1938-0

Ⅰ . ①短… Ⅱ . ①吴… ②陈… Ⅲ . ①股票交易—基本知识 Ⅳ . ① F830.91

中国版本图书馆CIP数据核字（2019）第062056号

书　　名：短线金手1：私募盈利系统实战剖析

作　　者：吴国平　陈　旭

责任编辑：李　坚

书　　号：ISBN 978-7-5164-1938-0

出版发行：企业管理出版社

地　　址：北京市海淀区紫竹院南路17号　　　邮编：100048

网　　址：http：//www.emph.cn

电　　话：编辑部（010）68414643　发行部（010）68701816

电子信箱：qiguan1961@163.com

印　　刷：三河市东方印刷有限公司

经　　销：新华书店

规　　格：170毫米×240毫米　16开本　14.75印张　150千字

版　　次：2019年5月第1版　2019年5月第1次印刷

定　　价：48.00元

/目录/CONTENTS

第一章

与狼共舞

——捕捉主力运作的痕迹

每天在股海中沉浮，不知道大家是否有这样的经历。有时候，一只股票基本面非常好，公司的财务状况也十分优良，无论是公司每年的净利润还是每股收益率都稳定增长，但是捂了几年股价就是不见涨。与此相反，有些财务状况极差的ST股股价却增长几倍。这就是股市中经常出现的怪现象：蓝筹股跌跌不休，垃圾股一飞冲天。

这到底是什么原因造成的呢？其实道理很简单，我们要清楚问题的本质：市场的资金都是追逐利润的。市场的资金就喜欢炒作概念、炒作题材。有的股票基本面可能是太优良了，散户们对它抱有超强的信心，无论股价上涨还是下跌就是一直捂着它不放手。试问，面对散户抱有超强信心的股票，主力机构怎么敢碰？因为大家都知道，主力在做一只股票时，有一个吸筹——拉升——洗筹——再拉升的过程。

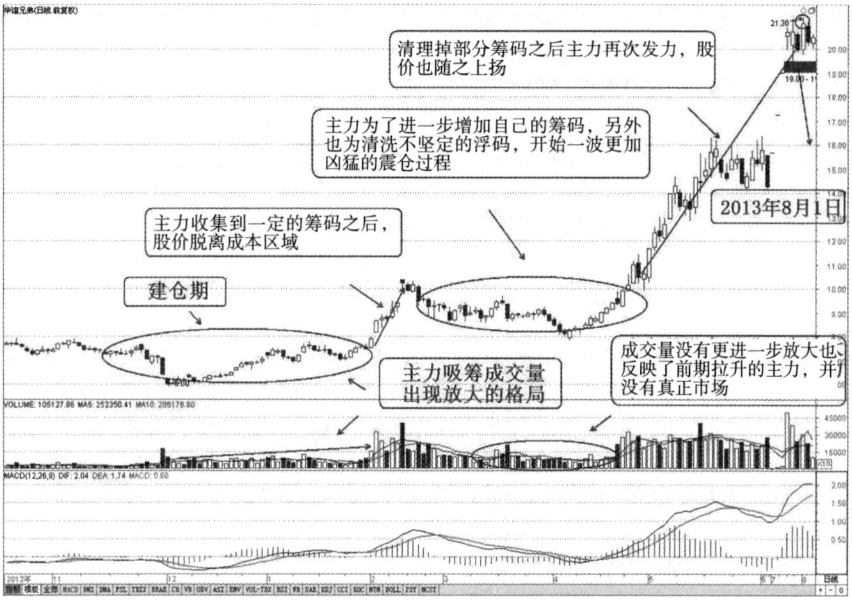
清理掉部分筹码之后主力再次发力，股价也随之上扬
主力为了进一步增加自己的筹码，另外也为清洗不坚定的浮码，开始一波更加凶猛的震仓过程
主力收集到一定的筹码之后，股价脱离成本区域
建仓期
2013年8月1日
主力吸筹成交量出现放大的格局
成交量没有更进一步放大也
反映了前期拉升的主力，并
没有真正市场

图1.1 华谊兄弟日K线图

从华谊兄弟主力操盘的思路来看，这是一种典型也较为普遍的操盘手段，从图 1.1 中我们可以清晰地看出主力坐庄的全过程。先在底部收集一定的筹码，此时股价剧烈震荡，一般立场不坚定的散户，在股价时上时下的过程中容易放弃自己的立场，会适当地减轻自己的仓位或者全仓出局。有些经验丰富的老股民会看得远一点，先捂着自己的手中的筹码，看看主力到底是什么意图。但是上涨到一定的阶段后，主力势必会有一波更为猛烈的打压股价的动作，因为通过这样凶狠的打压手段，主力能从散户手中拿到更多廉价筹码的概率较大，为日后股价的再次拉升做好准备。而在这个阶段，股

价大幅下挫，之前一直坚守的绝大多数散户为了保住自己好不容易赚取的利润，会获利了结。前期坚持下来的大部分人会想，毕竟收益达到一倍多了，该知足了。这个阶段对主力运作资金而言，就是要在这个横盘的过程中，彻底消灭那些浮筹。经过这番动作后，接下来主力的动作就不难解释了。在经过一番猛烈的打压后，浮筹差不多被清洗干净。这时主力基本上处于绝对控盘状态，股价波动开始逐步脱离震荡区间，出现新一轮的逼空行情也不足为奇了，主力资金又开始了一波征战，这时往上的空间完全打开，股价又开始一波脉冲式的拉升。

不过，话又说回来了，有的事情不能总是一概而论，因为不同的主力操盘手其风格都不一样。但是作为操盘手的我们在进行实战操作时需要记住的是，无论主力怎样狡猾，万变不离其宗，主力大体的操作手法还是离不开这几个阶段的，只是在具体细节上可能有所不同。

说到这里跟大家分享一个真实的故事。我一个好朋友由于身边朋友的推荐，买了一家基本面较好的上市公司的股票。他刚买的时候就动用了较多资金，但是买入后股票并没有像预期的那样上涨，反而开始下跌。他为了解套，接连买入，结果是越买越多，最后连他本人也没有想到，一不小心就进入了上市公司的前十大流通股东。之后生意比较忙，他就没有去太多关注股市，之前重仓买的股票也就一直放着。过了一段时间后，让他纠结的是，在大盘指数节节攀升同期个股也不断创新高的情况下，他买的股票不涨反跌。因为坚信公司的基本面或者也没有太多的时间去打理，他所买的股票也就一直放着没有卖掉。但过了一段时间，他突然接到了一个电话，让他吃惊的是，原来是做这只股票的庄家打过来的，经过一番交谈，终于明白原来他所买的股票一直被压制，是做这只股票的更强实力的资金蓄意为之，目的就是为了洗出大部分筹码，使得盘子相对较轻，这是主力机构资金要拉升的前提条件啊！可是，任对方怎样打压他就是坚决不出，因为拉升的成本高，对方被逼得没有办法，才打电话过来。对方跟他承诺，在一定的价位让他赚取一定利润之后卖出，也算是对他的一种补偿吧。这个同学听了惊讶不已，他觉得没有必要难为人家也就成人之美了。后来的结果果然与对方的许诺一样，股票上涨到一定的价位，获取一定利润后他就全部出掉了，之后再经过了一番震荡后，横盘震荡很久的股票突然像是打了兴奋剂一般直线拉升，最终几乎涨了三倍。这说明了什么问题？说明主力资金在做一只股票之时，一定会千方百计地洗掉里面的浮筹，使得其控股的盘子相对较轻，只有这样才能使得自己操作的成本尽可能降低，为自己争取利润的最大化。

通过上面例子我们不难得出结论，选择好的公司与好的品种固然很重要，但这只是股价上涨的必要非充分条件，还要把握好市场中的资金流向。毕竟就目前阶段而言，我国的资本市场在某种程度上来说还是资金推动型的。

再好的上市公司，如果散户们抱有超强的信心都一致看好，如果主力资金很难从散户们手中抢到筹码，股价也肯定难有较大作为。其实稍稍想想也知道，如果散户对公司的未来充满信心，无论主力机构怎样洗盘就是不出货，就是坚定地看多，这样的股票哪个资金运作的主力敢碰啊（主力拿不到更多廉价的筹码，这样的股票对操盘手来说也就没有任何的可操作性了）。

所以说，选择好的公司是必要的，但是我们去感知把握市场主力资金的动向更为重要。俗话说：市场中的主力不是万能的，但没有主力是万万不能的。所以在我们进行实战操盘时，面对真正业绩优良的上市公司，不应该如同散户一样恨不得马上就去投资，应该至少要等到这只股票有主流资金进入的动向后，有明显的异动后，再开始逐步去把握投资机会，这样成功的概率会大很多。

资金是资本市场的血液，缺乏资金的市场是贫乏的、没有活力的资本市场。在资本市场中，资金为王，谁持有资金谁就掌握着话语权。资金流向哪个板块或者哪只个股，哪个板块或者个股就有机会，因此我们需要记住，资金永远是投资者应该关注的最重要的市场因素。

关注与跟随市场主力资金有各种方法，本章就结合自己的实战操作经验，重点从两个方面和投资者一起分享市场主力资金动向的挖掘方法：

①龙虎榜掘金（短线角度）。

②季报或年报中的主力追踪（中长期角度）。

一、龙虎榜数据把握先机

1. 吃透龙虎榜的几点思路

龙虎榜数据，一般是指沪深交易所上市股票中每日涨跌幅、换手率等由大到小的排名榜单。透过该数据有助于了解当日异动个股的资金进出情况，判断是游资所为还是机构所为。那么作为投资者的我们该如何从繁杂的龙虎榜数据中去寻找战机呢?

（1）对比卖方力量，买方力量越强越好

买入的前五个营业部的总资金远大于卖出的前五个营业部的总

资金，说明当日主动介入的资金多于主动退出的资金，这当然有利于股价的进一步上涨。值得注意的是，买入第一名营业部的资金量越大越好，最好远远大于卖出第一名营业部的资金量。因为买入第一名的营业部极有可能是主力的大本营。

案例：

从图 1.2 中的数据我们可以得知，紫光股份在 7 月 29 日涨停当天，买入前五名营业部中，第一名中信证券股份有限公司上海恒丰路证券营业部买入 1162.57 万元，是卖出第一名申银万国证券股份有限公司上海利津路证券营业部 515.7 万元的两倍多，可见买入力量的强劲。紫光股份也在此后经过小幅度调整之后一路上扬，涨势十分喜人。

2013-07-29 星期一　类型：当日涨幅偏离值达7%的证券
收盘价：16.03元　涨跌幅：10.01%　成交量：270.00万股　成交金额：4703.00万元

序号	交易营业部名称	买入金额(万)	占总成交比例	卖出金额(万)	占总成交比例	净额(万)
买入金额最大的前5名						
1	中信证券股份有限公司上海恒丰路证券营业部	1162.57	24.62%	0.00	0.00%	1162.57
2	国泰君安证券股份有限公司深圳益田路证券营业部	936.06	19.82%	5.93	0.13%	930.13
3	华泰证券股份有限公司深圳益田路荣超商务中心证券营业	841.25	17.81%	0.00	0.00%	841.25
4	中信证券股份有限公司上海世纪大道证券营业部	520.94	11.03%	0.00	0.00%	520.94
5	华泰证券股份有限公司武汉西马路证券营业部	357.77	7.58%	0.00	0.00%	357.77
卖出金额最大的前5名						
序号	交易营业部名称	买入金额(万)	占总成交比例	卖出金额(万)	占总成交比例	净额(万)
1	申银万国证券股份有限公司上海利津路证券营业部	0.00	0.00%	515.70	10.92%	-515.70
2	中信万通证券有限责任公司淄博美食街证券营业部	0.00	0.00%	385.50	8.16%	-385.50
3	财富证券有限责任公司湘潭韶山中路证券营业部	0.00	0.00%	220.26	4.66%	-220.26
4	天风证券股份有限公司成都走马街证券营业部	0.00	0.00%	155.22	3.29%	-155.22
5	广发证券股份有限公司厦门湖滨南路证券营业部	0.00	0.00%	152.37	3.23%	-152.37
	(买入前5名与卖出前5名)总合计:	3818.59	80.85%	1434.97	30.38%	2383.62

图1.2　紫光股份2013年7月29日龙虎榜数据

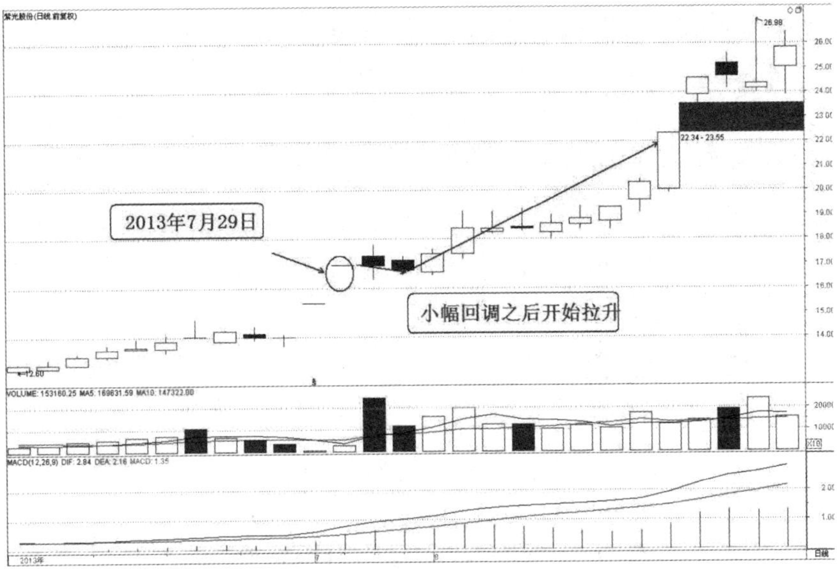

图1.3　紫光股份日K线图

（2）买方中出现机构席位越多越强大越好

大部分机构对目标股票的基本面要求是比较高的，要经过一系列严格的筛选，相对而言更经得起考验。因此，如果龙虎榜数据里显示“机构专用”的席位越多，并且机构介入的资金越大，那无疑对股价的进一步上涨是非常有利的。

从图 1.4 三安光电的龙虎榜数据中我们可以看到，买入资金前五名有四家机构总共买入超过 1.7 亿元，远远大于卖出的前五家营业部。在某种程度上也反映了市场主流资金——机构对该股的介入程度。

2013-05-15 星期三　类型：当日涨幅偏离值达7%的证券
收盘价：16.93元　涨跌幅：10.01%　成交量：3979.87万股　成交金额：65611.25万元

买入金额最大的前5名

序号	交易营业部名称	买入金额(万)	占总成交比例	卖出金额(万)	占总成交比例	净额(万)
1	机构专用	8379.27	12.77%	0.00	0.00%	8379.27
2	机构专用	3525.78	5.37%	0.00	0.00%	3525.78
3	华泰证券股份有限公司深圳益田路荣超商务中心证券营业部	3071.63	4.68%	0.00	0.00%	3071.63
4	机构专用	2974.31	4.53%	0.00	0.00%	2974.31
5	机构专用	2193.50	3.34%	0.00	0.00%	2193.50

卖出金额最大的前5名

序号	交易营业部名称	买入金额(万)	占总成交比例	卖出金额(万)	占总成交比例	净额(万)
1	中国中投证券有限责任公司贵阳护国路证券营业部	0.00	0.00%	4957.65	7.56%	-4957.65
2	兴业证券股份有限公司厦门兴隆路证券营业部	0.00	0.00%	4225.99	6.44%	-4225.99
3	兴业证券股份有限公司上海金陵东路证券营业部	0.00	0.00%	2598.07	3.96%	-2598.07
4	海通证券股份有限公司上海江宁路证券营业部	0.00	0.00%	2313.81	3.53%	-2313.81
5	华福证券有限责任公司上海遵义路证券营业部	0.00	0.00%	2250.31	3.43%	-2250.31
	(买入前5名与卖出前5名)总合计:	20144.50	30.70%	16345.82	24.91%	3798.68

四家机构席位

图1.4　三安光电2013年5月15日龙虎榜数据

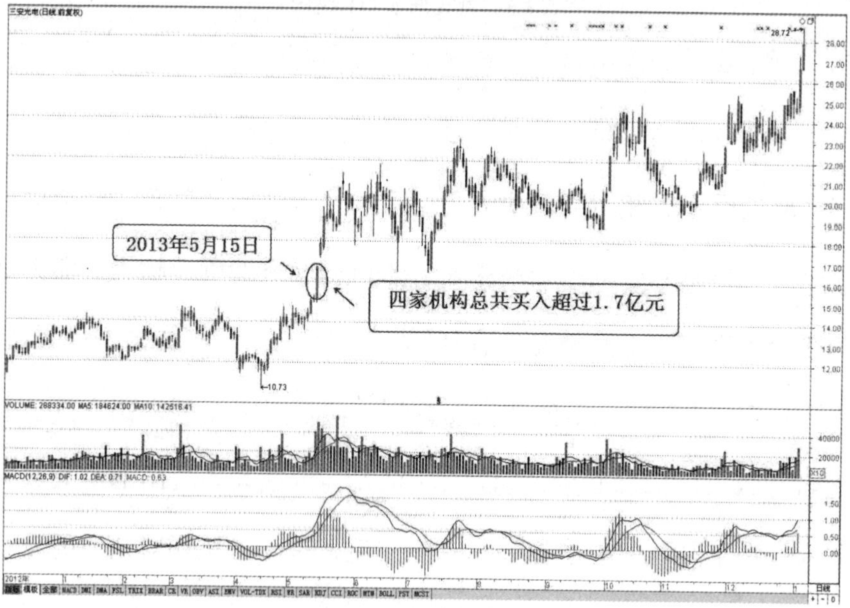
2013年5月15日
四家机构总共买入超过1.7亿元

图1.5　三安光电日K线图

机构大举介入的同时，如果卖出席位中“机构专用”的席位较多，或者机构卖出的数额较大，说明机构内部的分歧很大，博弈较激烈，短期具有不确定性，会有震荡。我们作为局外人，最好等局势明朗之后再考虑介入。更何况，市场中还有一大把好股票，何必在一棵树上吊死？

另外，买入席位中，机构重金介入越多越好。那么，机构买入的数额究竟多大，才算是重金介入？这就要看个股的真实流通市值了。真实流通股数量，即是流通股中减去第一大股东等基本不会减持的流通股数量所剩下的股数。因为第一大股东要保持控股权，不会轻易减持股权，更何况他们即使减持，也会有公告。

2013-10-24 星期四　类型：当日涨幅偏离值达7%的证券　收盘价：11.37元　涨跌幅：9.96%　成交量：3818.80万股　成交金额：42368.80万元

买入金额最大的前5名

序号	交易营业部名称	买入金额(万)	占总成交比例	卖出金额(万)	占总成交比例	净额(万)
1	东方证券股份有限公司客户资产管理部	3380.76	7.98%	0.00	0.00%	3380.76
2	光大证券股份有限公司上海世纪大道证券营业部	2076.32	4.90%	0.00	0.00%	2076.32
3	机构专用	1746.14	4.12%	0.00	0.00%	1746.14
4	机构专用	1328.66	3.14%	0.00	0.00%	1328.66
5	机构专用	1145.67	2.70%	0.00	0.00%	1145.67

卖出金额最大的前5名

序号	交易营业部名称	买入金额(万)	占总成交比例	卖出金额(万)	占总成交比例	净额(万)
1	招商证券股份有限公司北京西直门北大街证券营业部	0.00	0.00%	1102.70	2.60%	-1102.70
2	[illegible]证券有限责任公司西安[illegible]路证券营业部	0.00	0.00%	700.46	1.65%	-700.46
3	中信建投证券股份有限公司北京市马家堡西路证券营业部	0.00	0.00%	583.64	1.38%	-583.64
4	渤海证券股份有限公司北京西外大街证券营业部	0.00	0.00%	551.05	1.30%	-551.05
5	安信证券股份有限公司南昌胜利路证券营业部	0.00	0.00%	540.76	1.28%	-540.76
	(买入前5名与卖出前5名)总合计:	9677.55	22.84%	3478.61	8.21%	6198.94

有三家机构大力买入，超过4000万资金。在某种程度上也表明机构都看好电子城

图1.6　电子城2013年10月24日龙虎榜数据

从图 1.6 中我们不难看出，电子城买入前五名有三家机构席位，买入资金超过 4000 万资金，买入资金力量强大，买入的主力资金秀出了强而有力的“肌肉”。

从图 1.7 中我们初看电子城流通盘为 5.8 亿股，但是只要我们更进一步挖掘，发现事实并非完全如此。

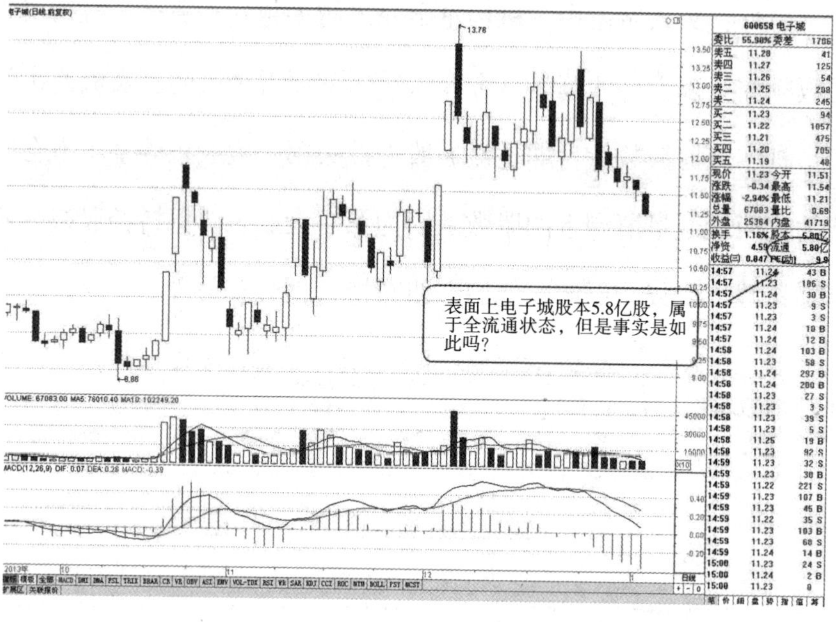
600658 电子城
13.78
表面上电子城股本5.8亿股，属于全流通状态，但是事实是如此吗？

图1.7　电子城日K线图

从图 1.8 可知，电子城 5.8 亿股流通股中，大股东北京电子控股有限责任公司持有 40598.14 万股，占 69.99%。我们知道一般情况下大股东不会轻易交易，因此大多数情况下电子城交易股数只有 1.74 亿股左右。

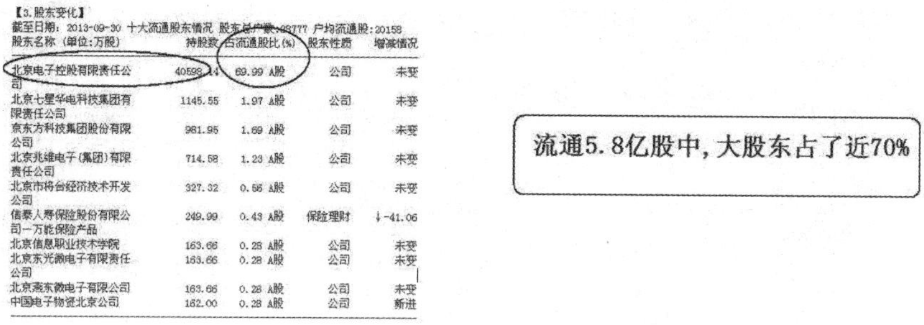

【3.股东变化】

截至日期：2013-09-30 十大流通股东情况 股东总户数:28777 户均流通股:20158

股东名称（单位:万股）	持股数	占流通股比(%)	股东性质	增减情况
北京电子控股有限责任公司	40598.14	69.99 A股	公司	未变
北京七星华电科技集团有限责任公司	1145.55	1.97 A股	公司	未变
京东方科技集团股份有限公司	981.95	1.69 A股	公司	未变
北京兆维电子(集团)有限责任公司	714.58	1.23 A股	公司	未变
北京市将台经济技术开发公司	327.32	0.56 A股	公司	未变
信泰人寿保险股份有限公司一万能保险产品	249.99	0.43 A股	保险理财	↓-41.06
北京信息职业技术学院	163.66	0.28 A股	公司	未变
北京东光微电子有限责任公司	163.66	0.28 A股	公司	未变
北京燕东微电子有限公司	163.66	0.28 A股	公司	未变
中国电子物资北京公司	162.00	0.28 A股	公司	新进

流通5.8亿股中，大股东占了近70%

图1.8 电子城F10中股东研究

2. 龙虎榜数据结合技术走势和基本面

（1）技术走势

一只股票大形态的形成，上升趋势的构成，是各路资金集中意志的反映。这类大的形态、趋势的形成，没有充分的资金、充分的时间，有可能吗？以大的圆弧底为例，这类大形态的形成，主力花几个月甚至一两年的时间进行构筑，消耗了大量的资金，吸纳了一肚子的筹码，统一了各路筹码的意志，难道仅仅是奔着10%、20%的目标而来吗？不会的。

技术形态具有攻击性，是指股价在中低位，经过充分的蓄势整理，展开上涨之旅。

如粤传媒：

2014-01-20 星期一　类型：当日涨幅偏离值达7%的证券
收盘价：13.26元　涨跌幅：10.04%　成交量：3378.00万股　成交金额：43910.00万元

买入金额最大的前5名

序号	交易营业部名称	买入金额(万)	占总成交比例	卖出金额(万)	占总成交比例	净额(万)
1	机构专用	5954.24	13.56%	0.00	0.00%	5954.24
2	申银万国证券股份有限公司上海东川路证券营业部	1823.20	4.15%	15.77	0.04%	1807.43
3	华泰证券股份有限公司杭州学院路证券营业部	1285.09	2.93%	2.45	0.01%	1282.63
4	机构专用	970.30	2.21%	0.00	0.00%	970.30
5	华泰证券股份有限公司上海武定路证券营业部	802.09	1.83%	111.83	0.25%	690.26

卖出金额最大的前5名

序号	交易营业部名称	买入金额(万)	占总成交比例	卖出金额(万)	占总成交比例	净额(万)
1	宏源证券股份有限公司北京紫竹院路证券营业部	9.81	0.02%	1621.06	3.69%	-1611.25
2	招商证券股份有限公司上海萝山关路证券营业部	51.63	0.12%	1205.14	2.74%	-1153.51
3	中信万通证券有限责任公司青岛东海西路证券营业部	85.39	0.19%	1009.06	2.30%	-923.66
4	西藏同信证券有限责任公司北京陶然亭路证券营业部	171.23	0.39%	912.91	2.08%	-741.68
5	中国银河证券股份有限公司北京金融街证券营业部	46.77	0.11%	842.80	1.92%	-796.03
	(买入前5名与卖出前5名)总合计:	11199.76	25.51%	5721.03	13.03%	5478.73

有两机构买入，买入第一名的机构买入了5954.24万，远远大于卖出第一名的营业部

图1.19　粤传媒2014年1月20日龙虎榜数据

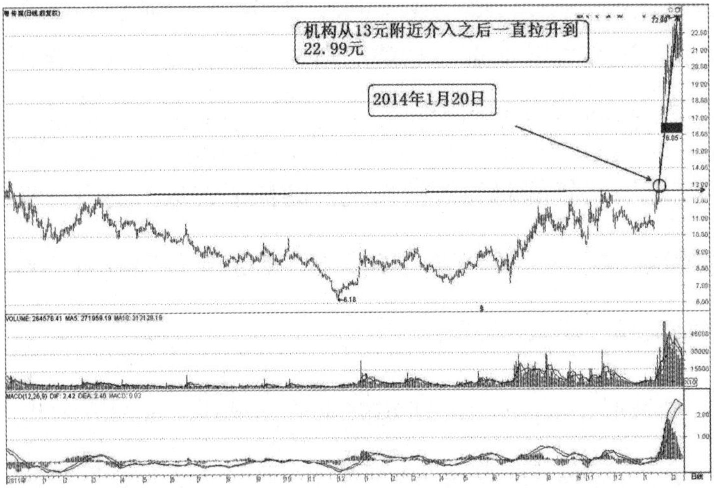
机构从13元附近介入之后一直拉升到
22.99元
2014年1月20日

图1.10　粤传媒日K线图

（2）基本面改善或题材的配合或有意想不到的收获

抓住重组股是很多投资者梦寐以求的事情，但是我们靠听各种

消息或者靠运气能够抓住重组股的寥寥无几，但是主力机构有独特的先天资源优势，或许我们跟随主力机构能够挖掘重组股。

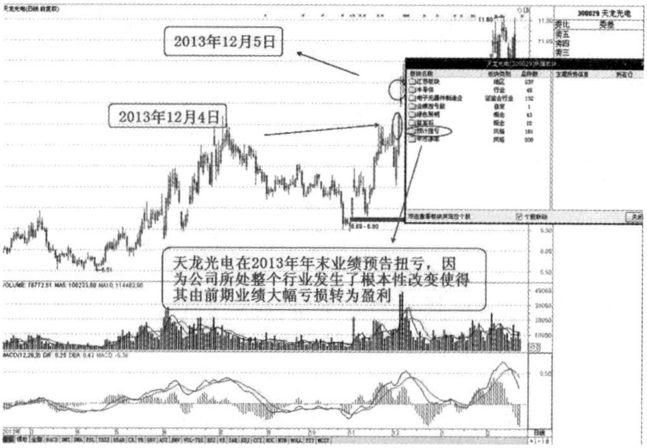
2013年12月5日
2013年12月4日
天龙光电在2013年年末业绩预告扭亏，因为公司所处整个行业发生了根本性改变使得其由前期业绩大幅亏损转为盈利

图1.11 天龙光电日K线图

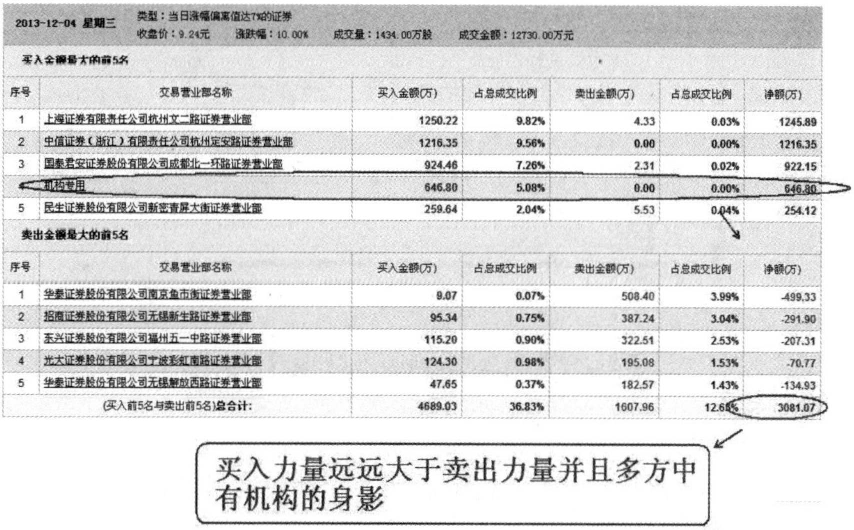

2013-12-04 星期三 类型：当日涨幅偏离值达7%的证券
收盘价：9.24元 涨跌幅：10.00% 成交量：1434.00万股 成交金额：12730.00万元

买入金额最大的前5名

序号	交易营业部名称	买入金额(万)	占总成交比例	卖出金额(万)	占总成交比例	净额(万)
1	上海证券有限责任公司杭州文二路证券营业部	1250.22	9.82%	4.33	0.03%	1245.89
2	中信证券（浙江）有限责任公司杭州定安路证券营业部	1216.35	9.56%	0.00	0.00%	1216.35
3	国泰君安证券股份有限公司成都北一环路证券营业部	924.46	7.26%	2.31	0.02%	922.15
4	机构专用	646.80	5.08%	0.00	0.00%	646.80
5	民生证券股份有限公司新密青屏大街证券营业部	259.64	2.04%	5.53	0.04%	254.12

卖出金额最大的前5名

序号	交易营业部名称	买入金额(万)	占总成交比例	卖出金额(万)	占总成交比例	净额(万)
1	华泰证券股份有限公司南京鱼市街证券营业部	9.07	0.07%	508.40	3.99%	-499.33
2	招商证券股份有限公司无锡新生路证券营业部	95.34	0.75%	387.24	3.04%	-291.90
3	东兴证券股份有限公司福州五一中路证券营业部	115.20	0.90%	322.51	2.53%	-207.31
4	光大证券股份有限公司宁波彩虹南路证券营业部	124.30	0.98%	195.08	1.53%	-70.77
5	华泰证券股份有限公司无锡解放西路证券营业部	47.65	0.37%	182.57	1.43%	-134.93
	(买入前5名与卖出前5名)总合计:	4689.03	36.83%	1607.96	12.63%	3081.07

买入力量远远大于卖出力量并且多方中有机构的身影

图1.12 2013年12月4日天龙光电龙虎榜数据

2013-12-05 星期四　类型：连续三个交易日收盘价涨幅偏离值累计20%
3日成交量：6518.00万股　3日成交金额：60298.00万元

买入金额最大的前5名

序号	交易营业部名称	买入金额(万)	占总成交比例	卖出金额(万)	占总成交比例	净额(万)
1	机构专用	2762.08	4.58%	0.00	0.00%	2762.08
2	中信证券股份有限公司上海世纪大道证券营业部	1891.69	3.14%	106.56	0.18%	1785.13
3	机构专用	1694.26	2.81%	0.00	0.00%	1694.26
4	机构专用	1301.30	2.16%	0.00	0.00%	1301.30
5	上海证券有限责任公司杭州文二路证券营业部	1255.07	2.08%	1336.59	2.22%	-81.52

卖出金额最大的前5名

序号	交易营业部名称	买入金额(万)	占总成交比例	卖出金额(万)	占总成交比例	净额(万)
1	上海证券有限责任公司杭州文二路证券营业部	1255.07	2.08%	1336.59	2.22%	-81.52
2	中信证券（浙江）有限责任公司杭州定安路证券营业部	1220.58	2.02%	1277.39	2.12%	-56.81
3	国泰君安证券股份有限公司南京太平南路证券营业部	977.54	1.62%	1144.10	1.90%	-166.57
4	招商证券股份有限公司无锡新生路证券营业部	265.51	0.44%	1105.46	1.83%	-839.95
5	国泰君安证券股份有限公司成都北一环路证券营业部	950.89	1.58%	1018.09	1.69%	-67.20
		12318.93	20.43%	5988.19	9.93%	6330.74

如果说12月4日只是有机构的身影的话，那么第二个交易日即2013年12月5日前四名更加有3个机构在不断介入

图1.13　2013年12月5日天龙光电龙虎榜数据图

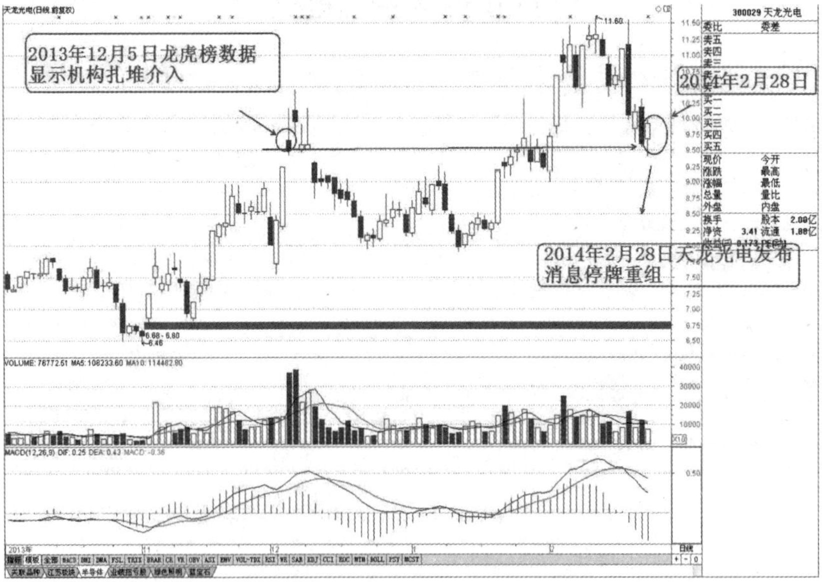

图1.14　天龙光电日K线图

总之：龙虎榜是公开的主力运作，虽然是盘后的，但还是很有实际意义的，不是所有的主力资金流入后第二天就流出，有的后期还是很牛的，有了进出记录或成交记录后，股民可以分析这些大户是否在出手、加码买进。

（3）实战心得总结

我们可以从以下三方面参考龙虎榜数据。

①对比卖方力量，买方力量越强越好。

②技术走势处于突破之时最好。

③基本面或者业绩有支撑的股票更好。

二、公开信息中追踪主力痕迹

上节我们重点给投资者介绍了短线挖掘资金动向的一种思路，接下来我们从中长线角度去剖析研判主力资金动向的一种思路。怎样去把握主力机构中期以上的动向？最为简单有效的方法就是透过F10中的主力追踪与股东研究来追踪。

1. 股东研究

股东研究包含三个小类，它们分别是“股东变化”、“基金持股”与“股东简介”。在之前我曾强调股东的实力是关键，不论是公司大股东还是其他大股东，他们在很大程度上决定上市公司的未来。

股东研究的重要性我在这不做过多的阐述，现在我们更深入地来挖掘。中国 A 股市场的控股股东一般分为国务院国资委、地方国资委、民营企业的自然人。我要强调的一点就是，上市公司的控股股东也就是实际控制人的性质在很大程度上决定着上市公司的整体实力。不过有些问题我们不应当一概而论，而是要具体问题具体分析。

☆股东研究☆ ◇601718 际华集团 更新日期：2013-12-25◇ 港澳资讯 灵通V6.0
★本栏包括【1.控股股东与实际控制人】【2.股东持股变动】【3.股东变化】【4.基金持股】★

【1.控股股东与实际控制人】

控股股东	新兴际华集团有限公司(66.33%)
实际控制人	国务院国有资产监督管理委员会(持有新兴际华集团有限公司:100.00%)

最高行政机关国务院下面
的国资委持有100%股权

图1.15　际华集团股东研究

从图 1.15 中可以看出，际华集团的控股股东为国务院下属的国资委，从公司“家长”的实力我们不难看出，际华集团真正实力是不可小觑的。一个公司的实力往往很大程度上决定着一个公司未来的走向。

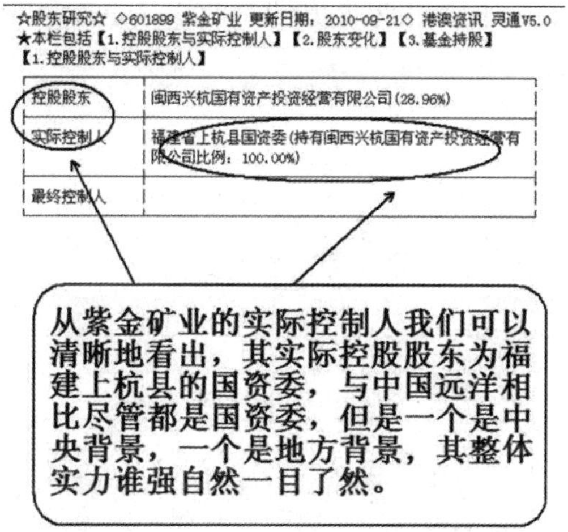
☆股东研究☆ ◇601899 紫金矿业 更新日期：2010-09-21◇ 港澳资讯 灵通V5.0
★本栏包括【1.控股股东与实际控制人】【2.股东变化】【3.基金持股】
【1.控股股东与实际控制人】
控股股东
闽西兴杭国有资产投资经营有限公司(28.96%)
实际控制人
福建省上杭县国资委(持有闽西兴杭国有资产投资经营有限公司比例：100.00%)
最终控制人
从紫金矿业的实际控制人我们可以清晰地看出，其实际控股股东为福建上杭县的国资委，与中国远洋相比尽管都是国资委，但是一个是中央背景，一个是地方背景，其整体实力谁强自然一目了然。

图1.16　紫金矿业股东研究

从图 1.16 中我们可以得知，紫金矿业的实际控制人为福建上杭县的国资委。不难得知，公司为地方政府所控制。地方国资委的实力相比中央国资委的实力虽然弱点，但也还是有一定的基础的。毕竟一家地方政府控股的上市公司一般都是当地龙头企业，势必在一些重要问题与政策上会得到当地政府的大力支持，获得一定的政策优惠。

上市公司是自然人控制的，其实力相比那些具有雄厚实力的政府背景的公司一般会相对较弱，不过有些问题我们要辩证看待，为什么要这样呢？

众所周知，上市公司的家长实力强，对公司未来的发展有很大的促进作用,但是有时看似实力较小的公司在某些问题上也灵活些。所谓船小好调头，也就是这个道理。所以，这个问题我们要结合具体问题进行分析。

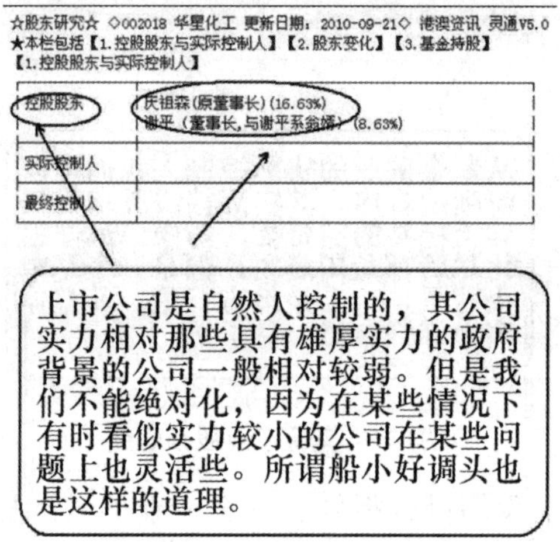
☆股东研究☆ ◇002018 华星化工 更新日期：2010-09-21◇ 港澳资讯 灵通V5.0
★本栏包括【1.控股股东与实际控制人】【2.股东变化】【3.基金持股】
【1.控股股东与实际控制人】
控股股东
庆祖森(原董事长)(16.63%)
谢平（董事长,与谢平系翁婿）(8.63%)
实际控制人
最终控制人
上市公司是自然人控制的，其公司实力相对那些具有雄厚实力的政府背景的公司一般相对较弱。但是我们不能绝对化，因为在某些情况下有时看似实力较小的公司在某些问题上也灵活些。所谓船小好调头也是这样的道理。

图1.17　华星化工股东研究

透过大股东持股接下来我们进一步深挖，你还能发现更有价值的线索吗？这就是第一控制人的持股比例，第一控股股东持股所占比例越大尤其是与第二大股东相差较多时，往往意味着第一大股东对公司有绝对的控制力。

2. 股东变化

有变化才会有机会，会把握机会的人才能抓到战机。那么我们该怎样去把握股东的变化呢？其实非常简单，上市公司有义务在F10中披露公司股东的具体变化，我们只要看一下，就一目了然。俗话说：生命在于运动。而运动的本质是什么？是变化。但接下来是，我们该如何去理解股东变化？到底其变化对上市公司有什么样的影响，是好还是坏，就在于我们怎样去把握，怎样去结合具体的情况去运用而已。公司在什么样的情况下，股东人数的变化是机会，什么情况下是陷阱？我们该怎样去看待这样的问题，这点值得我们去思考。

上市公司的变化一般分为两类：一是大股东（或者是实际控制人）的变化；二是十大流通股东进出情况的变化。大家都知道，公司流通股东的流动性相对较大，要关注其持股数是增加还是有所减少。

我们主要来看上市公司大股东的变化，这点应当引起我们足够的重视。为什么这样说呢？因为，一般情况下上市公司的控股股东是较为稳定的，不会有太大的变动。一旦一家上市公司的大股东或者实际控制人发生改变，在我看来一般蕴藏着机会，或许会使得公司的内在价值发生一个由量变到质变的过程。这样的机会就看我们如何去把握了。

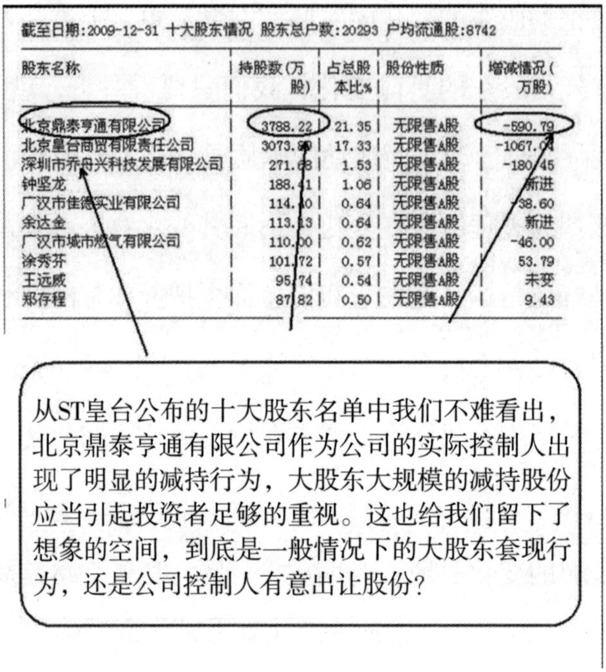

截至日期:2009-12-31 十大股东情况 股东总户数:20293 户均流通股:8742

股东名称	持股数(万股)	占总股本比%	股份性质	增减情况(万股)
北京鼎泰亨通有限公司	3788.22	21.35	无限售A股	-590.79
北京皇台商贸有限责任公司	3073.80	17.33	无限售A股	-1067.04
深圳市乔丹兴科技发展有限公司	271.68	1.53	无限售A股	-180.45
钟坚龙	188.41	1.06	无限售A股	新进
广汉市佳德实业有限公司	114.10	0.64	无限售A股	-38.60
余达金	113.13	0.64	无限售A股	新进
广汉市城市燃气有限公司	110.00	0.62	无限售A股	-46.00
涂秀芬	101.72	0.57	无限售A股	53.79
王远威	95.74	0.54	无限售A股	未变
郑存程	87.82	0.50	无限售A股	9.43

从ST皇台公布的十大股东名单中我们不难看出，北京鼎泰亨通有限公司作为公司的实际控制人出现了明显的减持行为，大股东大规模的减持股份应当引起投资者足够的重视。这也给我们留下了想象的空间，到底是一般情况下的大股东套现行为，还是公司控制人有意出让股份？

图1.18 ST皇台股东分析

从图 1.18 中我们不难看出，ST 皇台的实际控股股东出现了大幅减持现象。作为 ST 类的股票，公司控股股东这种明显的减持行为，应该值得我们思考。是机会，还是公司盈利无望股东出逃的陷阱？一百个人可能有一百种答案。不过我要强调的是，不能一味地指望别人给你正确的结果，有的事情还是要靠我们自己去跟踪去把握。做一个有心人，只有这样才能够更好地抓住稍纵即逝的战机。

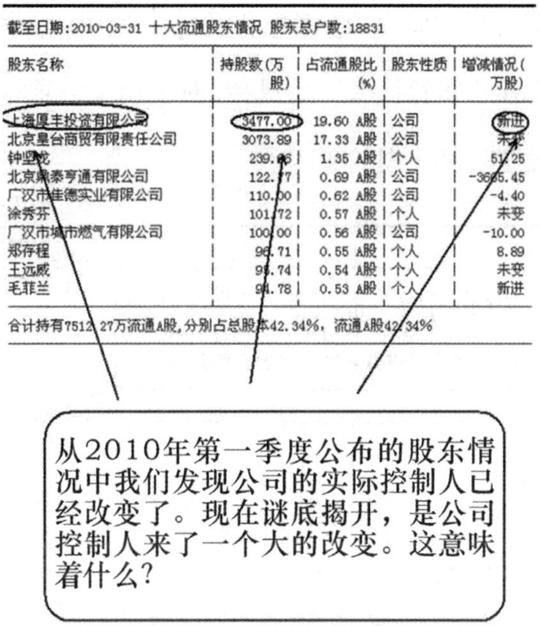

截至日期:2010-03-31 十大流通股东情况 股东总户数:18831

股东名称	持股数(万股)	占流通股比(%)	股东性质	增减情况(万股)
上海厚丰投资有限公司	3477.00	19.60 A股	公司	新进
北京皇台商贸有限责任公司	3073.89	17.33 A股	公司	未变
钟坚戎	239.86	1.35 A股	个人	51.25
北京鼎泰亨通有限公司	122.77	0.69 A股	公司	-3665.45
广汉市佳德实业有限公司	110.00	0.62 A股	公司	-4.40
涂秀芬	101.72	0.57 A股	个人	未变
广汉市城市燃气有限公司	100.00	0.56 A股	公司	-10.00
郑存程	96.71	0.55 A股	个人	8.89
王远威	95.74	0.54 A股	个人	未变
毛菲兰	94.78	0.53 A股	个人	新进

合计持有7512.27万流通A股，分别占总股本42.34%，流通A股42.34%

从2010年第一季度公布的股东情况中我们发现公司的实际控制人已经改变了。现在谜底揭开，是公司控制人来了一个大的改变。这意味着什么？

图1.19 ST皇台股东分析

ST 皇台的前身皇台酒业是甘肃省及西北地区最大的酒类制造企业之一，区域优势明显，公司有着西北地区独特的气候和地热资源优势，也曾一度辉煌过。皇台酒业是西部地区一家有着重要影响力的上市公司，也受到了国家政策与地方政府的大力支持，为什么会从明星企业一下跌落至 ST 类严重亏损之列？这应该引起我们深思。难道是行业环境整体恶化？这一期间整个酿酒行业一直保持向上的良好发展态势。那么到底是什么原因呢？应该是公司管理层管理不善，使得公司业绩一泻千里（尽管这不是唯一原因但是也至少是极为重要的一个因素）。而现在改换整个公司的实际控制人，这对公司与投资者意味着什么？是机会，对公司来讲意味着发展机会，对投资者来说这就是我们的买入点。

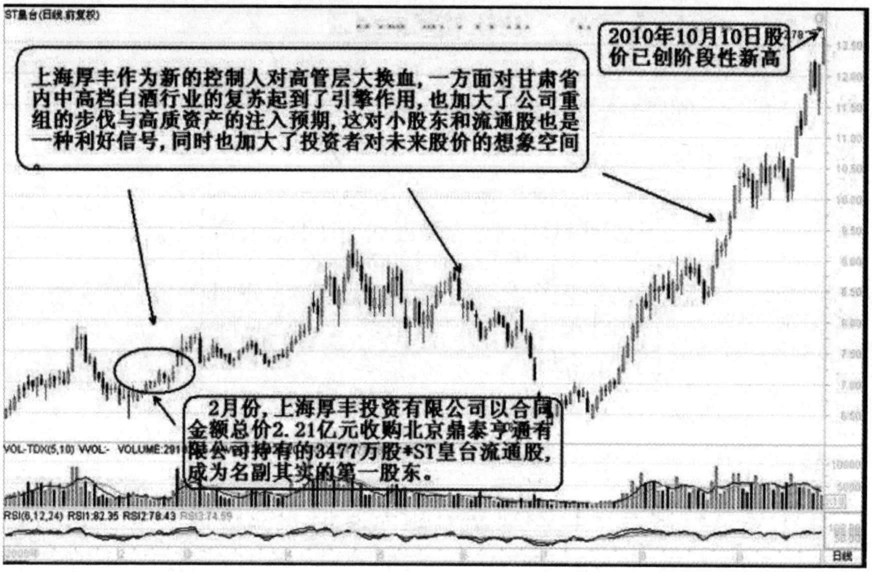
ST皇台(日线,前复权)
上海厚丰作为新的控制人对高管层大换血，一方面对甘肃省内中高档白酒行业的复苏起到了引擎作用，也加大了公司重组的步伐与高质资产的注入预期，这对小股东和流通股也是一种利好信号，同时也加大了投资者对未来股价的想象空间
2010年10月10日股价已创阶段性新高
2月份，上海厚丰投资有限公司以合同金额总价2.21亿元收购北京鼎泰亨通有限公司持有的3477万股*ST皇台流通股，成为名副其实的第一股东。
日线

图1.20　ST皇台日K线图

从图 1.20 中我们清楚地知道，在 2010 年 2 月份，上海厚丰投资有限公司以合同总价 2.21 亿元收购北京鼎泰亨通有限公司持有的 3477 万股 ST 皇台股份，成了名副其实的第一大控股股东。之后上海厚丰作为皇台酒业新的控股人对公司高层进行了大规模的更换后，一方面提高了公司高层管理与运作效率，另一方面加快了对公司资产重组的步伐与高质资产注入的预期，这对小股东以及流通股是实质性的利好消息，加大了投资者对公司未来的想象空间。我们可以与图 1.21 同期大盘走势作对比。

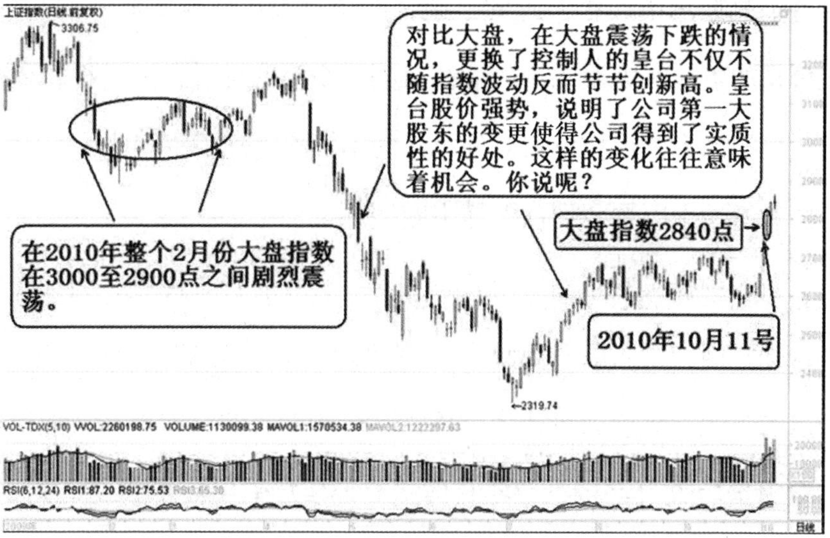
3306.75
对比大盘，在大盘震荡下跌的情况，更换了控制人的皇台不仅不随指数波动反而节节创新高。皇台股价强势，说明了公司第一大股东的变更使得公司得到了实质性的好处。这样的变化往往意味着机会。你说呢？
大盘指数2840点
在2010年整个2月份大盘指数在3000至2900点之间剧烈震荡。
2010年10月11号
2319.74

图1.21　上证指数日K线图

从皇台酒业与同期大盘的对比中我们可以看出，在大盘震荡下跌的情况下，更换了实际控制人的皇台酒业不仅不随大盘指数下跌反而节节创新高。皇台股份的强势，说明公司第一大股东的变更使公司得到了实质性的好处。

这里我给大家提供一个把握上市公司控股股东发生变化的战机的思路。

首先，我们可以对上市公司的实际控制人变更的公告作重点关注。为什么这样说？因为大家都知道新的大股东一旦接收了这家上市公司势必有一番大的动作，所谓新官上任三把火，会有一系列的消息出台。对于新的控股股东公布的信息我们就要认真去判别了，这些消息或承诺即将实施的措施，是会对公司形成实质性的利好，让公司的整体实力跟未来的业绩得到一个大的提升，还是根本就是新入的控制人取得控股权对外承诺却不可能兑现的谎言呢？

对于这个问题我们该怎样去甄别？

新入的控股股东的实力背景如何。有政府背景优先，为什么这样说呢？因为新入股东有政府背景，说明政府看好这家公司的未来，而且有强大的政府力量作为后盾，其后所发布的一些措施，能得到行政力量的大力支持，一些具体措施的实施有一定的保证。再者，政府会对公司今后的发展有一定的政策导向。

新入控股股东的过去是否有惊人的战绩。因为有的新入的控股股东是一些金融投资管理公司，取得上市公司的实际控制权只有一个目的，就是赚取利润。这样的新股东入股之后为了使得自己赚取的利润最大化，势必会为了提高公司的整体实力与盈利能力而采取一系列措施。但是其能否很好地执行以及取得的效果怎样才是关键所在。那么怎样可以辨别呢？就是通过这家投资公司以往投资的业绩怎样，是否有高瞻远瞩的战略眼光，以及公司过去的执行能力与效率怎样 。虽说这样不是衡量一家投资公司实力的全部标准，但至少也是极为重要的一个方面。

其次，我们要看到上市实际控股股东的变更是通过怎样的形式实现的。上市公司实际控股股东的受让方式的不同对公司股价的影响也是不尽相同的，我们根据以往的市场运行规律可以得出一个这样的结论：第一大股东变更的上市公司采用的方式不同，在发生变更当年的股价年均涨幅也不同，从高到低依次是协议转让、划转和其他方式。

我总结了一下原因可能主要在于：一是协议转让方式在目前我国上市公司股权转让中占较大多数，股价涨幅较大的公司分布在这一方式中的可能性相对就比较大。二是通过股权协议转让有偿成为上市公司第一大股东的，由于新任股东为当上第一大股东付出了一定的成本（有时还不低），这样从投资的角度出发，新任大股东重组公司的动力就较为强烈，以期从上市公司业绩的不断增长中获得较好的投资回报。这样，股票的价格也有可能水涨船高。当然也不排除一些重组方利用信息操纵市场的情况发生。而通过无偿划拨、委托持有等方式获得上市公司控股权的，一方面由于大股东的性质并未发生大的变化，如国有投资主体之间的股权划拨等。另一方面，由于没有成本压力，故而通过大股东的变更给上市公司带来大的改观的可能性相对来说并不大。对于包括裁定转让等在内的其他方式，考虑到其中错综复杂的债权、债务关系，投资者对此可能并不十分感兴趣，相应的，股价在二级市场中就难以吸引更多的关注。

上市公司十大流通股东的变化也是我们的另外一个机会，只要你用心去做，有时往往会取得意想不到的收获。众所周知，除非是特别的原因，一般上市公司的大股东持股相对而言较为稳定（当然也有减持的情况，当上市公司大股东出现大规模的减持行为，应当引起我们投资者足够的重视。是机会还是陷阱那就另当别论了，上节已做了详细说明）。流通股东的人数变化蕴含着什么样的信息，我们该如何去挖掘呢?

在F10中看上市公司的年、季报中的十大流通股东中主要基金所占的分量以及持股的变化，如果出现基金大幅增持并且股价还没有较大的涨幅，则应是我们操盘时重点关注的对象。如果出现较大幅度的减持，就需要我们提高警惕了。

不知道大家有没有认真地去总结过，一般上市公司流通股的变化都有一个这样的规律：市场上的筹码都是分散——趋向集中——非常集中——分散——趋向集中这样的一个过程。一般情况下其股价波动大致也就随着这个正向波动。对于这点我前期作品中有详细的说明，这里就不做过多说明。

从流通股东人数的变化结合形态变化来把握买卖点。从F10上市公司公布的股东中研究股东变化，虽然有时候能够获取许多重要信息，但还是有明显的滞后性，因为公司报表的公布至多是每一季度才公布一次。说白了，就是说隔三个月公布的报表在时间上有很大的一部分空档，我们称之为信息的盲区。盲区在我看来相对而言是较为危险的，因为主力机构很容易利用这样的信息“盲区”出货，让投资者措手不及。在这样的盲区下，我们该怎样去把握？其实有时看似复杂的东西，你只要找出其中关键的一点，就有可能达到牵一发而动全身的效果。现在以我的实战经历给大家提供一个从“盲区”中寻找一些主力资金进入踪迹的方法。

3. 基金持股

“基金持股”是股东持股的一个延续，通过上节的资料其实也可以简单地看出来，这里我来给大家提供一个更为深入的思路。

【4.基金持股】
【截止日期】2013-09-30

基金名称	持股数量(万股)	持有市值(万元)
易方达价值成长混合型证券投资基金	776.05	90844.83
嘉实稳健开放式证券投资基金	689.82	80750.34
融通新蓝筹证券投资基金	490.00	57359.40
中邮核心优选股票型证券投资基金	487.79	57101.19
华商盛世成长股票型证券投资基金	370.11	43325.30
大成蓝筹稳健证券投资基金	362.00	42375.72
嘉实优质企业股票型证券投资基金	358.54	41970.83
博时新兴成长股票型证券投资基金	355.28	41588.62
博时第三产业成长股票证券投资基金	349.95	40964.59
银华深证100指数分级证券投资基金	348.55	40801.79
博时价值增长证券投资基金	344.95	40380.21
易方达深证100交易型开放式指数基金	283.18	33148.91
融通深证100指数证券投资基金	281.85	32992.86
易方达策略成长证券投资基金	267.06	31262.38
泰达宏利市值优选股票型证券投资基金	266.59	31207.05
银华-道琼斯88精选证券投资基金	260.00	30435.60
华夏大盘精选证券投资基金	242.61	28399.87
嘉实成长收益证券投资基金	233.95	27386.32

从基金持股中我们可以轻易地得知，上市公司的流通股被哪些机构基金持有。但这只是表面现象，我们只有通过其表面的东西，不断深入的挖掘，才能得到更多有价值的信息

图1.22　基金持股情况

近几年来，随着基金的迅猛发展，基金行业越来越多的问题也伴随而来，尤其是在基金管理人员水平良莠不齐以及基金经理的从业经验严重不足的情况下，作为投资者的我们该怎样去把握呢?

我给大家的建议是：口说无凭，一切应当以业绩说话，过硬的业绩才是真功夫。对基金来说最大的核心便是基金公司与基金经理。只要抓住基金公司以及该基金经理以往的业绩，就可以对该基金的整体实力与价值有个大致的把握了。

基金公司的业绩会定期在一些指定的网站公布出来，我们只需耐心去一些网站认真仔细地筛选。只要你真正认真地花了心思去了解与琢磨，相信在不久的将来你会得到意想不到的果实。资本市场就是这样，虽然里面充满风险但同时也能制造出各种机会。在这个市场中毫无准备、心浮气躁的人常常与风险不期而遇，最终容易让自己陷入绝境。相反机会常常是留给那些从容、淡定的投资者。的确，在资本市场中风险与机会是并存的，在资本市场中征战的我们，最终得到的战果是让人陷入绝境的风险还是使得我们前景光明的机会，这其实都取决于你自己，是否真正能够把握其内在的实质性的东西。下面我们以广发证券旗下的广发核心精选基金为例。

图 1.23 是广发核心精选基金公布的其业绩表现，从中投资者可以详细地看出，该基金的年、季、月、周等不同时期的业绩表

现以及与上证指数的对比，对其有一个大致的了解。但是上面的数据繁多，如果一个一个地仔细推敲，势必会给我们带来不必要的麻烦，这也是完全没有必要的。我给大家提供一个小窍门，从大的格局与高度来看，也就是该基金的年度业绩涨幅来把握。毕竟有时在一小段时间里，可能有运气的成分，而时间越久越能经受考验，不以短期成败论英雄是作为一个操盘手需要思考的问题。

进一步深入了解基金公司那就是本着“以人为本”的原则，明白基金经理作为公司的核心人物的重要性。任何基金公司，能够找到适合该基金的人管理与运作基金，是非常重要的。一只基金说白了就是一个团队，团队的战斗力如何，很大程度上取决于该团队的领导层如何，没有好的领导群体，团队是无法作战的，基金运作更是难有作为。一只好的基金必然有一个好的团队，好的团队必然有个好的领导群体，而基金经理作为该领导群体的灵魂人物，在很大的程度上决定了该基金的战斗力。在基金公司中，你很容易发现，那些具有卓越的基金经理的基金，一般都有鲜明的特点，基金的发展也体现了其核心人物的个性。从一定的程度上来说，选择基金公司其实就是选择基金的领军人物。说白了，这跟选择风投的最终标准是一样的，没错，就是选人。

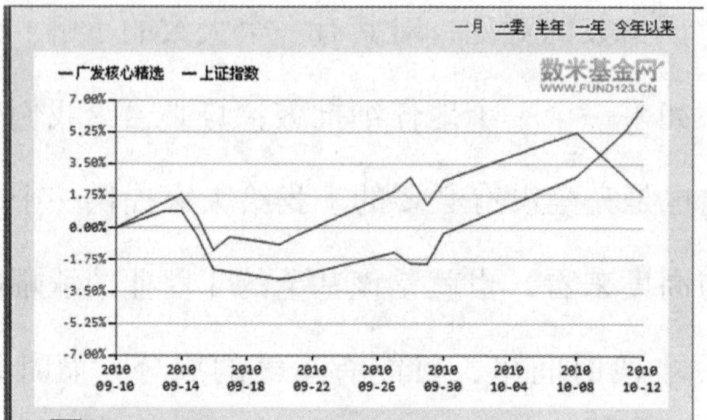

业绩表现

名称	周涨幅	月涨幅	季涨幅	年涨幅	今年以来
广发核心精选	-0.70%	1.87%	20.43%	21.55%	6.21%
上证指数	6.99%	6.69%	14.08%	-1.83%	-13.30%

从广发核心精选公布的业绩表现中我们得知该基金的年、季、月、周的业绩情况。面对如此数目繁多的数据，我给大家的建议是把握大的格局也就是年度业绩。毕竟时间越久越经得起考验。

图1.23　广发核心精选基金业绩表现

基金的核心人物越突出、越优秀，对基金在资本市场上的长期运作与表现就会产生越大的影响。因此我们需要切记的是，一只基金团队里面的“灵魂人物”是作为操盘手的我们重点关注的对象。

注意基金的“核心人物”以及个人风格，避免还没有弄清基金公司的“人”就开始对这家基金公司做出评论或投资。首先看“人”，也就是执管这只基金或这个公司的人；其次看“基金公司”，没有灵魂的公司是最可怕的。我们要坚决避免对基金公司的领军人物都没搞清楚就盲目投资，一只基金的价值很大程度上取决于该基金的经理的整体实力水平，而反过来基金经理所管理基金的整体业绩表现是衡量一个基金经理的真正实力的最为重要的一个指标。在现在的社会里，有很多东西都可以镀金，但是业绩是来不得半点花哨的东西。

关注基金经理的业绩时，最好是该基金“核心人物”的业绩有持续性。如果不具备持续性，说明有可能是运气的成分概率较大。

4. 争取利润最大化——与狼共舞既要大胆又要谨慎

怎样在主力操作的股票中，使自己获得的利润最大呢？

与庄共舞，争取利润的最大化，才是我们操盘做股票的最终目的，要达到这种效果只有大胆地杀入主力（或机构）深度介入的股票。

我们需要明白的是，当主力资金有意吃进，在收集筹码阶段时，从利益的角度来说，一般是不可能到处张扬的，因为这样一会导致自己吸不到足够的筹码，二是无形中增加了吸收筹码的成本，对最终的运作不利。往往只有在筹码达到一定阶段后希望让散户抬轿时或者在已经远脱离成本区域时，主力才会主动释放一些信号，设法让出一些利益，让部分散户跟进参与进来，而随着大量的散户涌入，主力早已在悄悄地派发手中的筹码了。“裸泳”的经历相信不少投资者曾经有过。因此，判断主力何时买进固然重要，而判断主力何时卖出争取我们操盘的利润最大化，这才是我们操盘的最终目的所在，这也是作为一个合格的操盘手要把握的最为关键的步骤。

主力是否卖出相当难判断，因为谁也不会大张旗鼓地出货，除非手中持股已经快卖光了。尽管如此，作为一个“有心”的操盘手经过细心观察，还是可以从各种现象中发现主力出货的蛛丝马迹的。

一般情况下有如下几点较为典型的出货表现：

①利多消息出现，成交量放出了巨量。尤其是在前期经过大幅的上涨，股价到了一定的位置后，突然又曝出对此股的利好消息，成交量放出巨量，应当引起我们的足够重视，如果盘中出现这样的情况，是主力出货的概率极大。借利好消息获利出货是主力惯用的手法。

②主力之前大举加仓的股票，经过一定的涨幅后，市场上有许多机构推荐这只品种，认为后市的上涨潜力如何大，对于这类品种我们也应该警惕。

主力进出动态的有关消息可以作为一般投资者买卖股票的决策依据，这是因为：主力对于股票的选择必然花费了相当多的研究时间；主力的资金雄厚，足以影响股票价格的变动。但是，如何获得主力进出的消息呢？一般人恐怕很难了解，即使从市场中听到主力的消息，如“揭秘”“据传”之类，多半是不准确的或是“事后诸葛亮”。所以，只有从股市的交易资料和技术指标中寻找主力动态的蛛丝马迹，只有这些才是真实、不会骗人的。

第二章

解读主力资金操作

——K线语言

一、长上影线战机——“仙人指路”

1. 理论基础：长上影线分析

什么是上影线？在K线图中，从实体向上延伸的细线叫上影线。在阳线中，它是当日最高价与收盘价之差；在阴线中，它是当日最高价与开盘价之差。

一般说，产生上影线的原因是空方力量大于多方而造成的。股票开盘后，多方上攻无力，遭到空方打压，股价由高点回落，形成上影线。带有上影线的K线形态，可分为带上影线的阳线、带上影线的阴线和十字星。不同的形态，多空力量的判断是有区别的。

（1）上影线的分类

影线分上影线下影线两种，一般上影线长，表示阻力大，下影线长表示支撑强烈，但是由于市场内大的资金可以调控个股价位，影线经常被庄家用来进行“骗线”，上影线长的个股，并不一定有多大抛压，而下影线长的个股，并不一定有多大支撑，投资者不应教条主义，见到个股拉出长上影线就抛股。

（2）试盘型的上影线

有些主力拉升股票时操作谨慎，在欲创新高或股价行进至前一高点时，均要试盘，用上影线试探上方抛压，称“探路”也可。

如果此时认为上影线长有大的抛压而卖出，事后会被证明是个错误的决策。上影线长，但成交量未放大，股价始终在一个区域内收带上影线的K线，是主力试盘，如果在试盘后该股放量上扬，则可安心持股，如果转入下跌，则证明庄家试出上方确有抛压，此时可跟庄抛股，一般在更低位可以接回，注意，当一只股票大涨之后拉出长上影线，最好马上退出。

（3）震仓型上影线

这种上影线经常发生在一些刚刚启动不久的个股身上，有些主力为了洗盘、震仓，往往用上影线吓退不坚定的持仓者与跟庄者。投资者操作，要看K线组合，而不要太关注单日的K线。

2. 何谓“仙人指路”长上影线

股指在快速冲高过程中受阻回落，如果留下较长的上影线，显示大盘将进入调整。而对于个股来说，冲高回落留下长长的上影线，一方面可能是庄家在试盘，另一方面也可能是庄家在拉高派发。庄家实盘留下的长上影线我们称之为“仙人指路”K线。

如果个股在冲高过程中，突然遇到大盘调整，会引发较大的抛压，庄家会顺势而为，股价重新回到低位，这样在日K线图上会留下长长的上影线。如果量能配合得比较好，而且股价刚刚脱离主力成本区，这种股票会很快恢复上涨，只要大盘稍微走稳一点，股价会及时拉高。如果受消息影响，股指出现大幅下跌，而当天很多个股经蓄势后正准备冲关，庄家在拉高过程中遇到股指回调，其个股在冲高之后也抛压加重，庄家只好退缩防守，这种长上影线的个股短线机会极大。在大盘暴跌时，选择长上影线的股票比光头阳线的股票要好。

如果大盘在平稳运行过程中，个股快速拉高，之后逐波走低，在日K线上留下长上影线，这种股票一般显示庄家拉高派发，早上就快速拉至涨停，之后不断派发，其日K线留下了长上影线。由于该股累计升幅较大，庄家获利较丰，出货有很大的利润，所以短期调整形态明显。由于庄家持仓量比较大，股价还有反复，投资者可以利用反弹冲高时减磅。

总体来看，长上影线可以分为两类：一类是突破箱形整理后留下的长上影线；另一类是连续冲高后留下的上影线。前者是短线介入的极好品种，后者应坚决放弃。如果与基本面联系起来研判更好，大盘回调时被动回调出现的长上影线是可以介入的品种，而大盘平稳时个股留下的长上影线应该排除。

具体运用如下所示。

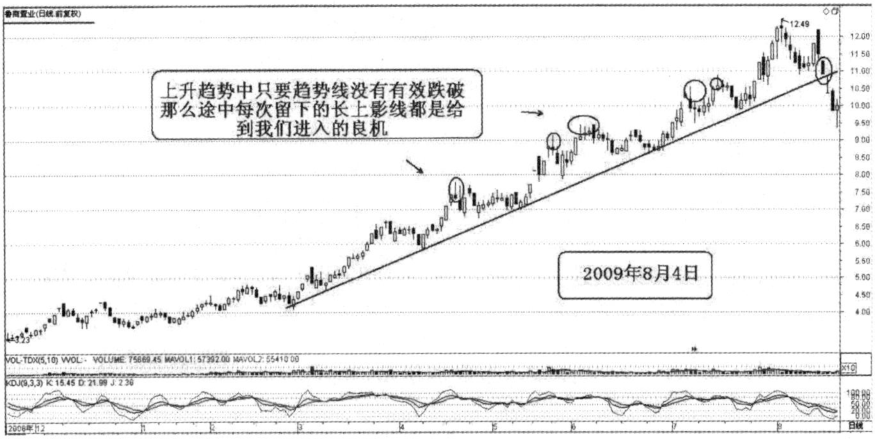

图2.1　鲁商置业日K线图

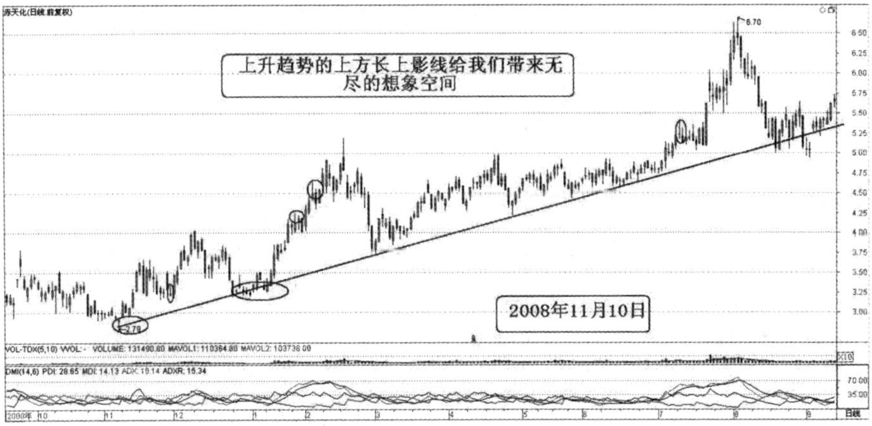

图2.2　赤天化日K线图

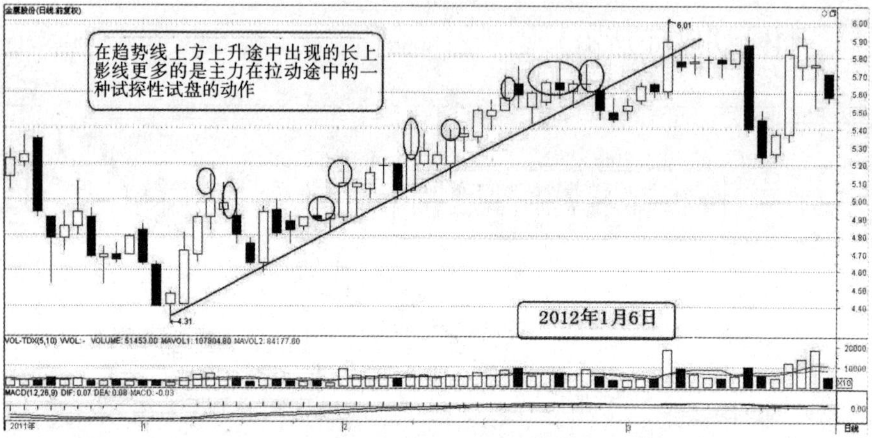
在趋势线上方上升途中出现的长上影线更多的是主力在拉动途中的一种试探性试盘的动作
2012年1月6日
6.01
4.31

图2.3　金鹰股份日K线图

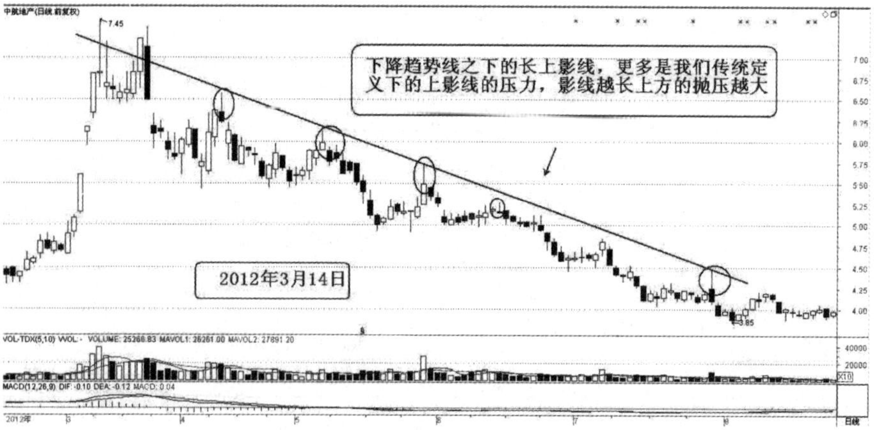
下降趋势线之下的长上影线，更多是我们传统定义下的上影线的压力，影线越长上方的抛压越大
2012年3月14日
7.45
3.85

图2.4　中航地产日K线图

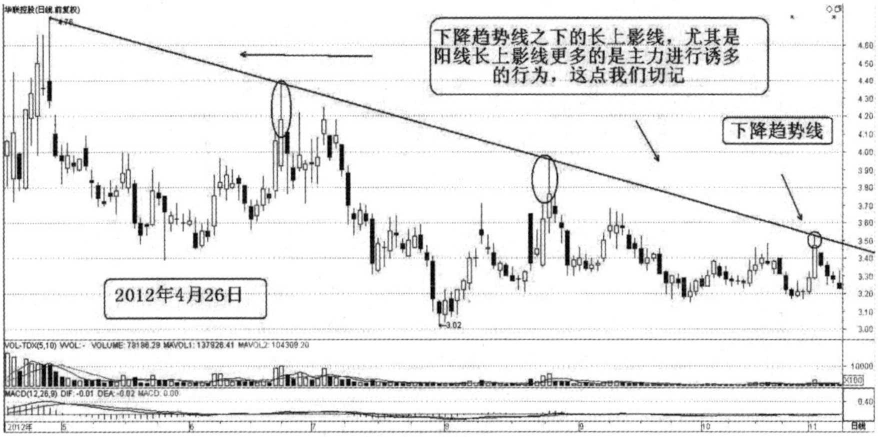
下降趋势线之下的长上影线，尤其是
阳线长上影线更多的是主力进行诱多
的行为，这点我们切记
下降趋势线
2012年4月26日

图2.5　华联股份日K线图

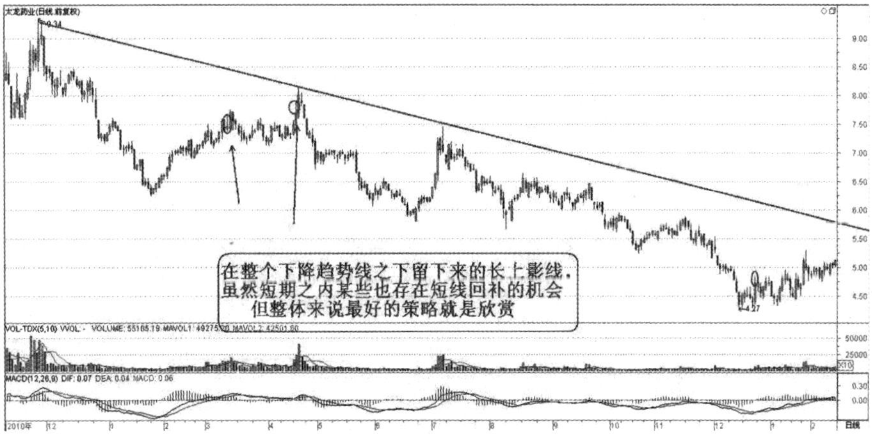
在整个下降趋势线之下留下来的长上影线，
虽然短期之内某些也存在短线回补的机会
但整体来说最好的策略就是欣赏

图2.6　大龙药业日K线图

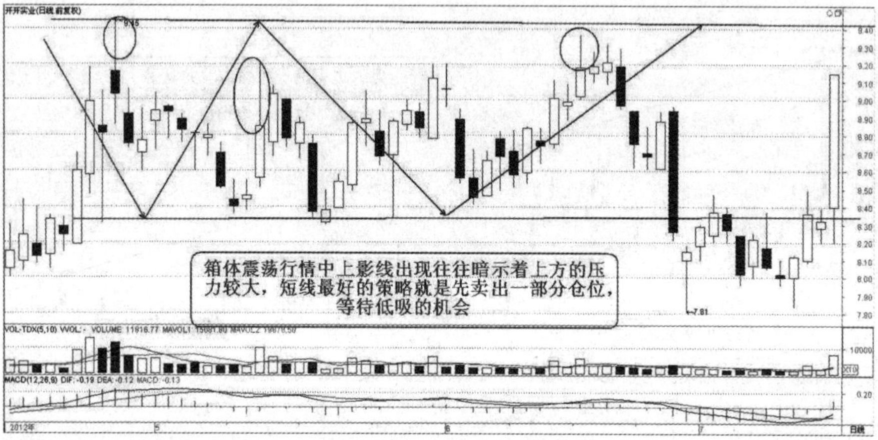
箱体震荡行情中上影线出现往往暗示着上方的压力较大，短线最好的策略就是先卖出一部分仓位，等待低吸的机会

图2.7　开开实业日K线图

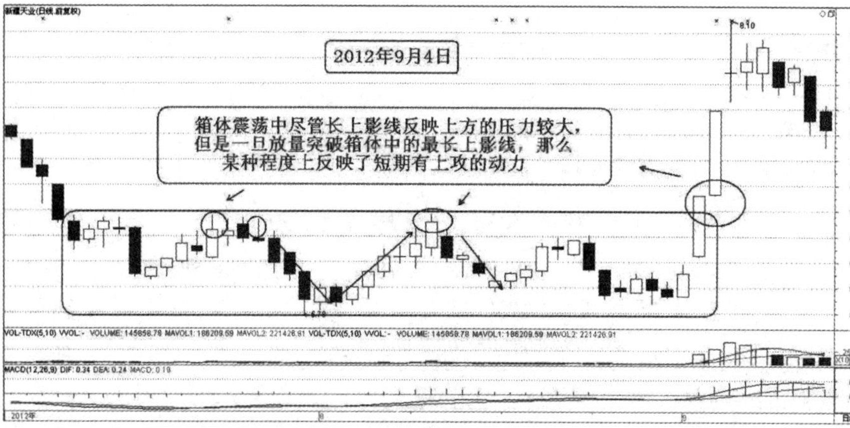
2012年9月4日
箱体震荡中尽管长上影线反映上方的压力较大，但是一旦放量突破箱体中的最长上影线，那么某种程度上反映了短期有上攻的动力

图2.8　新疆天业日K线

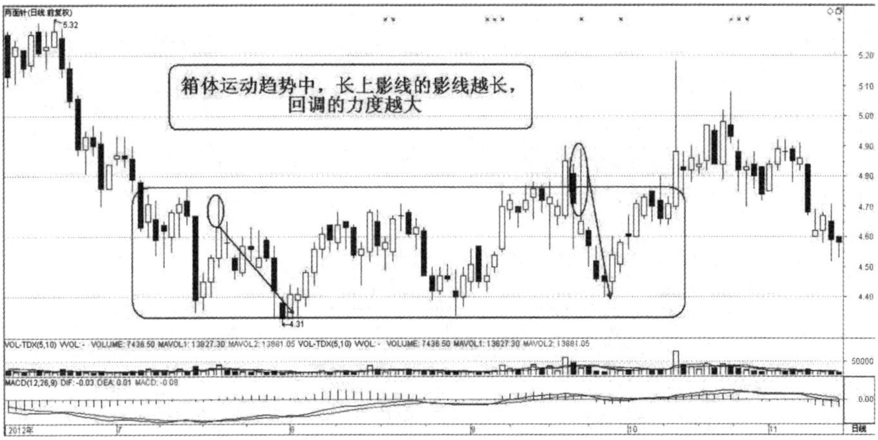
箱体运动趋势中，长上影线的影线越长，
回调的力度越大

图2.9　两面针日K线图

3.“仙人指路”K 线与形态结合分析

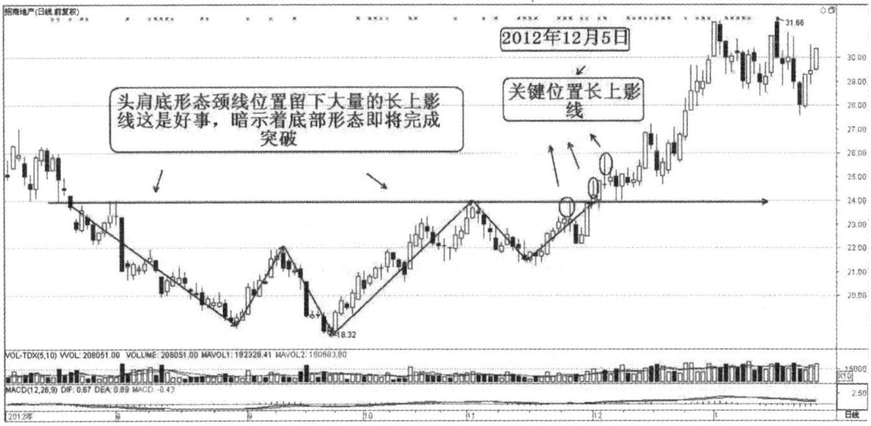
2012年12月5日
关键位置长上影线
头肩底形态颈线位置留下大量的长上影线这是好事，暗示着底部形态即将完成突破

图2.10　招商地产日K线图

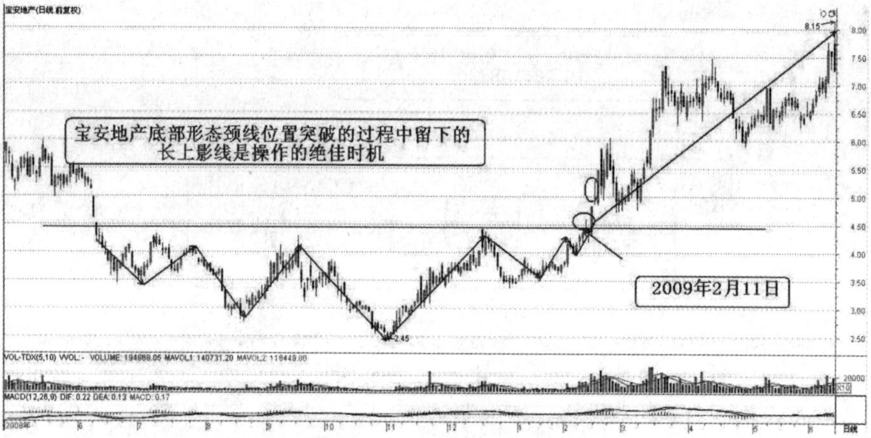
宝安地产(日线 前复权)
宝安地产底部形态颈线位置突破的过程中留下的长上影线是操作的绝佳时机
2009年2月11日
8.15
2.45

图2.11　宝安地产日K线图

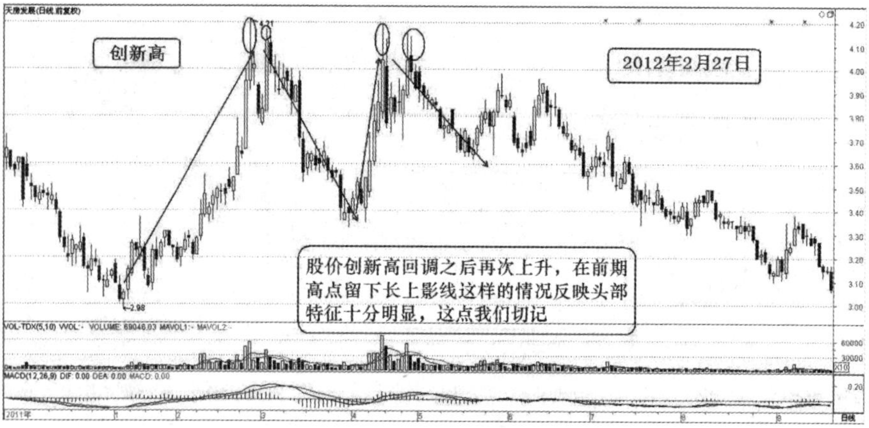
天房发展(日线 前复权)
创新高
2012年2月27日
4.21
2.98
股价创新高回调之后再次上升，在前期高点留下长上影线这样的情况反映头部特征十分明显，这点我们切记

图2.12　天房发展日K线图

4. 长影线与分时图结合分析

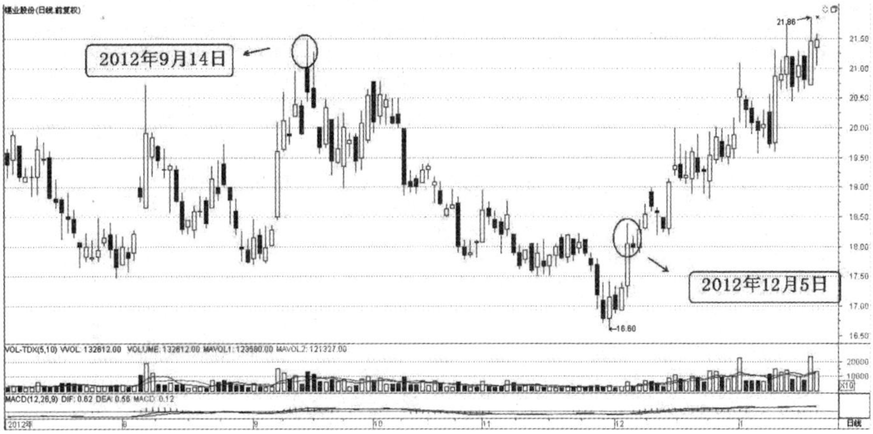
2012年9月14日
2012年12月5日
21.86
16.60

图2.13　锡业股份日K线图

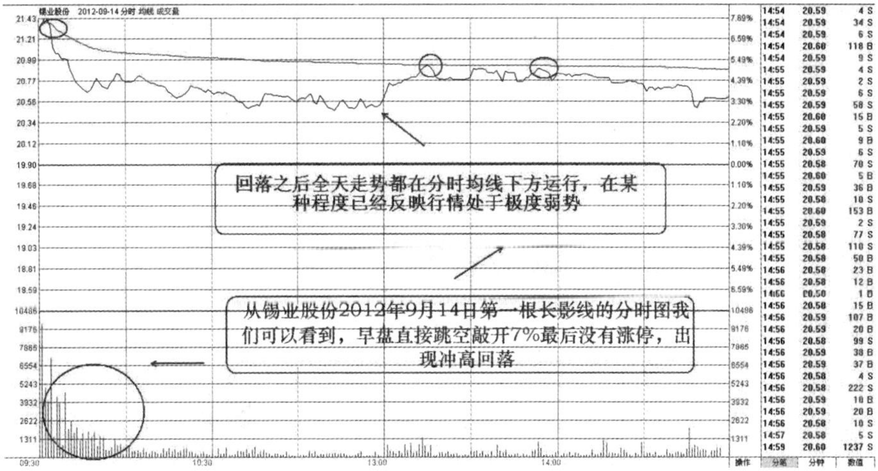
回落之后全天走势都在分时均线下方运行，在某种程度已经反映行情处于极度弱势
从锡业股份2012年9月14日第一根长影线的分时图我们可以看到，早盘直接跳空敲开7%最后没有涨停，出现冲高回落

图2.14　锡业股份分时图

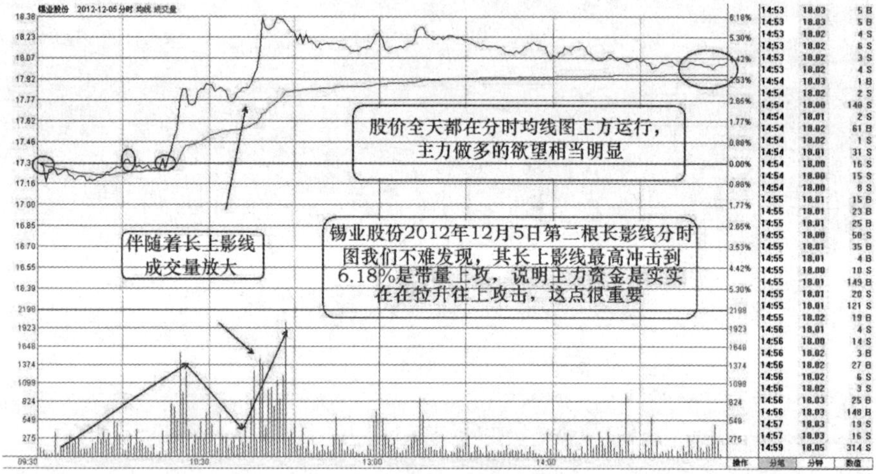
锡业股份 2012-12-05分时 均线 成交量
股价全天都在分时均线图上方运行，
主力做多的欲望相当明显
伴随着长上影线
成交量放大
锡业股份2012年12月5日第二根长影线分时
图我们不难发现，其长上影线最高冲击到
6.18%是带量上攻，说明主力资金是实实
在在拉升往上攻击，这点很重要

图2.15　锡业股份分时图

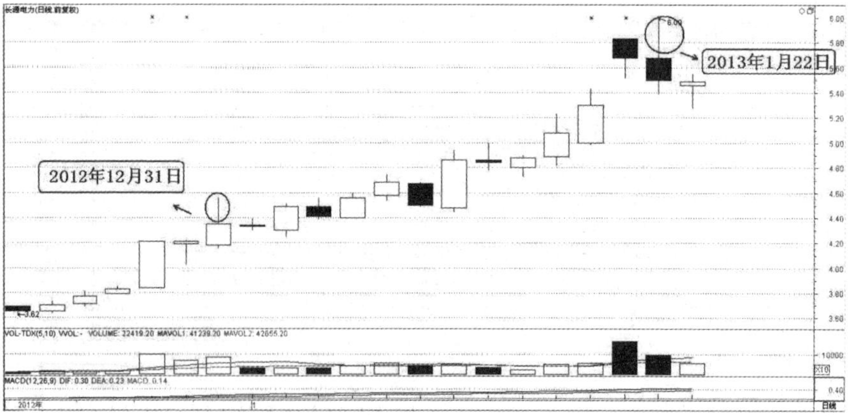
2012年12月31日
2013年1月22日

图2.16　长源电力日K线图

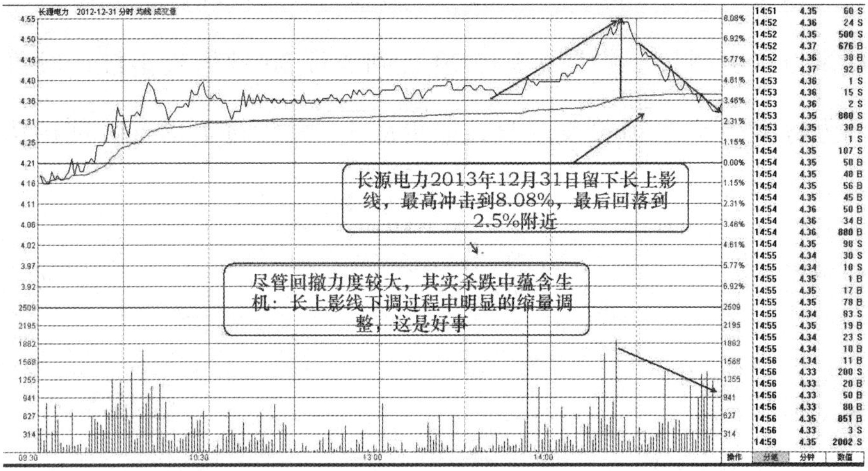
长源电力2013年12月31日留下长上影线，最高冲击到8.08%，最后回落到2.5%附近
尽管回撤力度较大，其实杀跌中蕴含生机：长上影线下调过程中明显的缩量调整，这是好事

图2.17　长源电力分时图

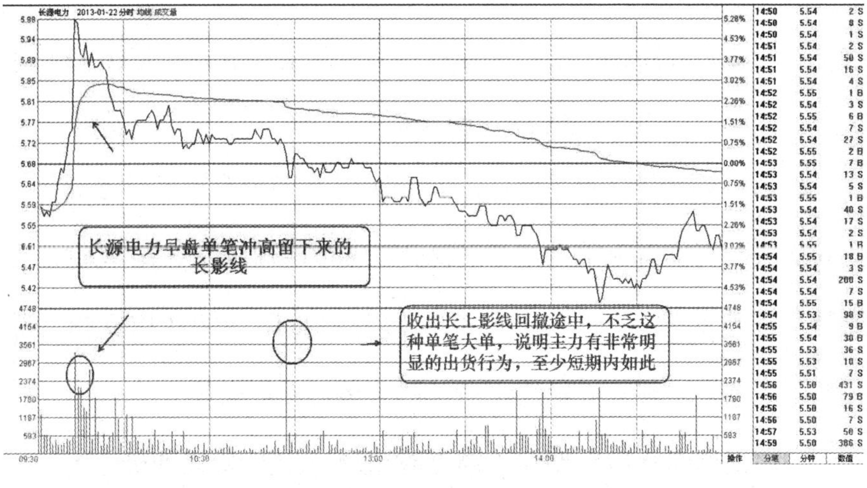
长源电力早盘单笔冲高留下来的长影线
收出长上影线回撤途中，不乏这种单笔大单，说明主力有非常明显的出货行为，至少短期内如此

图2.18　长源电力分时图

5. 攻击型长上影线出现在前期股价高点附近

如飞乐股份 2009 年 3 月 20 日出现的长上影线，3 月 20 日的 K 线为攻击型长上影线，3 月 20 日到 3 月 26 日为攻击波，股价的强势维持了近 20 个交易日，股价从 3.8 元涨到 4.88 元，涨幅达 28%。

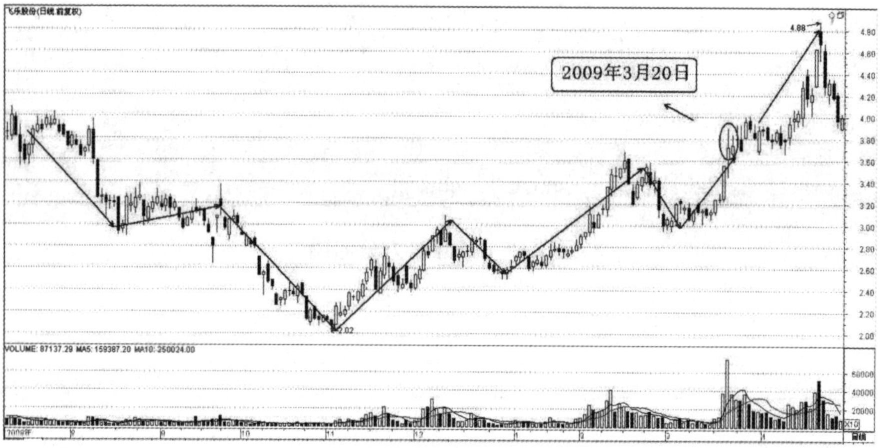

图2.19　飞乐股份日K线图

总结：突破周期为 8 个月，股价区间是一个头肩底形态；股价在此之前一直维持上涨的趋势；股价突破重要颈线位 3.72 元时，需要特别注意的是：3 月 12 日、3 月 18 日放量阳线的实质支撑。在长期颈线位置出现长上影线之后，股价运行 1 周时间。

如何把握在突破前期股价高点时出现攻击型 K 线的机会？

①攻击型长上影线出现之前的交易日的 K 线为中、长阳线，或者是带长上影线的小阳线，或者是带有突破向上缺口的阳线，同时这三种阳线需要伴随成交量的放大。

②在攻击型长上影线出现之前的 5 ~ 10 个交易日内，最好能出现有放量阳线的攻击动作。

③若攻击型长上影线出现，之后的第一个交易日的战机最为关键。若攻击型长上影线之后的 5 ~ 10 个交易日，股价收盘价位于长上影线收盘价之上，则股价出现第二轮攻击的概率是很高的。

④攻击型长上影线出现时，从大的周期来看，必须是处于进攻型形态之中，常见的有多重底形态的价格上轨颈线位附近、上升矩形形态的价格上轨位置附近。攻击型形态形成的周期为 6 个月、9 个月、12 个月的居多，周期越长，可靠性越强，长上影线的攻击性就越强。

⑤攻击型长上影线的出现，必须建立在股价短期、中期已经有了 30%、50% 左右的下跌幅度上，这样才能为攻击型长上影线的向上攻击提供空间。

6. 联动个股长上影线的实战操作

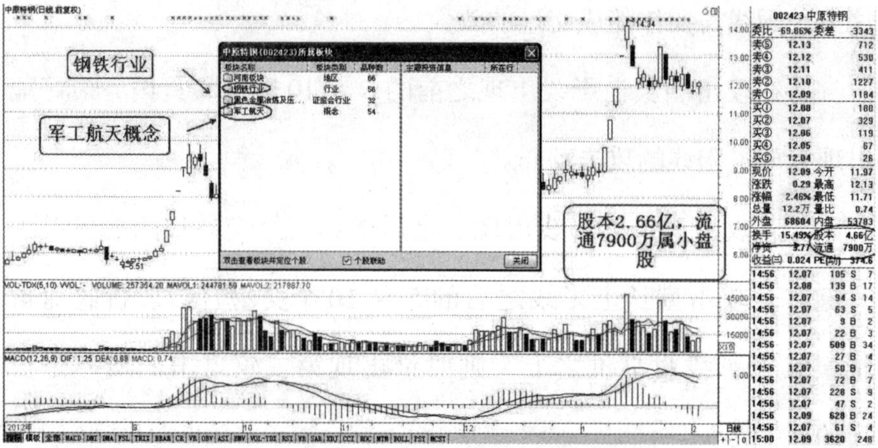

图2.20　中原特钢日K线图

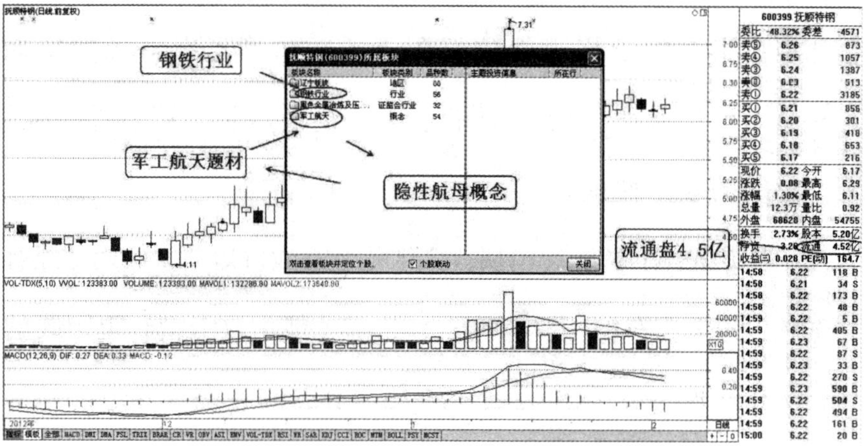

图2.21　抚顺特钢日K线图

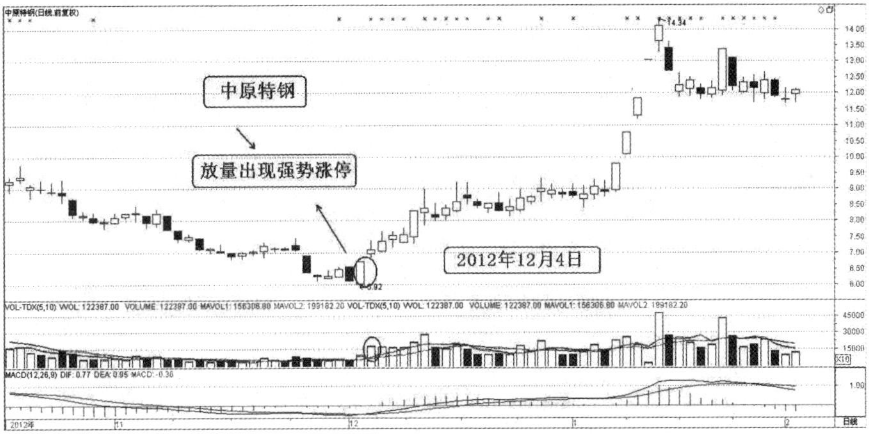
中原特钢
放量出现强势涨停
2012年12月4日

图2.22 中原特钢日K线图

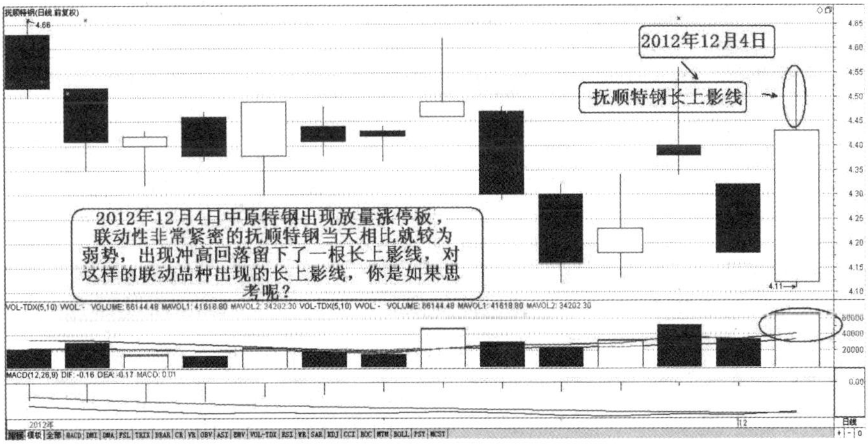
2012年12月4日
抚顺特钢长上影线
2012年12月4日中原特钢出现放量涨停板，联动性非常紧密的抚顺特钢当天相比就较为弱势，出现冲高回落留下了一根长上影线，对这样的联动品种出现的长上影线，你是如果思考呢？

图2.23 抚顺特钢日K线图

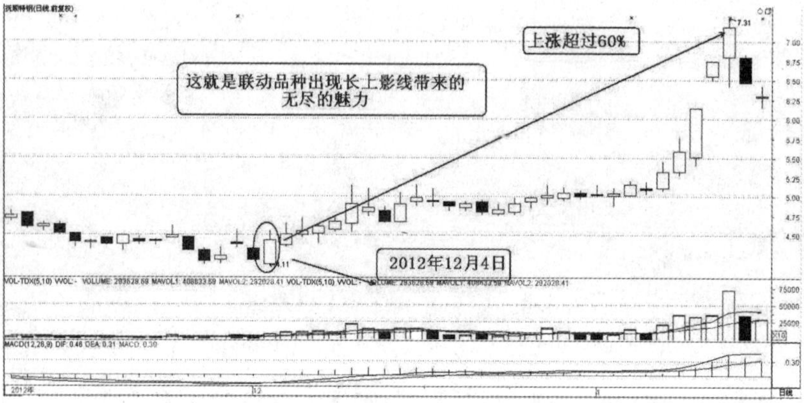

图2.24 抚顺特钢日K线图

7. 如何辨别真正意义上的“仙人指路”K 线

不同的长上影线为何会出现两种截然相反的走势？

图 2.25 中信银行就拥有这样两个“长上影线”的特征。中信银行分别在 2012 年 1 月 5 日和 3 月 22 日有两根“长上影线”出现。

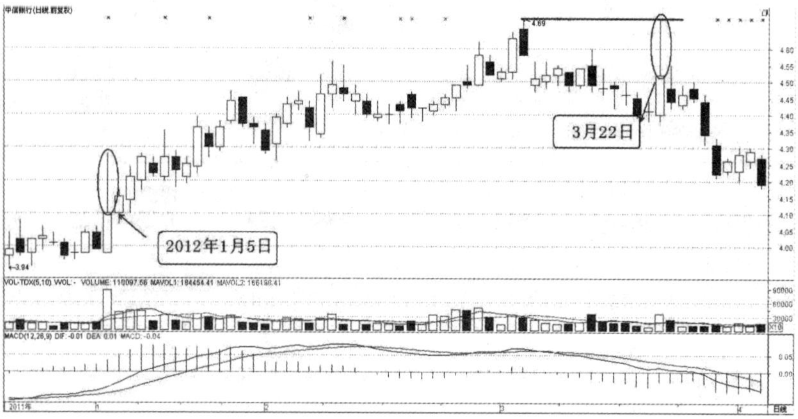

图2.25 中信银行日K线图

第一个长上影线显然是指对了路——其后股价一路震荡上行；第二个指路牌却没有达到预期的效果，股价反而随之转为破位下跌。

为什么会出现这种“截然相反”的走势呢？我们还得从盘口上进行分析，因为盘口更能直接反映真实信息。

现在让我们先看 1 月 5 日的那根长上影线的情况：该根 K 线是一根放量的低开高走的中阳线，其成交额高达 3.6 亿元，是前一天成交额的五倍，而且前期也跌了那么多了，很大程度上说明是增量资金在进场。更重要的是，该 K 线是在 5 日均线上穿 10 日均线之时出现的，同时也穿越了 30 日均线，形成一阳穿三线的结构（图 2.26）。

再看 3 月 22 日的那根 K 线，虽然也是一阳穿三线，但 5 日均线、10 日均线和 30 日均线已经形成了空头排列，与前者恰恰相反。从量能上说，其成交额却只有 1.6 亿元，是 1 月 5 日成交额的 44%。大幅萎缩的成交额说明该阳线不是增量资金所为，而是存量资金的搅动行为。有意思的是，该根阳线的上影线最高点恰恰与前一次的高点 4.69 元持平，敢创新高去解放套牢盘的欲望并不强烈（图 2.27）。

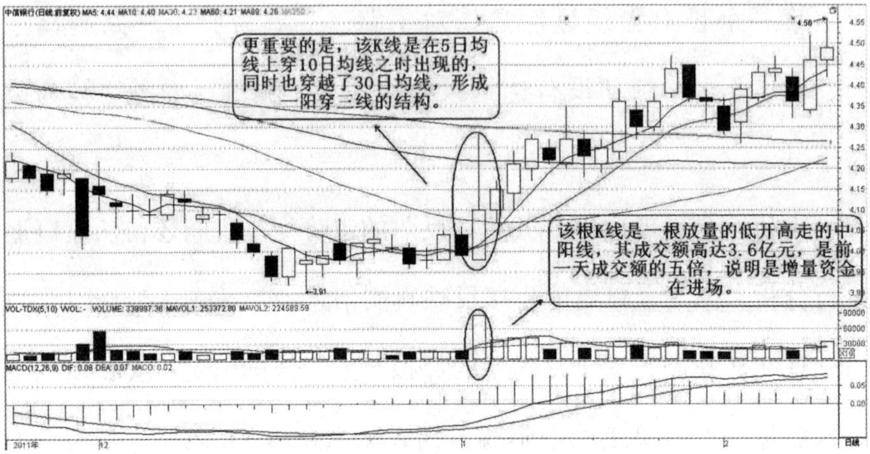
中信银行(日线,前复权) MA5: 4.44 MA10: 4.40 MA30: 4.23 MA60: 4.21 MA89: 4.26
更重要的是，该K线是在5日均线上穿10日均线之时出现的，同时也穿越了30日均线，形成一阳穿三线的结构。
该根K线是一根放量的低开高走的中阳线，其成交额高达3.6亿元，是前一天成交额的五倍，说明是增量资金在进场。
VOL-TDX(5,10) VVOL: - VOLUME: 339997.38 MAVOL1: 253372.80 MAVOL2: 224583.59
MACD(12,26,9) DIF: 0.08 DEA: 0.07 MACD: 0.02
2011年
日线

图2.26　中信银行日K线图

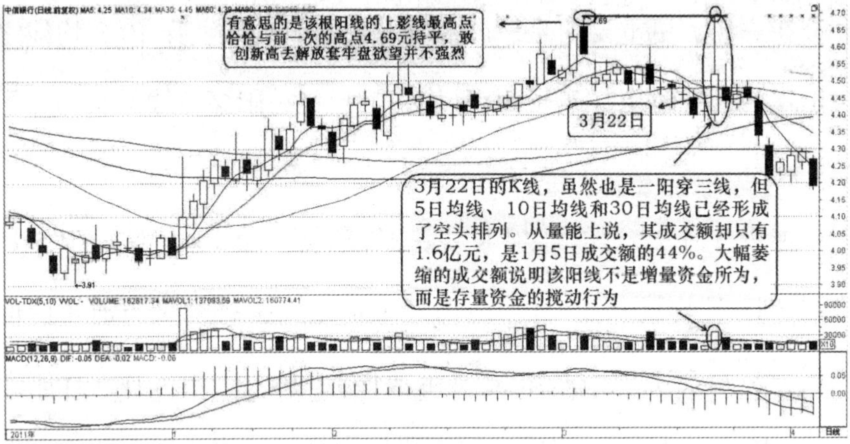
有意思的是该根阳线的上影线最高点恰恰与前一次的高点4.69元持平，敢创新高去解放套牢盘欲望并不强烈
3月22日
3月22日的K线，虽然也是一阳穿三线，但5日均线、10日均线和30日均线已经形成了空头排列。从量能上说，其成交额却只有1.6亿元，是1月5日成交额的44%。大幅萎缩的成交额说明该阳线不是增量资金所为，而是存量资金的搅动行为
VOL-TDX(5,10) VVOL: - VOLUME: 182817.34 MAVOL1: 137093.59 MAVOL2: 160774.41
MACD(12,26,9) DIF: -0.05 DEA: -0.02 MACD: -0.06
2011年
日线

图2.27　中信银行日K线图

为了进一步说明这个问题，我们可以从这两根K线的分时图来进行细致分析，分时图是K线的“心电图”，它所记录的信息是最真实的细节，而细节决定成败。

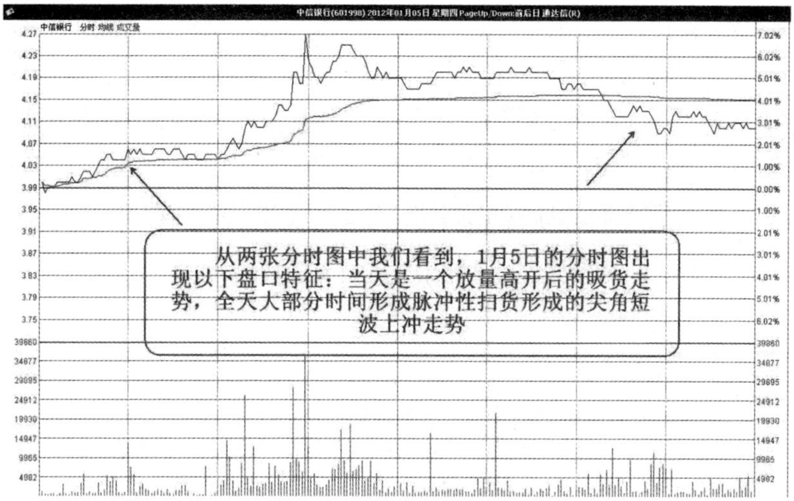
从两张分时图中我们看到，1月5日的分时图出现以下盘口特征：当天是一个放量高开后的吸货走势，全天大部分时间形成脉冲性扫货形成的尖角短波上冲走势

图2.28 中信银行分时图

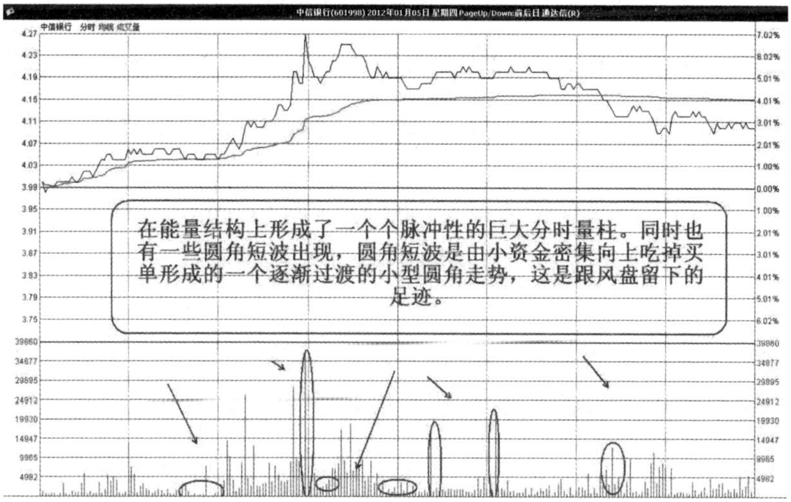
在能量结构上形成了一个个脉冲性的巨大分时量柱。同时也有一些圆角短波出现，圆角短波是由小资金密集向上吃掉买单形成的一个逐渐过渡的小型圆角走势，这是跟风盘留下的足迹。

图2.29 中信银行分时图

1 月 5 日那天，股价大部分时间在分时均线上方运行。

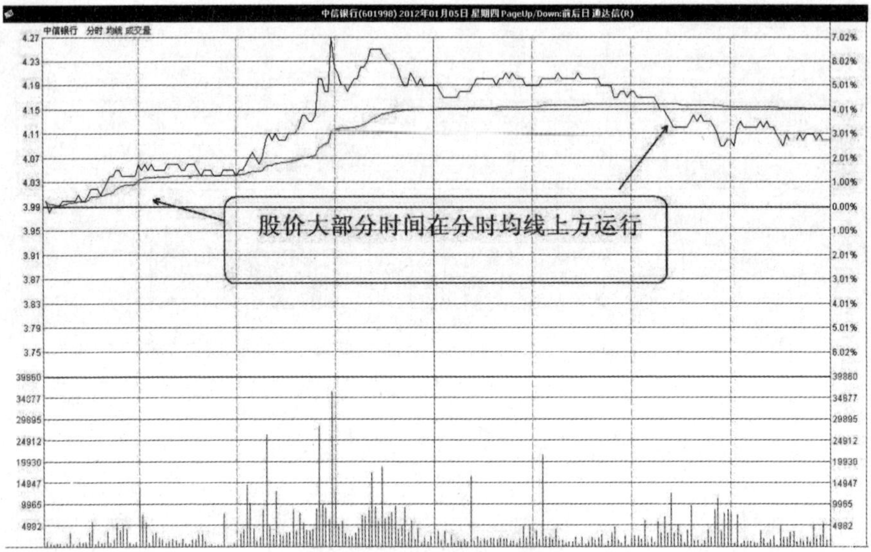

图2.30　中信银行分时图

而 3 月 22 日的分时图则大为不同：当天股价为低开后在前收盘下方绿盘区域横盘，横盘时多为交投清淡的锯齿波。这种懒洋洋的走势直到下午接近 1：30 才被打破，多头突然开始了进攻：盘中出现了大单连续吃掉上方卖单的行为，于是一个圆角脉冲波出现了，成交量此时急剧放大，股价从绿盘区两口气就冲到了红盘区的 5 个点，但遗憾的是，在股价达到一定高度后就突然出现了回落，之后再冲、再回，形成“剪刀波”式的典型的分时出货波形！

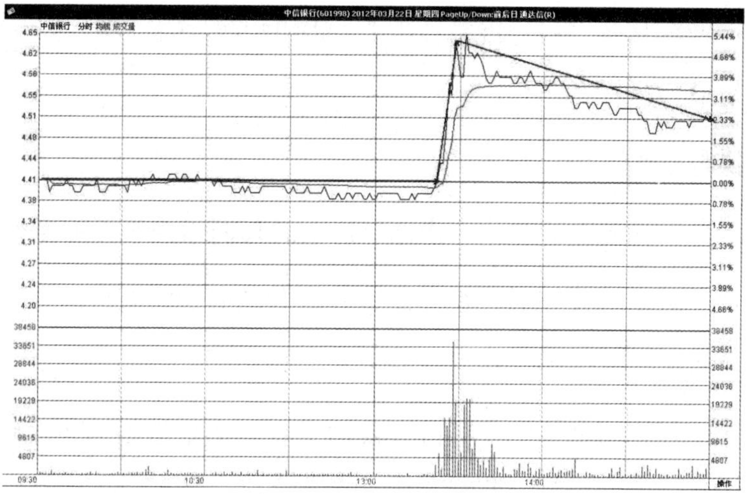
中信银行(601998) 2012年03月22日 星期四 PageUp/Down:前后日 通达信(R)
中信银行 分时 均线 成交量

图2.31 中信银行分时图

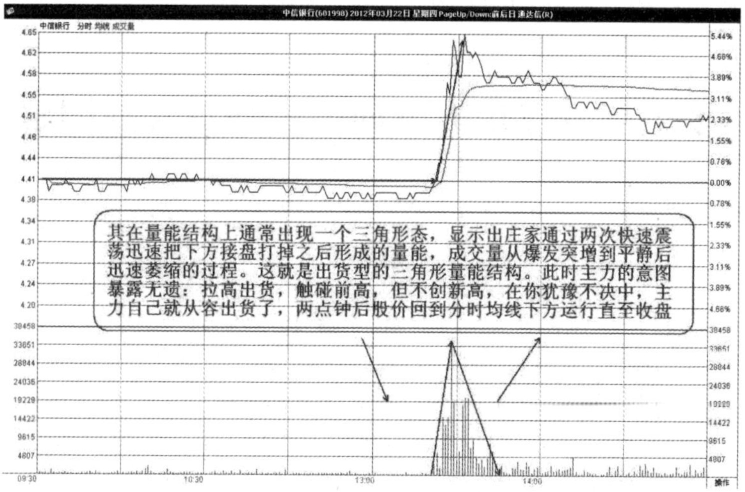
中信银行(601998) 2012年03月22日 星期四 PageUp/Down:前后日 通达信(R)
中信银行 分时 均线 成交量
其在量能结构上通常出现一个三角形态，显示出庄家通过两次快速震
荡迅速把下方接盘打掉之后形成的量能，成交量从爆发突增到平静后
迅速萎缩的过程。这就是出货型的三角形量能结构。此时主力的意图
暴露无遗：拉高出货，触碰前高，但不创新高，在你犹豫不决中，主
力自己就从容出货了，两点钟后股价回到分时均线下方运行直至收盘

图2.32 中信银行分时图

看，两根相同的 K 线形态，却由不同的分时结构构成，形成了真假“长上影线”——这就告诉我们：分析股票走势不能光看 K

线图，更要看盘口，看构成这个K线图的分时图，分时图是因，K线图是果。

操盘感悟：

①真正意义上的“仙人指路”K线，我们指当某只股票收出一根带长上影线的K线后，往往意味着该股的股价将有可能达到上影线所指的高度。

②区别真假长上影线，可以根据当时是不是勇于创新高、解放前期套牢筹码来判断。

③结合当时分时图可以更近一步确认。

二、多空双方作用力方向——缺口实战图解

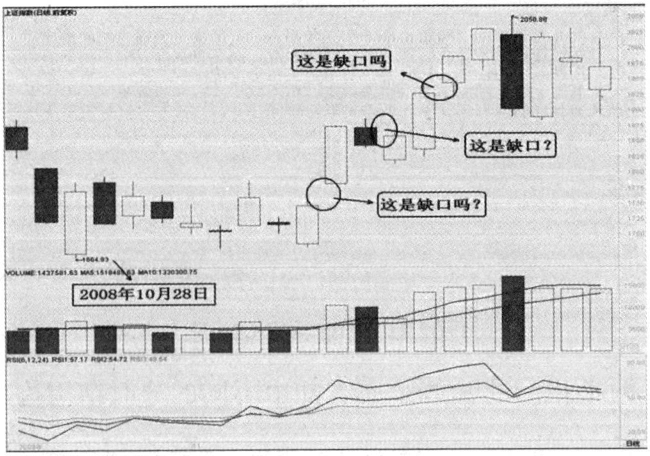

图2.33　上证指数日K线图

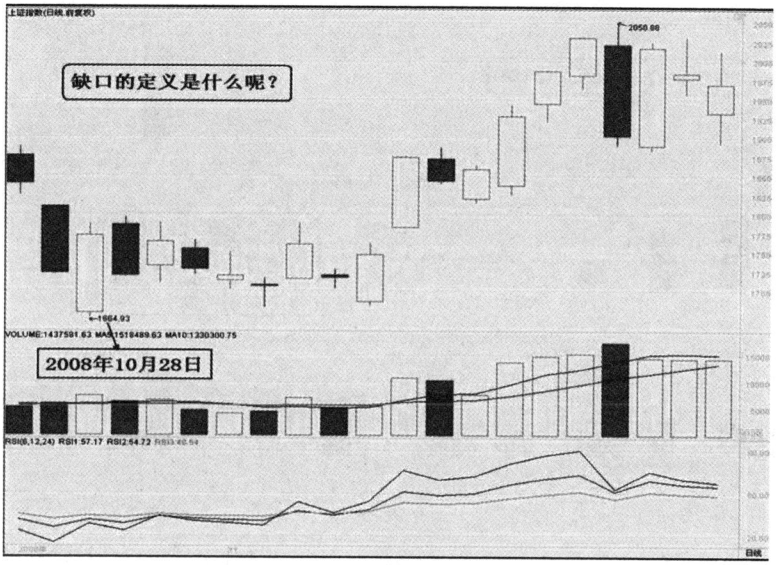
上证指数(日线,前复权)
缺口的定义是什么呢？
2050.88
1664.93
2008年10月28日
VOLUME:1437581.63 MA5:1518489.63 MA10:1330300.75
RSI(6,12,24) RSI1:57.17 RSI2:54.72 RSI3:48.54

图2.34　上证指数日K线图

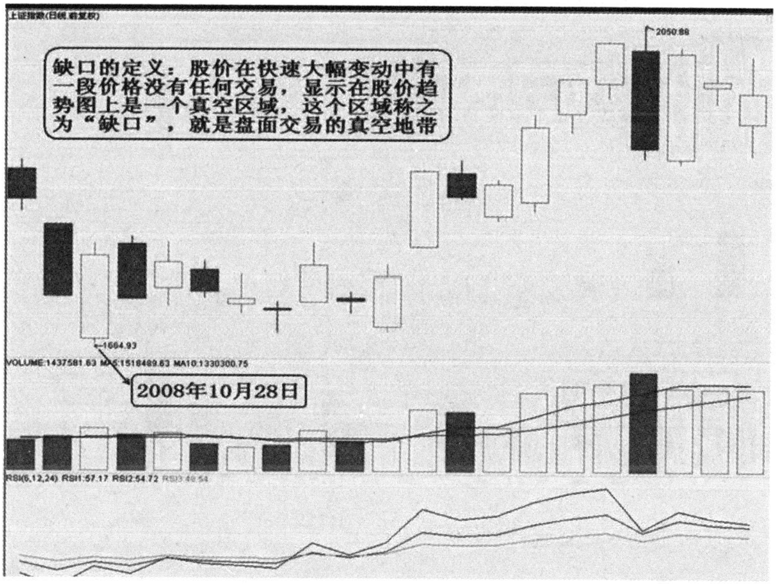
上证指数(日线,前复权)
缺口的定义：股价在快速大幅变动中有一段价格没有任何交易，显示在股价趋势图上是一个真空区域，这个区域称之为“缺口”，就是盘面交易的真空地带
2050.88
1664.93
2008年10月28日
VOLUME:1437581.63 MA5:1518489.63 MA10:1330300.75
RSI(6,12,24) RSI1:57.17 RSI2:54.72 RSI3:48.54

图2.35　缺口的定义

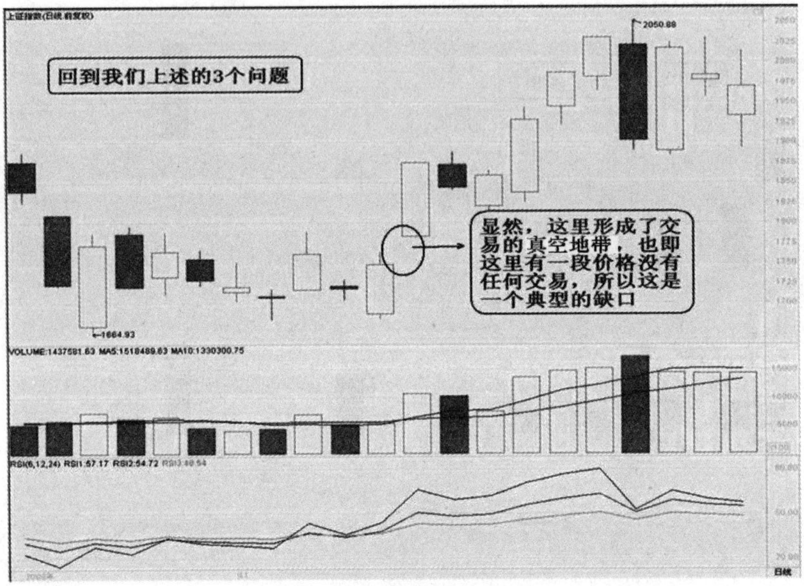
上证指数(日线 前复权)
回到我们上述的3个问题
2050.88
显然，这里形成了交易的真空地带，也即这里有一段价格没有任何交易，所以这是一个典型的缺口
1664.93
VOLUME:1437581.63 MA5:1518489.63 MA10:1330300.75
RSI(6,12,24) RSI1:57.17 RSI2:54.72 RSI3:49.54

图2.36　典型的缺口

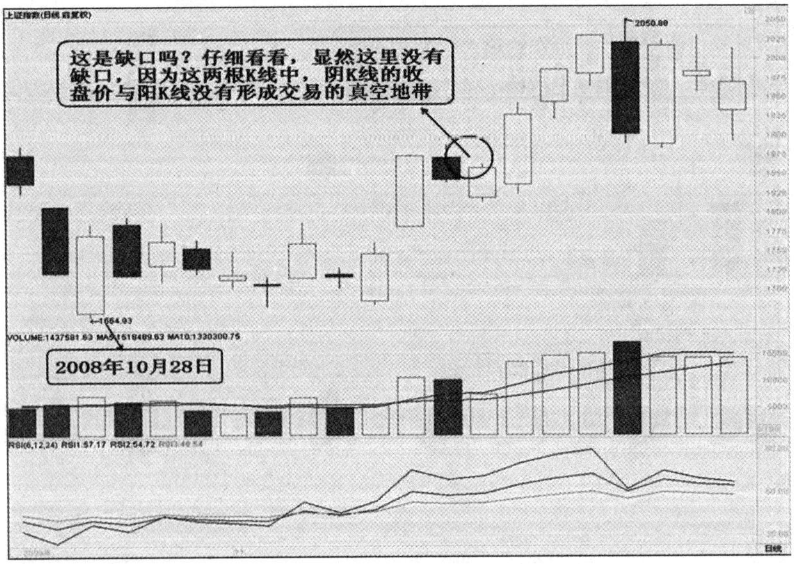
上证指数(日线 前复权)
2050.88
这是缺口吗？仔细看看，显然这里没有缺口，因为这两根K线中，阴K线的收盘价与阳K线没有形成交易的真空地带
1664.93
VOLUME:1437581.63 MA5:1518489.63 MA10:1330300.75
2008年10月28日
RSI(6,12,24) RSI1:57.17 RSI2:54.72 RSI3:49.54

图2.37　缺口识别

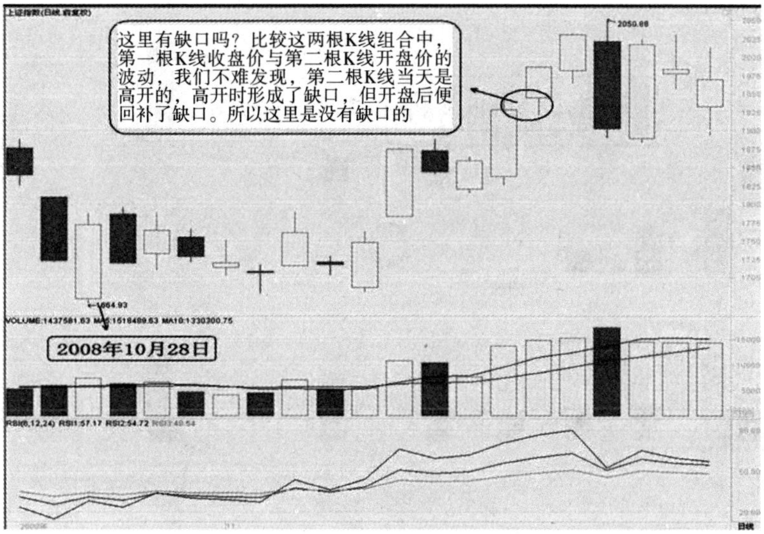
上证指数(日线,前复权)
这里有缺口吗？比较这两根K线组合中，第一根K线收盘价与第二根K线开盘价的波动，我们不难发现，第二根K线当天是高开的，高开时形成了缺口，但开盘后便回补了缺口。所以这里是没有缺口的
2050.66
1664.93
2008年10月28日

图2.38　缺口识别

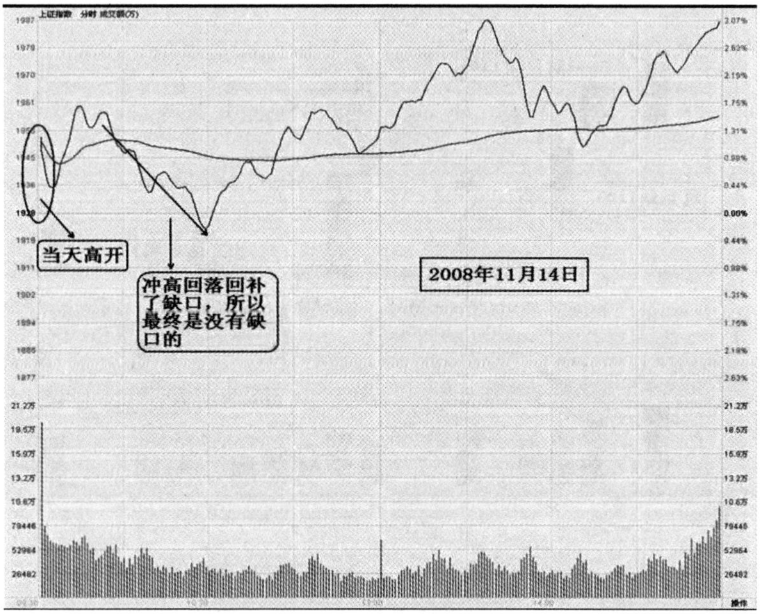
当天高开
冲高回落回补了缺口，所以最终是没有缺口的
2008年11月14日

图2.39　分时图缺口

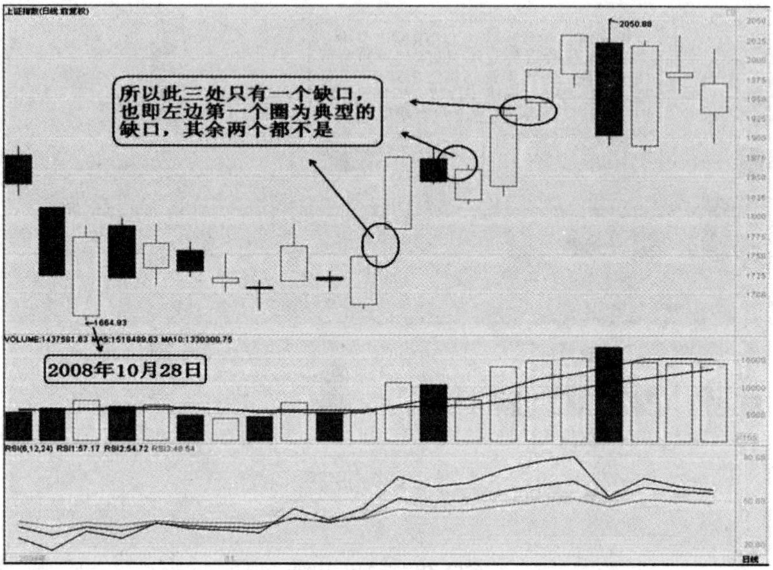

图2.40　缺口比较

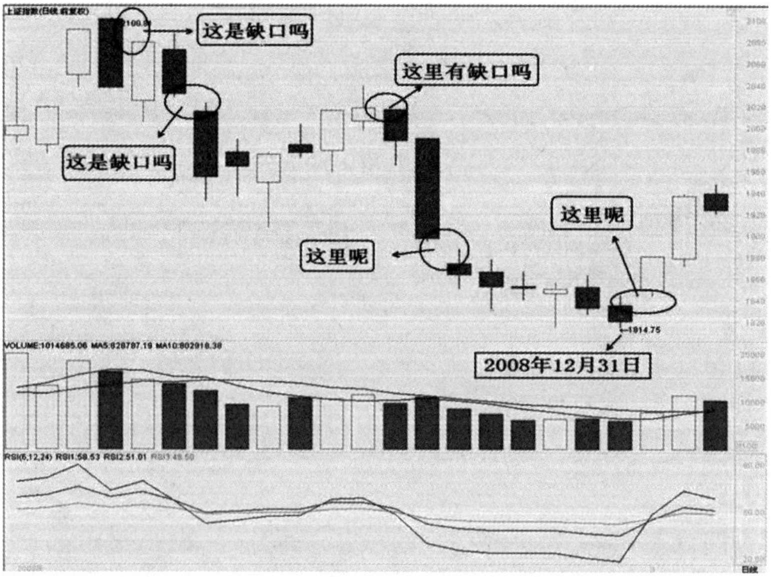

图2.41　缺口作业

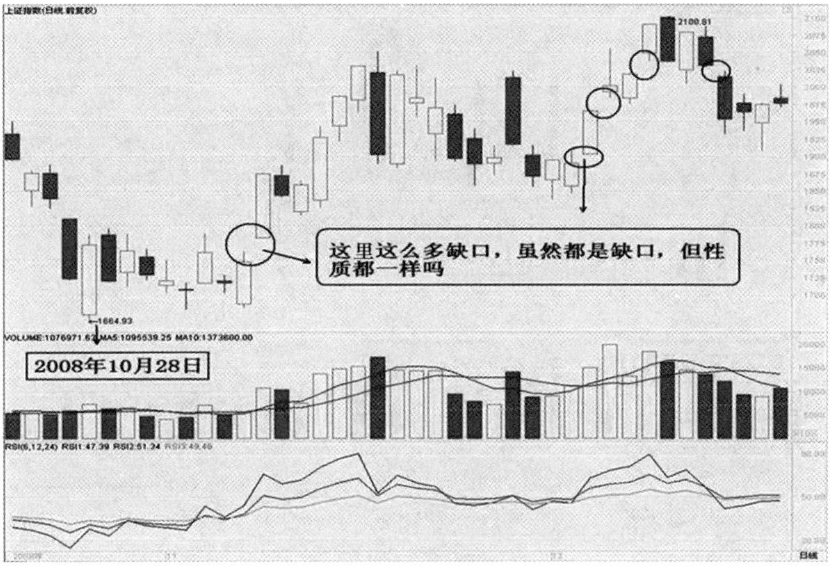
2100.81
1664.93
这里这么多缺口，虽然都是缺口，但性质都一样吗
2008年10月28日

图2.42　缺口区分

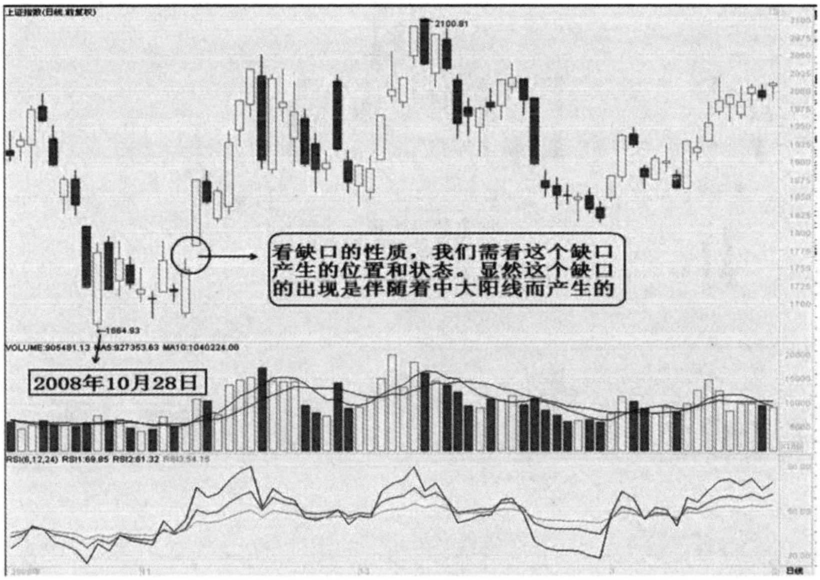
2100.81
1664.93
看缺口的性质，我们需看这个缺口产生的位置和状态。显然这个缺口的出现是伴随着中大阳线而产生的
2008年10月28日

图2.43　缺口的性质

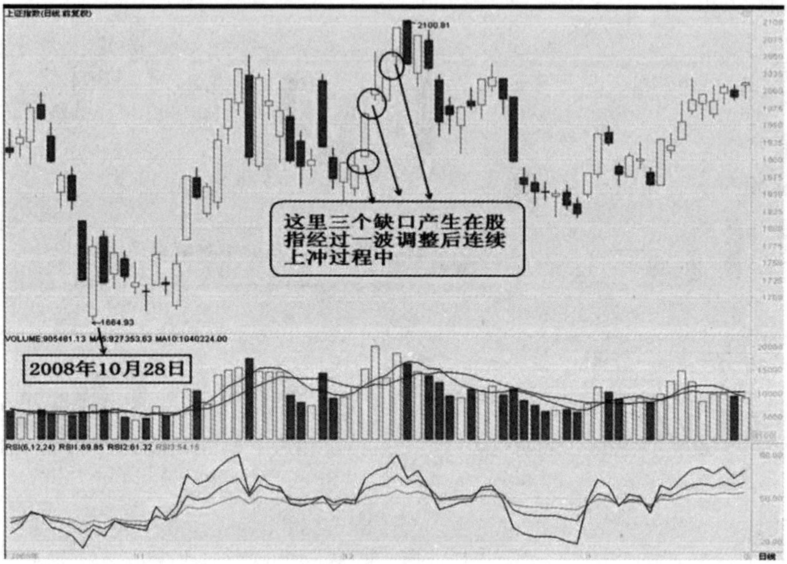
2100.81
1664.93
2008年10月28日
这里三个缺口产生在股指经过一波调整后连续上冲过程中

图2.44　缺口分析

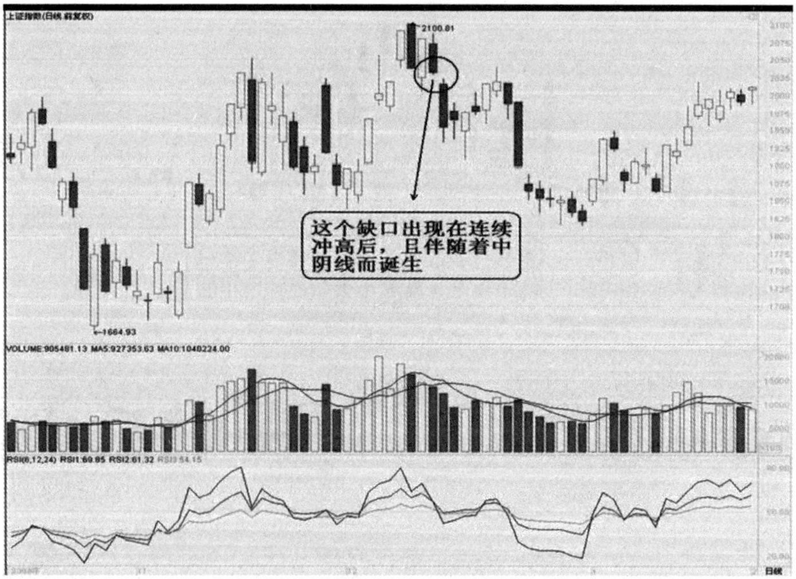
2100.81
1664.93
这个缺口出现在连续冲高后，且伴随着中阴线而诞生

图2.45　缺口分析

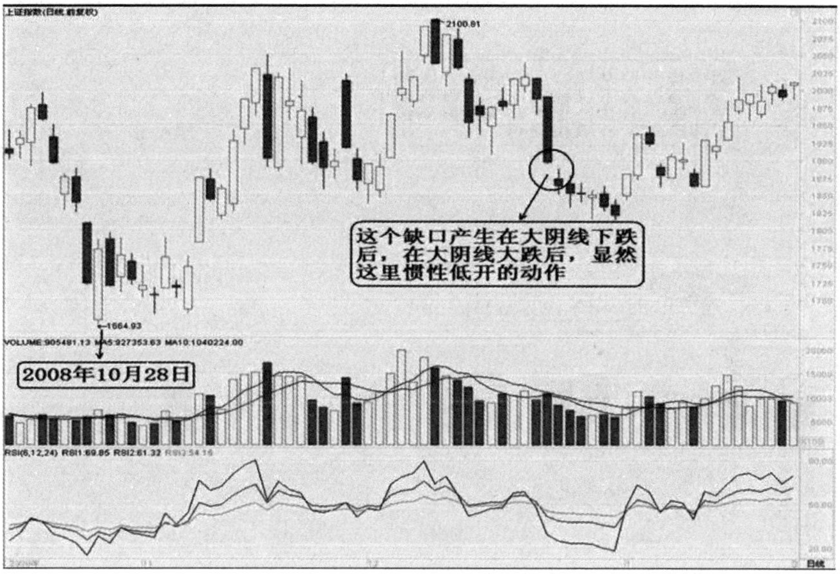
2100.81
1664.93
2008年10月28日
这个缺口产生在大阴线下跌后，在大阴线大跌后，显然这里惯性低开的动作

图2.46　缺口分析

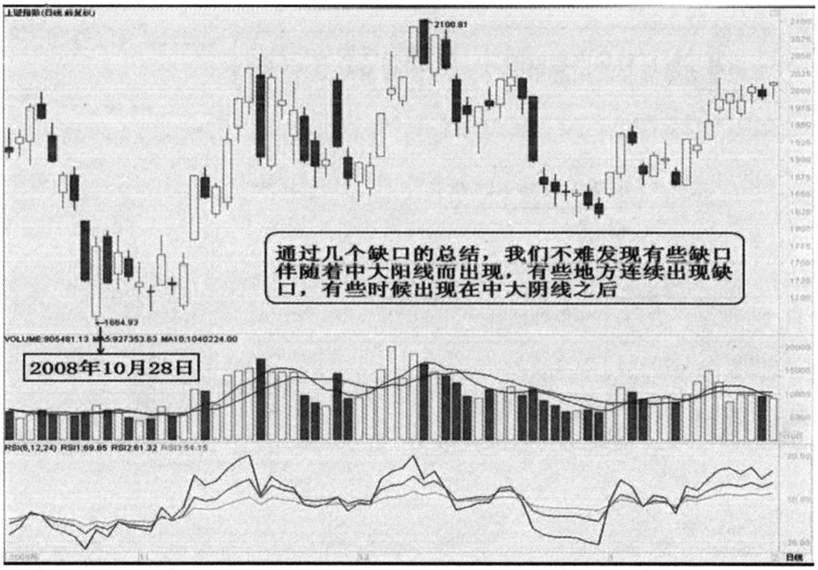
2100.81
1664.93
2008年10月28日
通过几个缺口的总结，我们不难发现有些缺口伴随着中大阳线而出现，有些地方连续出现缺口，有些时候出现在中大阴线之后

图2.47　缺口总结

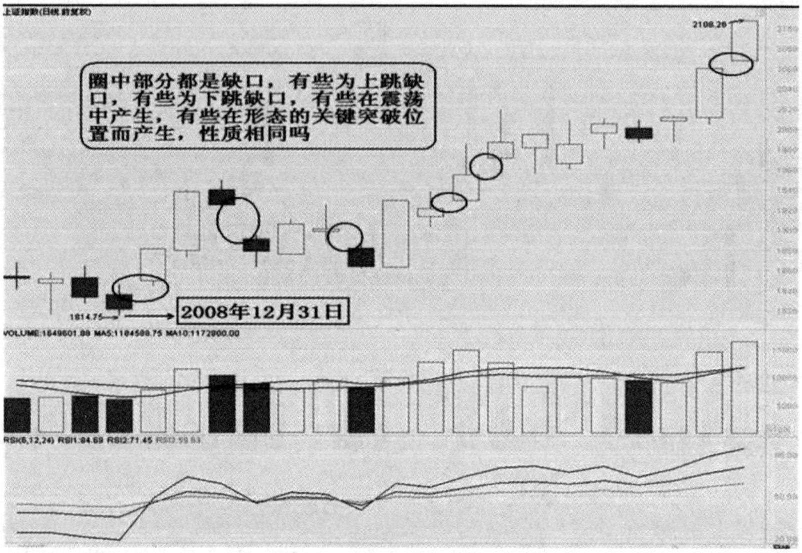
圈中部分都是缺口，有些为上跳缺口，有些为下跳缺口，有些在震荡中产生，有些在形态的关键突破位置而产生，性质相同吗
2108.26
1814.75
2008年12月31日

图2.48　缺口识别

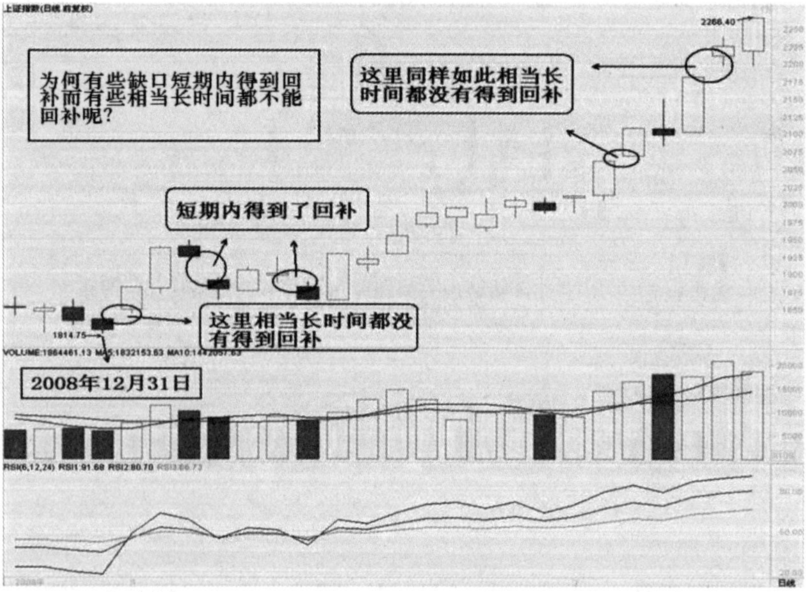
2266.40
为何有些缺口短期内得到回补而有些相当长时间都不能回补呢?
这里同样如此相当长时间都没有得到回补
短期内得到了回补
这里相当长时间都没有得到回补
1814.75
2008年12月31日

图2.49　缺口回补

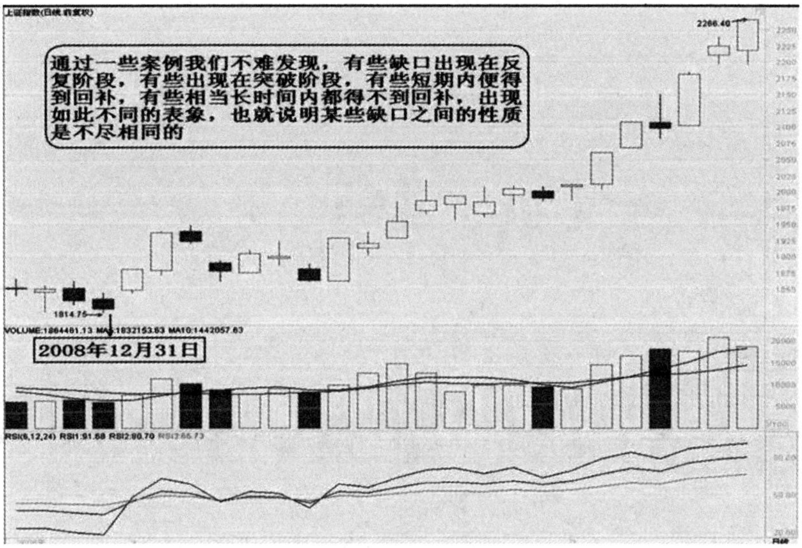
2266.40
通过一些案例我们不难发现，有些缺口出现在反复阶段，有些出现在突破阶段，有些短期内便得到回补，有些相当长时间内都得不到回补，出现如此不同的表象，也就说明某些缺口之间的性质是不尽相同的
1814.75
2008年12月31日

图2.50　缺口出现的阶段

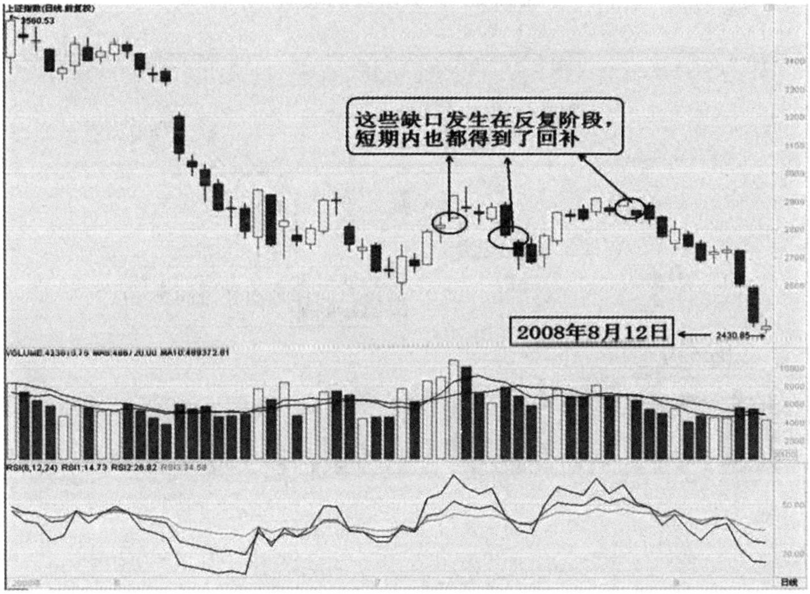
3560.53
这些缺口发生在反复阶段，短期内也都得到了回补
2008年8月12日

图2.51　反复阶段的缺口

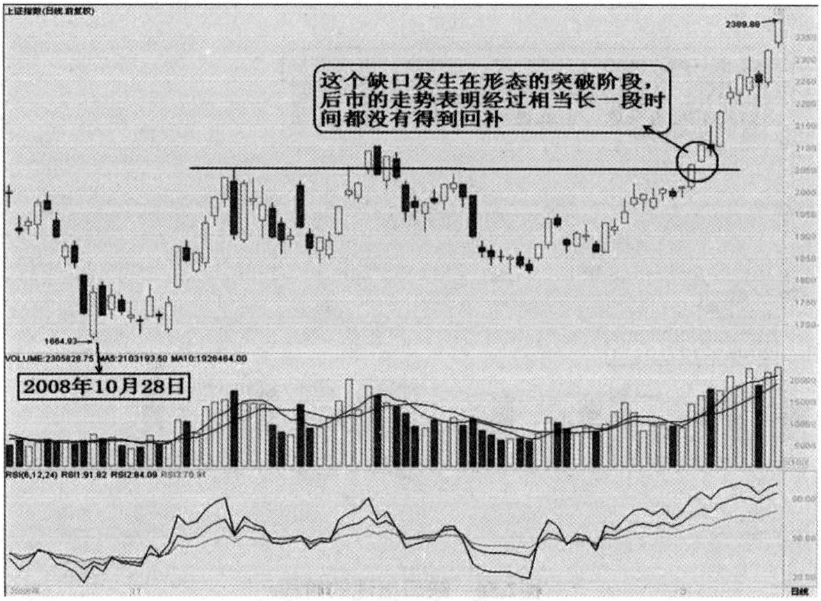
2389.88
这个缺口发生在形态的突破阶段，后市的走势表明经过相当长一段时间都没有得到回补
1664.93
2008年10月28日

图2.52　突破阶段的缺口

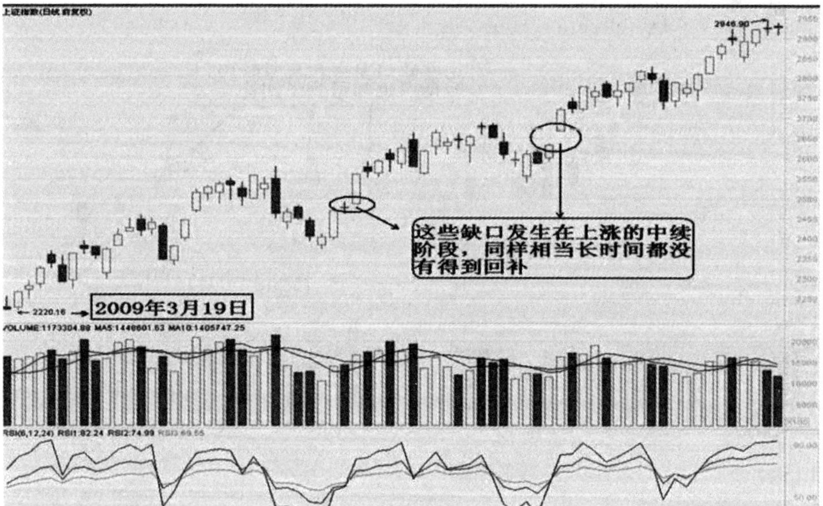
2946.90
这些缺口发生在上涨的中续阶段，同样相当长时间都没有得到回补
2220.16
2009年3月19日

图2.53　上涨中续阶段的缺口

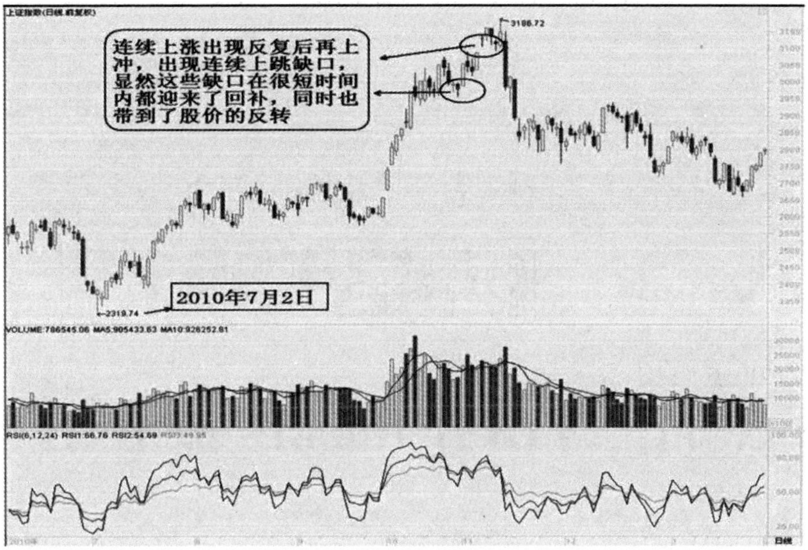
连续上涨出现反复后再上冲，出现连续上跳缺口，显然这些缺口在很短时间内都迎来了回补，同时也带到了股价的反转
3186.72
2319.74
2010年7月2日

图2.54　连续上跳缺口

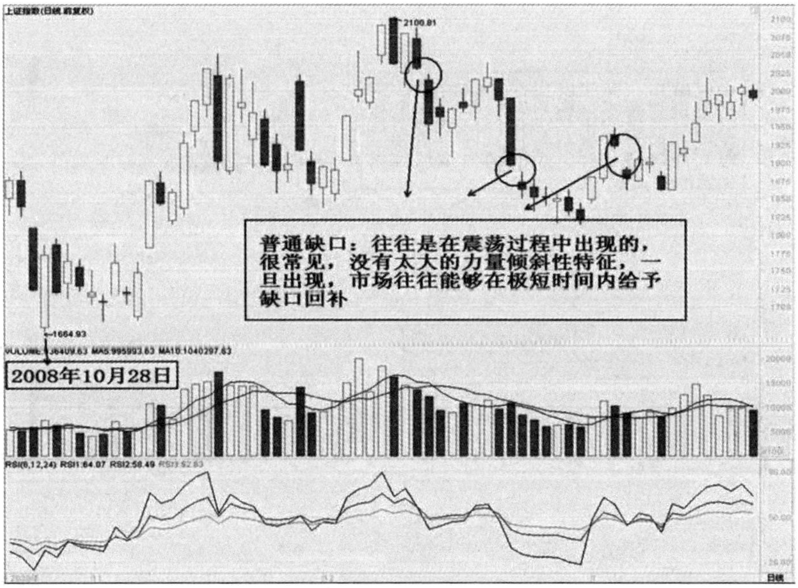
2100.81
普通缺口：往往是在震荡过程中出现的，很常见，没有太大的力量倾斜性特征，一旦出现，市场往往能够在极短时间内给予缺口回补
1664.93
2008年10月28日

图2.55　普通缺口

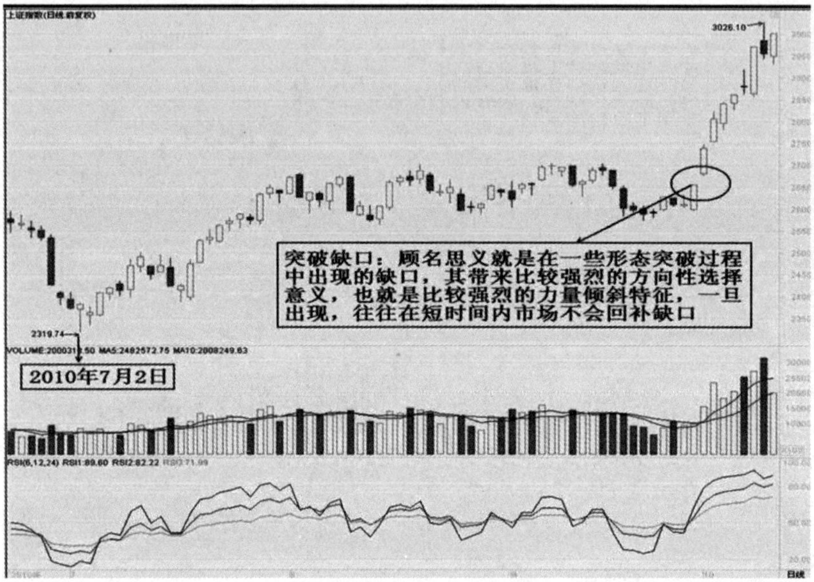
上证指数(日线,前复权)
3026.10
突破缺口：顺名思义就是在一些形态突破过程中出现的缺口，其带来比较强烈的方向性选择意义，也就是比较强烈的力量倾斜特征，一旦出现，往往在短时间内市场不会回补缺口
2319.74
2010年7月2日

图2.56　突破缺口

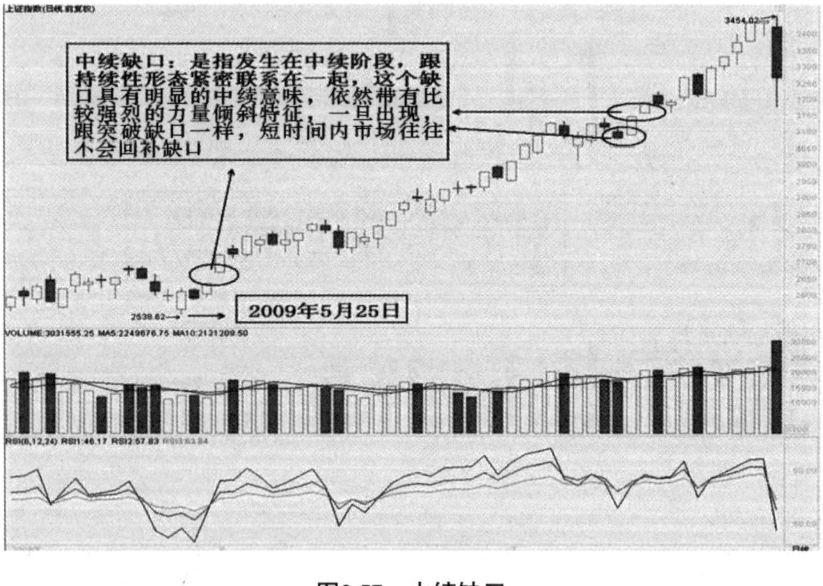
上证指数(日线,前复权)
3454.02
中续缺口：是指发生在中续阶段，跟持续性形态紧密联系在一起，这个缺口具有明显的中续意味，依然带有比较强烈的力量倾斜特征，一旦出现，跟突破缺口一样，短时间内市场往往不会回补缺口
2538.62
2009年5月25日

图2.57　中续缺口

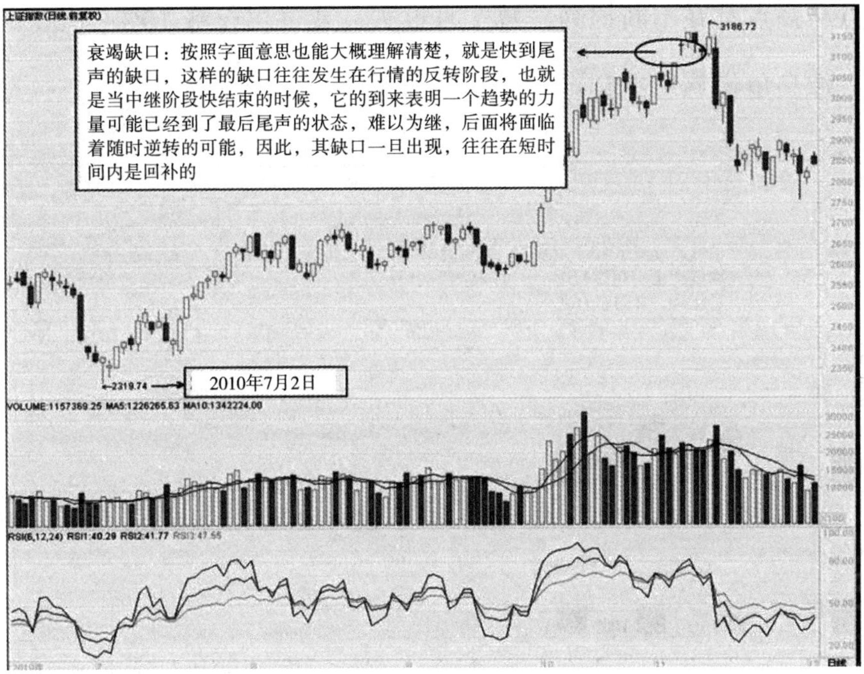
衰竭缺口：按照字面意思也能大概理解清楚，就是快到尾声的缺口，这样的缺口往往发生在行情的反转阶段，也就是当中继阶段快结束的时候，它的到来表明一个趋势的力量可能已经到了最后尾声的状态，难以为继，后面将面临着随时逆转的可能，因此，其缺口一旦出现，往往在短时间内是回补的
3186.72
2319.74
2010年7月2日
VOLUME:1157369.25 MA5:1226265.63 MA10:1342224.00

图2.58 衰竭缺口

三、洞悉主力的阳谋——小牛漫步形态

1. 形态解析

这种形态的主要特征如下：

①股价上下反复震荡，一两根阳线之后很快又出现阴线将其打回原形，短期看似乎原地踏步，但从稍长的一段时间看，低

点与高点都在不断提高，数个月过去，或许仅仅涨 10% 至 20%，好像乌龟慢悠悠地爬行。

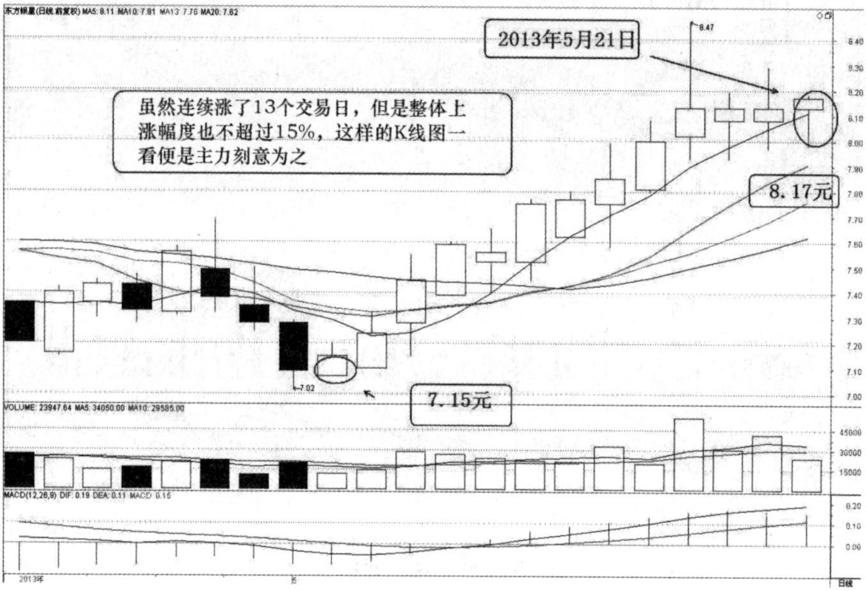
2013年5月21日
虽然连续涨了13个交易日，但是整体上涨幅度也不超过15%，这样的K线图一看便是主力刻意为之
8.17元
7.15元

图2.59　东方银星日K线图

②5 日、10 日均线穿梭在日线之间，股价蹦蹦跳跳，但基本脱不离这两条均线的范围，两均线时而金叉时而死叉，而 30 日均线一般在 K 线的下方形成有力支撑（走势偏强的个股为 20 日线，走势缓慢的个股可能为 60 日线）。5 日、10 日两均线的趋势不明显，但 30 日线以一个平缓的角度坚定上移，明确表明该股的上行趋势。

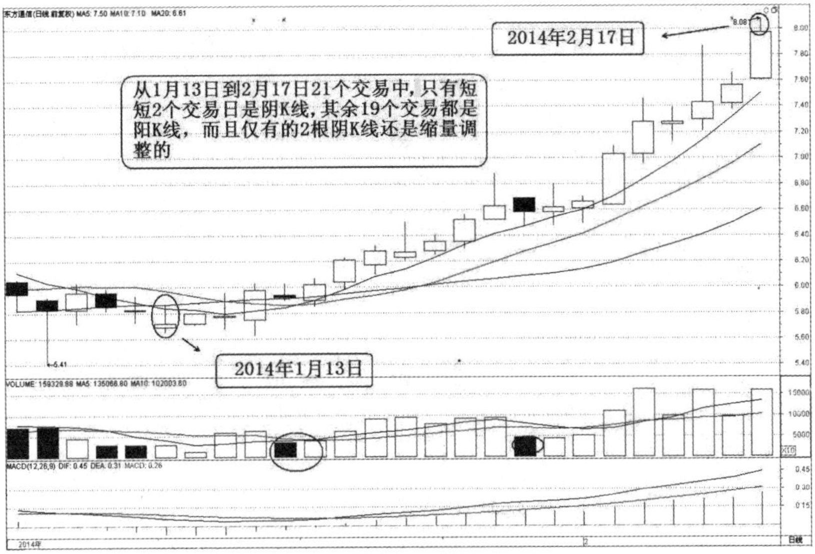
2014年2月17日
从1月13日到2月17日21个交易中，只有短短2个交易日是阴K线，其余19个交易都是阳K线，而且仅有的2根阴K线还是缩量调整的
2014年1月13日

图2.60　东方通信日K线图

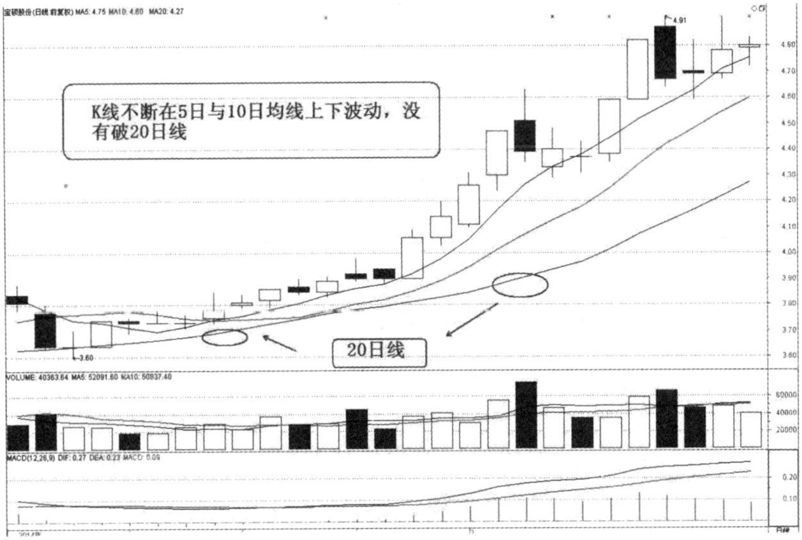
K线不断在5日与10日均线上下波动，没有破20日线
20日线

图2.61　宝硕股份日K线图

③成交量呈涨时量增、跌时量缩，明显有资金在有计划地吸纳。

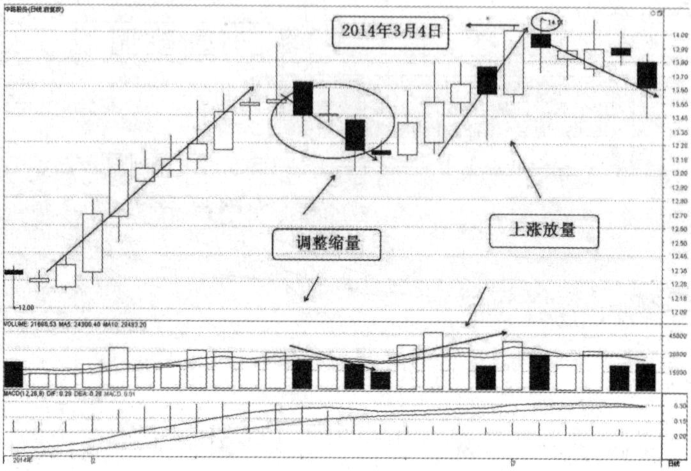

图2.62　中路股份日K线图

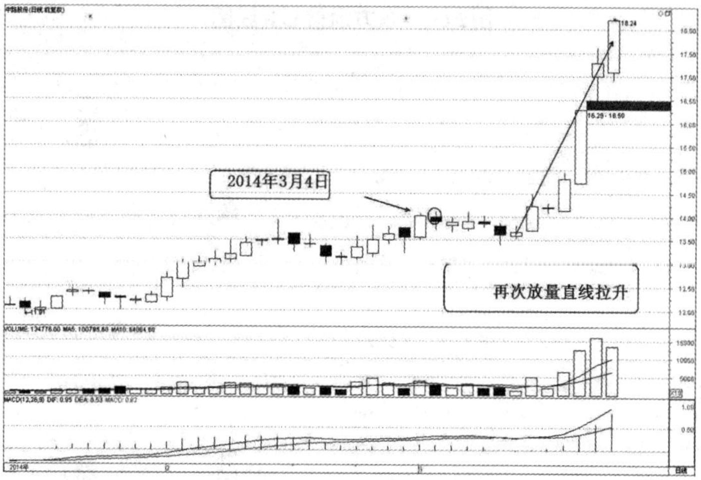

图2.63　中路股份日K线图

④走势慢慢与大盘分道扬镳，铺出的跑道往往“躲进小楼成一统，管它冬夏与春秋”。

这种形态可形象地称为“小牛漫步”，只要我们耐心跟随小牛优哉游哉地走小步，不难挖出其后面的金矿。

总结:“小牛漫步”形态意义有以下几方面:

①通常是庄家吸货的形态，大家从涨时放量、跌时缩量，可看出有人在打该股的主意。有些个股则是边拉边吸，一旦无法吸到足够的筹码，便将股价拉上一个台阶之后再继续震荡吸纳。

②短期均线反复，中期均线缓慢上移，特别是股价依托 30 日均线慢慢上行，说明主力不断制造震荡走势以利吸纳，又不让股价跌破重要的支撑位。

③该形态持续的时间越长，说明庄家吸筹越充分，后市上涨的空间越大，或是莫名其妙快速下跌（震仓）。

如图 2.64、图 2.65 上海新梅爆发前小牛漫步的走势:

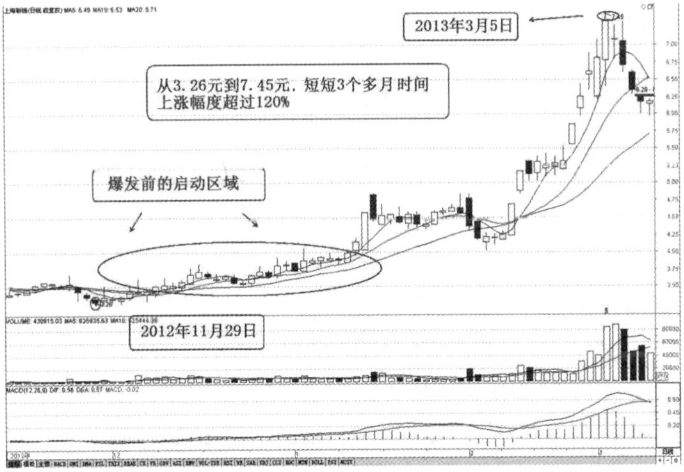
2013年3月5日
从3.26元到7.45元，短短3个多月时间
上涨幅度超过120%
爆发前的启动区域
2012年11月29日

图2.64　上海新梅日K线图

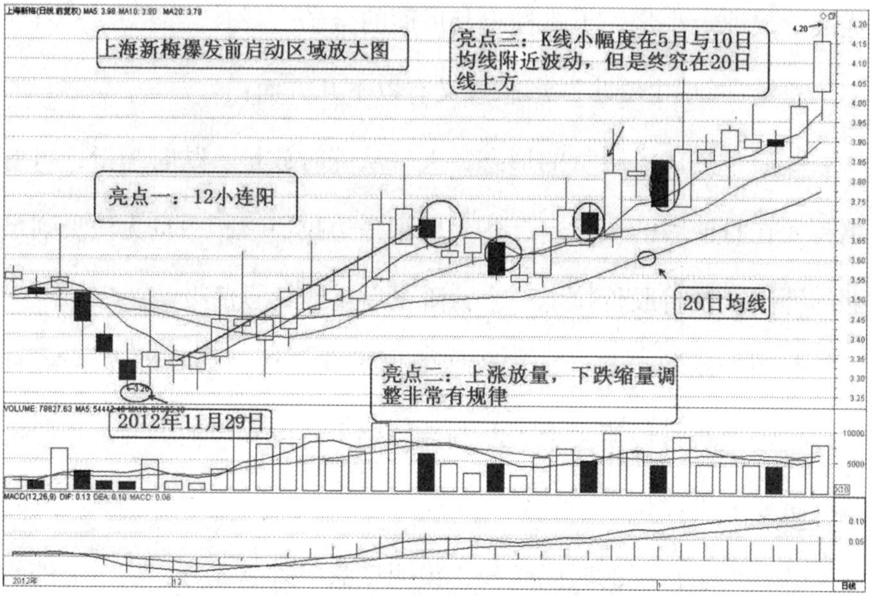
上海新梅爆发前启动区域放大图
亮点三：K线小幅度在5月与10日均线附近波动，但是终究在20日线上方
亮点一：12小连阳
20日均线
亮点二：上涨放量，下跌缩量调整非常有规律
2012年11月29日

图2.65　上海新梅日K线图

2. 连阳战法操作具体策略总结

（1）战法要求

①至少7连阳以上，越多越好。如果是周线的连阳，威力更强大。

②连阳最好都是小阳线，并且排列得很紧凑、很流畅。

③连阳上涨的角度不能太大，越小越好。因为我们要找的是建仓所导致的连阳，如果角度太大，那就是主升浪而不是主力的建仓。

④连阳的涨幅不能太大，越小越好。

⑤量能温和，不能太异常。

⑥分时走势图中，不能有明显的对敲、出货等痕迹。

⑦ ST 股等基本面不健康的要剔除。

⑧在年线上方的优先考虑，有板块效应的优先考虑。

（2）买点及仓位控制

连阳之后，如果跟 10 日均线偏离有点距离，可以等回调到 10 日均线附近介入，重仓出击，8 成仓位甚至全仓。

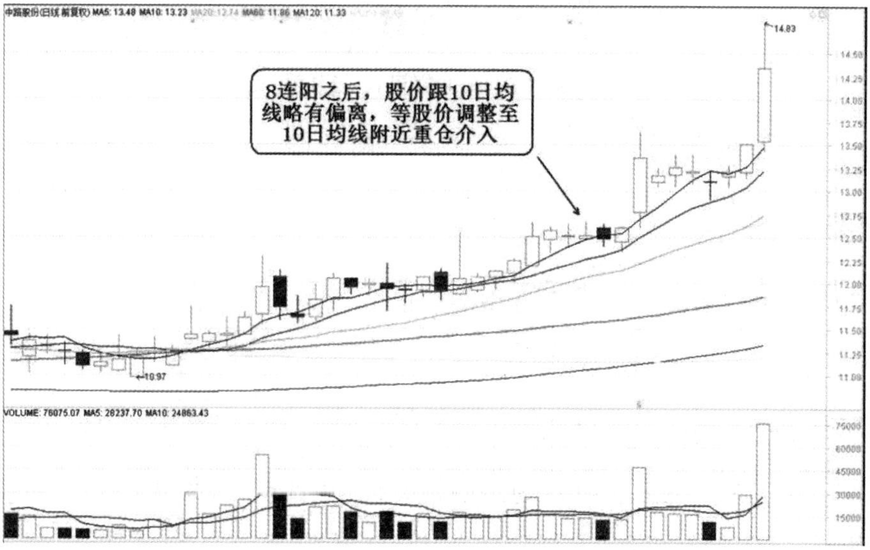
中路股份(日线 前复权) MA5: 13.48 MA10: 13.23 MA20: 12.74 MA60: 11.86 MA120: 11.33
14.83
8连阳之后，股价跟10日均线略有偏离，等股价调整至10日均线附近重仓介入
10.97
VOLUME: 76075.07 MA5: 28237.70 MA10: 24863.43

图2.66 中路股份日K线图

连阳之后，如果 10 日均线贴得很近，就可以在 5 日均线附近开始布局，8 成以上仓位。

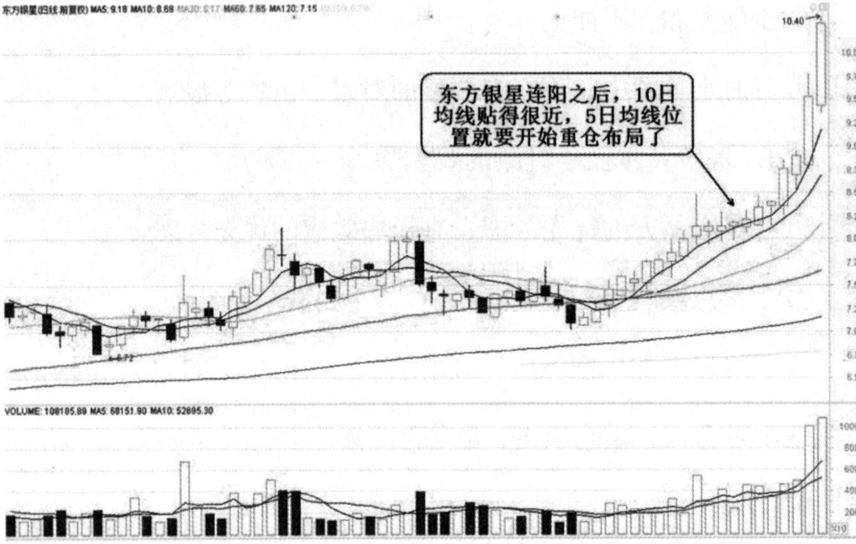
东方银星(日线 前复权) MA5: 9.18 MA10: 8.68 MA60: 7.85 MA120: 7.15
10.40
东方银星连阳之后，10日均线贴得很近，5日均线位置就要开始重仓布局了
6.72
VOLUME: 108185.89 MA5: 68151.90 MA10: 52695.30

图2.67　东方银星日K线图

如果剩余还有仓位，待股价如期起涨后（比如说创新高）追进。

（3）卖点

①缩量创新高，应该逐步减仓。当然，如果趋势非常好、盘口没有明显的抛压、股价涨幅也不算很大时，是可以多拿一下的。

②股价大涨后，分时图出现较大级别的顶部形态时卖出，即使当时并没有缩量创新高。

③放量跌破 10 日均线，坚决止损出局。

④若已有 5% 以上盈利，回落到 1% 时坚决止盈。不让盈利的股票变亏损，严重影响心态。

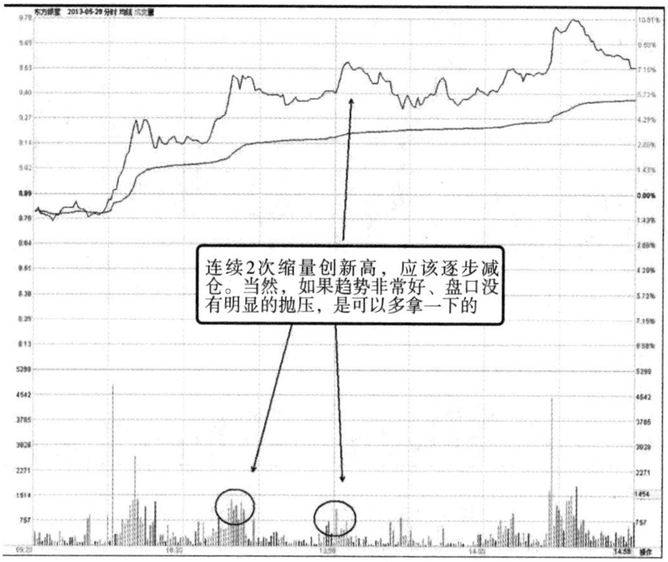
东方银星　2013-05-29 分时 均线 成交量
连续2次缩量创新高，应该逐步减仓。当然，如果趋势非常好、盘口没有明显的抛压，是可以多拿一下的

图2.68　东方银星日K线图

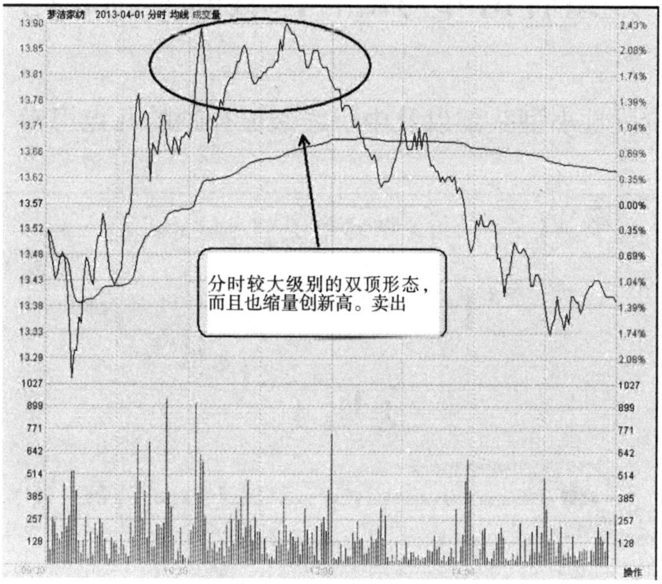
梦洁家纺　2013-04-01 分时 均线 成交量
分时较大级别的双顶形态，而且也缩量创新高。卖出

图2.69　梦洁家纺日K线图

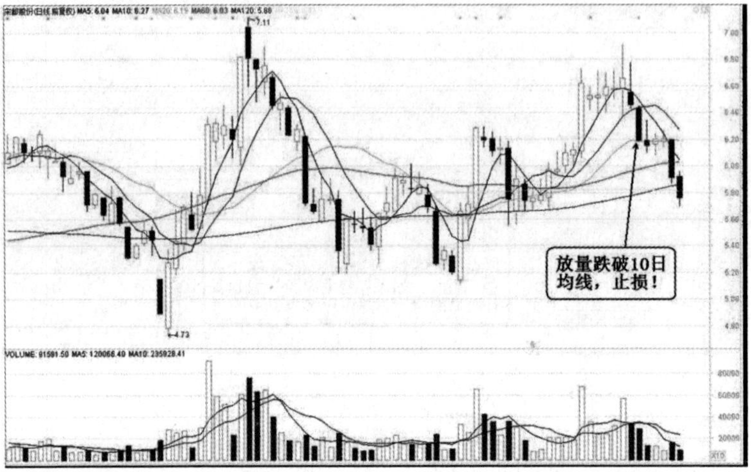
放量跌破10日
均线，止损！

图2.70　宋都股份日K线图

四、K线组合山峰与山谷区域的研判思路

1. 阶段性小型头部以及中阴线破位补缺的几点思考

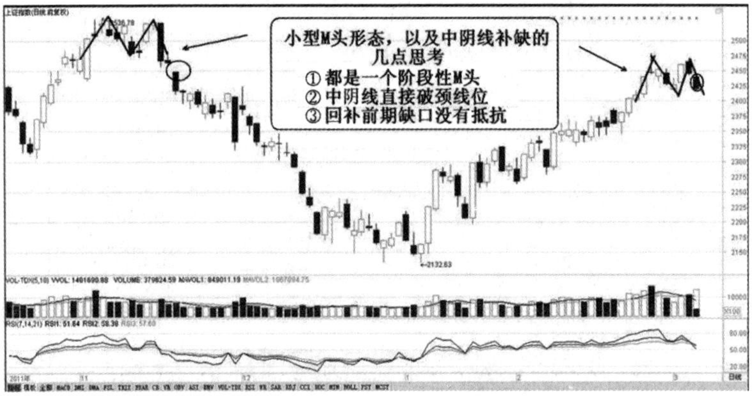
小型M头形态，以及中阴线补缺的
几点思考
① 都是一个阶段性M头
② 中阴线直接破颈线位
③ 回补前期缺口没有抵抗

图2.71　上证指数2011年10月至2012年3月6日K线图

2012 年 3 月 6 日星期二，上证指数阶段性形成了一个 M 头部形态，并且上午 11 点左右回补上周五的向上跳空缺口，到 11：00 已经成为一个中阴线的趋势，接下来大盘指数怎样运行，我们该怎样思考？ 我们不妨以前期 2011 年 10 月份形态做几点剖析：①都是一个阶段性头部 M 头；②中阴线直接破颈线位；③回补前期缺口没有抵抗。

如果今日尾盘时分时图没有完全收上来而是放出一根中阴或长阴线破位，那么对短期内指数的运行有着不好影响，我们应当谨慎。

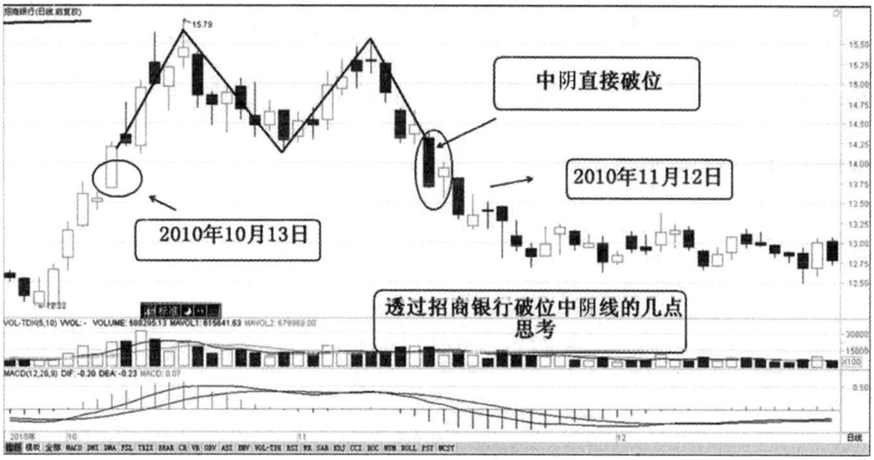

图2.72 招商银行日K线图

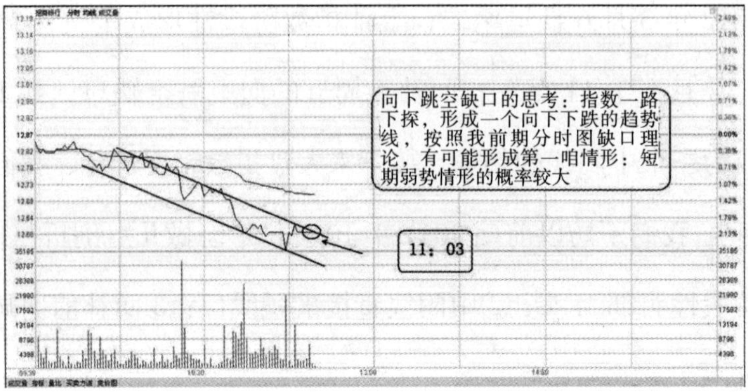
向下跳空缺口的思考：指数一路下探，形成一个向下下跌的趋势线，按照我前期分时图缺口理论，有可能形成第一咱情形：短期弱势情形的概率较大
11：03

图2.73　招商银行分时图

2. 量能结合 K 线的思考

巨量，一方面指成交量巨大，更重要的是指量比巨大，一般动态量比大于 20；阴阳，指伴随着巨量的出现，日 K 线呈高开阴线或高开阳线。巨量阴阳主要适用于之前股价连续上涨的情况，此时，成交量出现异常增长。

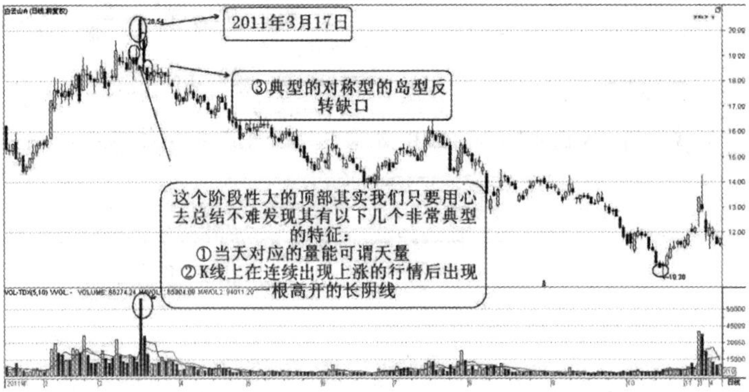
2011年3月17日
③典型的对称型的岛型反转缺口
这个阶段性大的顶部其实我们只要用心去总结不难发现其有以下几个非常典型的特征：
①当天对应的量能可谓天量
②K线上在连续出现上涨的行情后出现一根高开的长阴线

图2.74　白云山日K线图

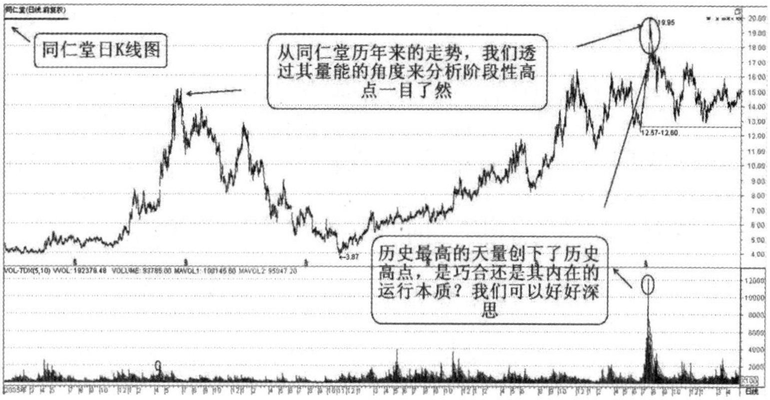
同仁堂日K线图
从同仁堂历年来的走势，我们透过其量能的角度来分析阶段性高点一目了然
历史最高的天量创下了历史高点，是巧合还是其内在的运行本质？我们可以好好深思
19.95
12.57-12.60
3.87

图2.75 同仁堂日K线图

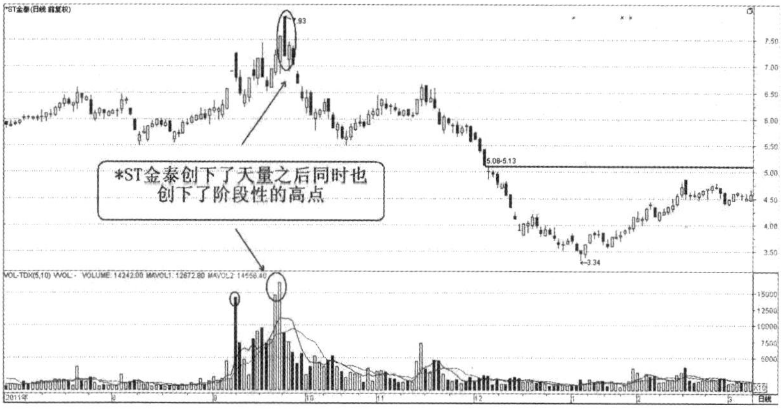
*ST金泰创下了天量之后同时也创下了阶段性的高点
5.08-5.13
3.34

图2.76 *ST金泰日K线图

从图2.76我们可以看到，*ST金泰创下了天量之后同时也创下了阶段性的高点。操作要领如下：

①如出现巨量阴线，当天股价往往高开高走，量比非常大，但却不能迅速封涨停，此时应果断卖出，因为当天收阴并形成一个阶段性大的头部概率极大。

②如果出现的是巨量阳线，当天往往先抑后扬，尾盘才被主力巨量拉起，日 K 线表现为下影线非常长的阳线（一般指下影线击穿前一日的收盘价），表面看下档支撑很强，实际是主力无法出逃，被迫护盘拉起。出现这种情况时，应在尾市果断卖出。

③最后需要说明，这一卖点大多出现在开盘半小时内或收盘半小时内，巨量阴线往往属于前一种情况，巨量阳线往往属于后一种情况。但不管是哪一种情况，都要求投资者当时就出货，切忌等待观望，坐失良机。

3. 重要的技术指标背离现象

（1）顶背离卖出法

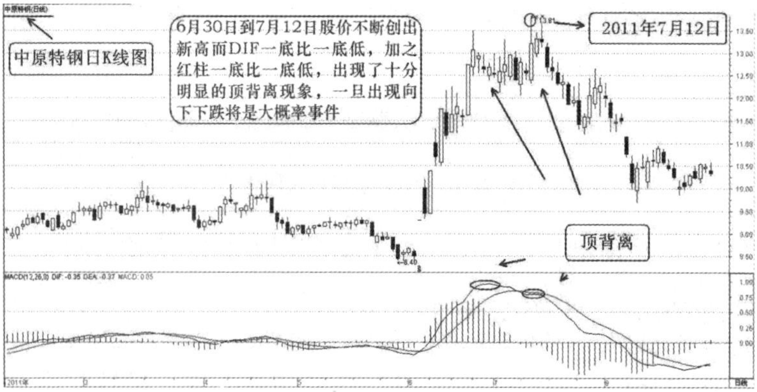
中原特钢日K线图
6月30日到7月12日股价不断创出新高而DIF一底比一底低，加之红柱一底比一底低，出现了十分明显的顶背离现象，一旦出现向下下跌将是大概率事件
2011年7月12日
顶背离

图2.77　中原特钢日K线图

从图 2.77 中原特钢日 K 线图中我们不难发现，其出现了一个

非常明显的顶背离的手法，这也是常见的逃顶的手段之一。

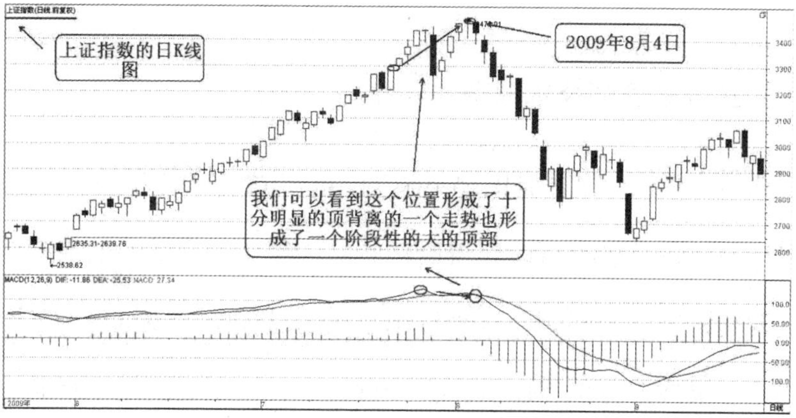
上证指数的日K线图
2009年8月4日
我们可以看到这个位置形成了十分明显的顶背离的一个走势也形成了一个阶段性的大的顶部

图2.78　上证指数日K线图

从图 2.78 我们可以看到，在 2009 年 8 月 4 日的时候，重要的技术指标之一：MACD 指标出现了明显的顶背离的情况，之后当天形成的 3478 点就是近年来的一个大的头部形态。

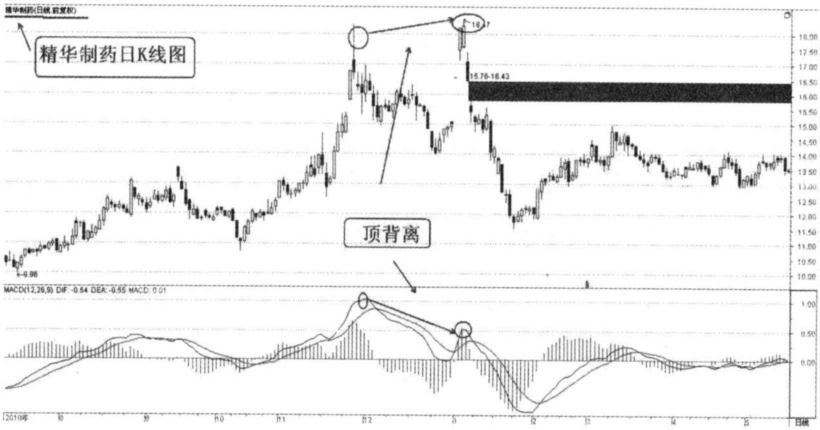
精华制药日K线图
顶背离

图2.79　精华制药日K线图

五、如何识别底部形态

1. 重要的底部技术形态

头肩底形态，很多股民都不陌生，也知道它的威力。一旦形成，如果能坚守住，极有可能获得巨额收益。当然，很重要的前提是形态的时间跨度要足够长。这种形态形成的过程中，多空双方已经充分交手。最终多方取得胜利，会让过去一直被压制的能量得到充分宣泄。

除了形态本身以外，成交量也是个非常关键的因素。底部的成交量有基础，右肩部的成交量又较为可观，突破时的成交量也能支撑住，上涨空间就会比较可观。而没有太多成交量配合的形态，威力会大打折扣。

头肩底好像很容易清晰识别，但在具体形成的过程中却具有很大的迷惑性。很多时候，人们都会太关注局部短期形态，而忽视大的综合形态。对那些只喜欢看日线图，而且紧盯最近几天波动的操盘者而言，要发现头肩底形态，难度无疑相当大。操盘前务必先从大看起，但放得太大，如年线图对跨度不是特别大的形态而言，就没有意义，最好的方法是放大到周线图或月线图。在一般情况下，对形态的判断与把握，看周线图完全足够。

要把经典的头肩底牢记在脑海中，观察形态的初期不要太细究具体纹路，要看清楚的是大的脉络。初期要做到的是发现形态，而不是具体研究形态。

很多人喜欢快速地把所有东西都挖掘出来，这是非常不现实的。要讲究循序渐进，一步一个脚印才更为踏实。成熟的操盘手，特点就是多一点踏实。

最小量度涨幅对短期的头肩底更有意义，较长周期的头肩底形态爆发后则完全可能演变成更大形态爆发的导火索。一般经典理论是，当头肩底形成后，其量度涨幅至少是颈线位到底部最低点的垂直距离。那仅仅是最小的涨幅。对头肩底较为短期的形态来说，具有相当的意义，因威力最小，最小量度涨幅一旦到位就具有相当的阻力效果，而且有可能形成新的阶段性高点。

在较长的头肩底形态中，最小量度涨幅带来的实质阻力极其微弱，最终往往是带来超乎想象的上涨空间。说白了，此时，这种形态带来的会是一只大牛股。道理其实也不复杂：其形态时间跨度长，一旦突破，多头情绪需要充分释放，涨幅会远超量度涨幅。最厉害的是，由于这种形态本身带来的较大上涨又为更大一个上涨形态完成最后突破。初期的爆发就好像导火索一样，把更大形态的爆发也启动了，一环接一环，最终，能不变成大牛股吗？

2. 形态特征与形态意义

个股在前期有横盘剧烈震荡或震荡缓慢推高的吸筹形态，在主力有目的地打压破位做底后，股价轻松上扬，在 30 日或 60 日均线附近出现连续小阳线攀升，经常出现跳空高开，K 线几乎没有下影线，或突然量能不大的阳线拉升后，强势缩量洗盘，股价沿 5 日均线上升。以上是主力高度控盘的表现，筹码的稳定性极好，后市极易在短时间内股价飙升。

这是控盘主力发动行情之初，深刻领会其中要义，是跟庄获利的最基本能力之一。

3. 个股实战案例

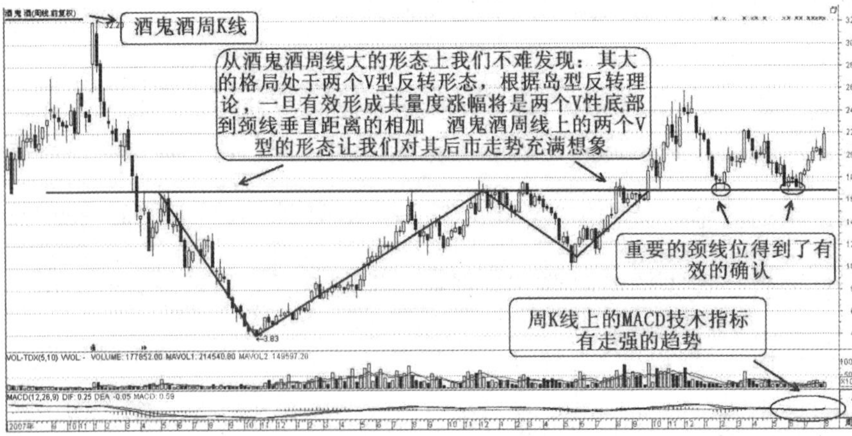
酒鬼酒周K线
从酒鬼酒周线大的形态上我们不难发现：其大的格局处于两个V型反转形态，根据岛型反转理论，一旦有效形成其量度涨幅将是两个V性底部到颈线垂直距离的相加　酒鬼酒周线上的两个V型的形态让我们对其后市走势充满想象
重要的颈线位得到了有效的确认
周K线上的MACD技术指标有走强的趋势

图2.80　酒鬼酒周K线图

从酒鬼酒周 K 线图上我们不难看出，虽然整体的形态形成了一个放量有效的突破，但是由于整个的大环境（大盘指数）出现恶化，酒鬼酒又随着大盘而下。但是在关键的颈线位得到了明显的支撑，形成了一个双底，使得重要位置得到了有效的确认。

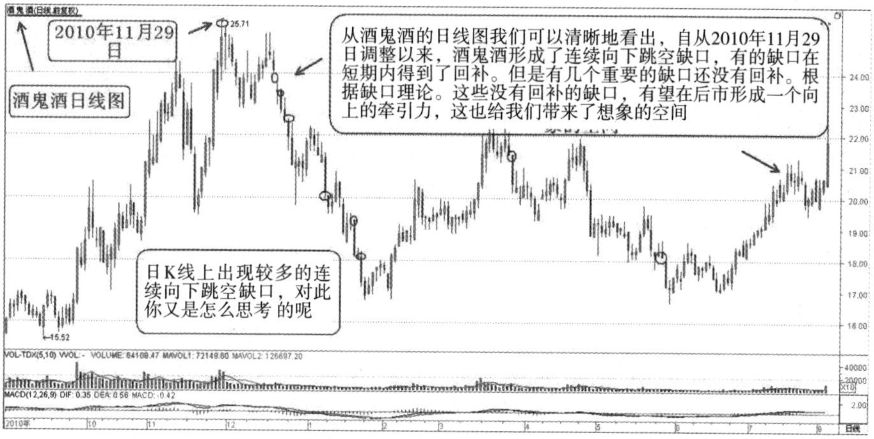
2010年11月29日
酒鬼酒日线图
25.71
15.52
从酒鬼酒的日线图我们可以清晰地看出，自从2010年11月29日调整以来，酒鬼酒形成了连续向下跳空缺口，有的缺口在短期内得到了回补。但是有几个重要的缺口还没有回补。根据缺口理论。这些没有回补的缺口，有望在后市形成一个向上的牵引力，这也给我们带来了想象的空间
日K线上出现较多的连续向下跳空缺口，对此你又是怎么思考 的呢
VOL-TDX(5,10) VVOL: VOLUME: 84109.47 MAVOL1: 72148.80 MAVOL2: 126697.20
MACD(12,26,9) DIF: 0.35 DEA: 0.56 MACD: -0.42

图2.81　酒鬼酒日K线图

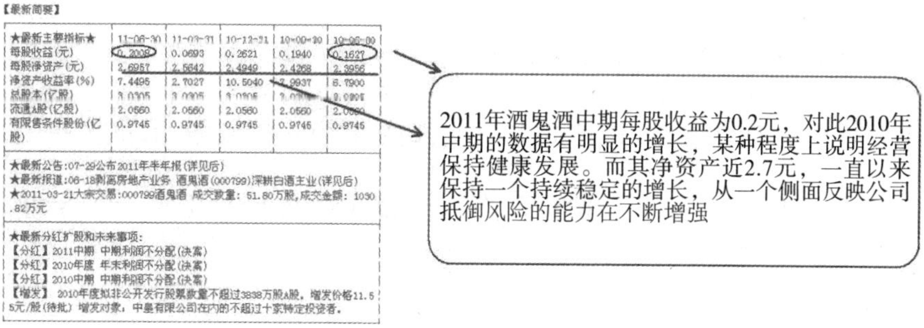

【最新简要】

★最新主要指标★	11-06-30	11-03-31	10-12-31	10-09-30	10-06-30
每股收益(元)	0.2008	0.0693	0.2621	0.1940	0.1627
每股净资产(元)	2.6957	2.5642	2.4949	2.4268	2.3956
净资产收益率(%)	7.4495	2.7027	10.5040	2.9937	6.7900
总股本(亿股)	3.0305	3.0305	3.0305	[illegible]	[illegible]
流通A股(亿股)	2.0560	2.0560	2.0560	2.0560	[illegible]
有限售条件股份(亿股)	0.9745	0.9745	0.9745	0.9745	0.9745

★最新公告:07-29公布2011年半年报(详见后)
★最新报道:06-18剥离房地产业务 酒鬼酒(000799)深耕白酒主业(详见后)
★2011-03-21大宗交易:000799酒鬼酒 成交数量: 51.80万股,成交金额: 1030.82万元

★最新分红扩股和未来事项:
【分红】2011中期 中期利润不分配(决案)
【分红】2010年度 年末利润不分配(决案)
【分红】2010中期 中期利润不分配(决案)
【增发】 2010年度拟非公开发行股票数量不超过3838万股A股，增发价格11.55元/股(待批) 增发对象，中皇有限公司在内的不超过十家特定投资者。

2011年酒鬼酒中期每股收益为0.2元，对此2010年中期的数据有明显的增长，某种程度上说明经营保持健康发展。而其净资产近2.7元，一直以来保持一个持续稳定的增长，从一个侧面反映公司抵御风险的能力在不断增强

☆最新报道☆

【2011-06-18】剥离房地产业务 酒鬼酒(000799)深耕白酒主业

房地产前景的暗淡，加之白酒市场的火热，酒鬼酒似乎没有理由再次错过发展主业的大好机遇，公司决定剥离房地产业务，专攻白酒主业。

酒鬼酒今日披露，拟将其所持的中铁金桥世纪山水置业有限公司（下称"中铁世纪山水"）20%的股权转让给中铁大桥局集团武汉置业发展有限公司（下称"中铁武汉置业"），交易价格6700万元。本次转让后，酒鬼酒将不再持有中铁世纪山水股权。

资料显示，中铁世纪山水由酒鬼酒及其子公司酒鬼酒供销公司共同出资于2007年1月筹建，主营房地产开发和建材销售。当年12月，中铁武汉置业以增资和收购两种方式，获得中铁世纪山水的80%股权。目前，中铁世纪山水正在开发建设的房地产项目为"中铁置业·世纪山水"。据披露，2008年至2010年尚未有营收入账，截至2010年12月31日，资产总额为3.98亿元，净资产2.9亿元。经评估，酒鬼酒持有的中铁世纪山水20%股权的价值为6695.38万元。

此次并非酒鬼酒第一次剥离房地产资产。去年11月，公司以1499.19万元作价，将控股子公司湖南利新源房地产开发有限公司75%股权一举转让给成都新合能房地产开发有限公司，获得投资收益800万元。

本次剥离房地产业务，酒鬼酒旗下已不再有房地产业务资产，而且增加公司投资收益700万元左右。酒鬼酒同时表示，此举是为了盘活企业资产，优化产业结构，做大做优做强主业。

从公司的最新报道中我们可以得知，公司在逐步剥离如地产等非主营业务，可见公司做大主营业务的决心，其实相信也知道白酒的利润是十分可观的，公司做大白酒主业可以说有百益而无一害

☆业内点评☆ ◇000799 酒鬼酒　更新日期：2011-07-29◇ 港澳资讯 灵通V5.0

【2011-07-29】中报点评：酒鬼酒(000799)名酒复兴迈出坚实步伐

公司业绩出现拐点，经营质量提高：

公司中报一改之前连续多年低迷，业绩显著好转。公司每股收益0.20元，利润扣除增长216%，都好于市场预期；经营活动产生的现金流净额1.85亿元，同比增长531%，说明公司经营形势好转，经营质量提高，强化管理成效显著。

市场策略效果初现：

公司在湖南本土市场采用与经销商利益捆绑的营销模式，提高了经销商积极性，实现互利双赢。我们认为就公司目前情况看首先需要在本土打造王者地位，省外只能重点开拓，并且需向高端酒发展，把控好终端市场。公司的"精耕湖南、做透重点、拓展全国、突出重点、加大促销、活跃终端、整合资源、抢占高端"的营销思路清晰，定位精准，获得了较好的营销效果，并且湖南本土白酒缺乏主导性品牌，容易在本地率先实现营销目标。

增发可为公司提供打造品牌和渠道的充裕资金：

公司领导层表示将力争今年完成增发事宜，公司增发预案计划发行3838万股，发行价11.56元，募资4.43亿元，其中拟在营销网络建设和品牌媒体推广上投入资金3.6亿元，着力打造畅通高效的渠道，塑造良好的品牌形象，为公司崛起铺路架桥。我们预计增发工作的推进可能成为公司股价的催化剂。

昔日名酒走上复兴之路：

酒鬼酒在上世纪90年代曾是高端酒的杰出代表，价格国内首屈一指，在世纪之交由于种种原因日渐式微，自中皇公司入主后，通过企业改制重组、整合优势资源、实施聚焦战略，优化产品结构、提升品牌形象等一系列重大举措，使公司经营形势焕然一新，公司盈利能力大幅提升、营业净现金流高倍增长、品牌形象显著改善，昔日名酒中兴可期。

从"业内点评"我们不难发现亮点：①改进营销模式重振新品牌；②曾经是高端酒的杰出代表，价格在国内首屈一指，不乏历史疯狂因子

基本面分析：

湘泉集团从1956年诞生的一家酿酒小作坊起家，逐渐发展成为湖南著名的集团公司。1989年，酒鬼酒正式面世，"鬼酒"和"山水、王烟（芙蓉王）"并称湖南三大品牌。

再重组突围。资金抽逃事件发生，刘虹辞去酒鬼酒董事长之后，酒鬼酒公司加快了寻求战略重组伙伴的步伐。在新的寻求过程中，放弃了着重引进民营资本的思路，转而寻找与酒业相关、干事业、有实力的公司。

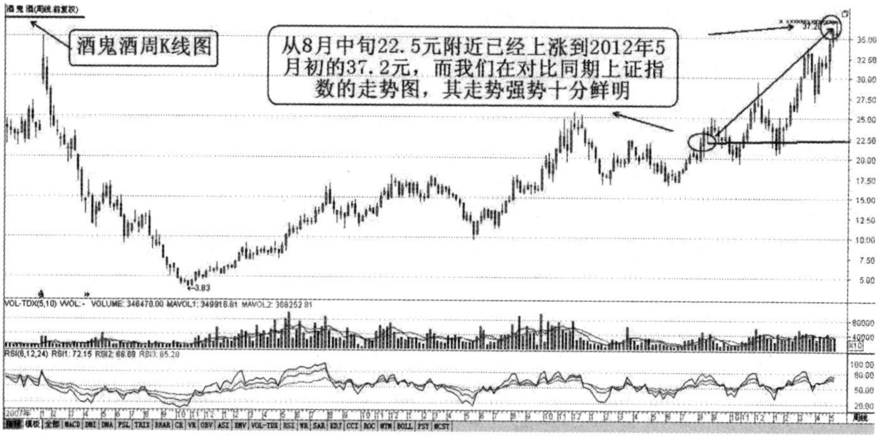
酒鬼酒周K线图
从8月中旬22.5元附近已经上涨到2012年5月初的37.2元，而我们在对比同期上证指数的走势图，其走势强势十分鲜明
37.20
3.83

图2.82　酒鬼酒周K线图

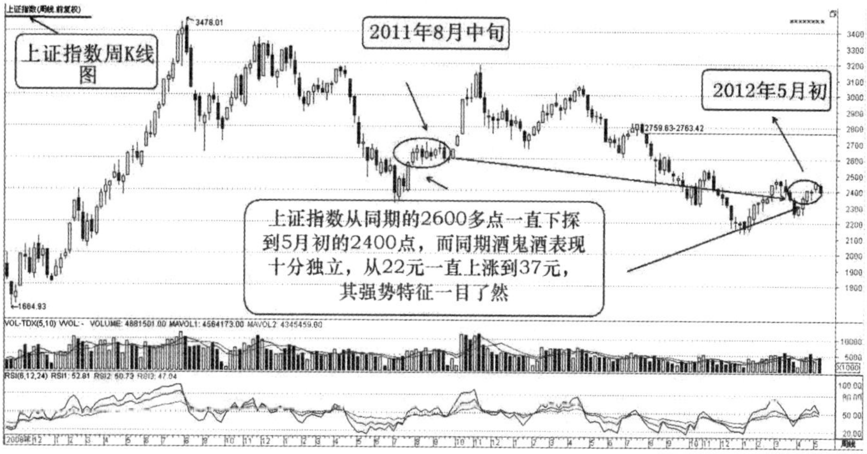
上证指数周K线图
2011年8月中旬
2012年5月初
3478.01
1664.93
上证指数从同期的2600多点一直下探到5月初的2400点，而同期酒鬼酒表现十分独立，从22元一直上涨到37元，其强势特征一目了然

图2.83　同期上证指数的K线图

第三章

细微之处见功夫

——分时图角度挖掘短线战机

一、寻找分时图上主力建仓的蛛丝马迹

1. 关于行情软件的设置

在开始剖析分时图之前，先跟大家介绍一种有力的武器，那就是对行情软件进行相关的设置，将分时图中的成交量颜色区分开来。

具体操作是（以通达信行情软件为例，其他行情软件类似）：工具→系统设置→设置 4 →分时图中成交量颜色区分显示→确定。

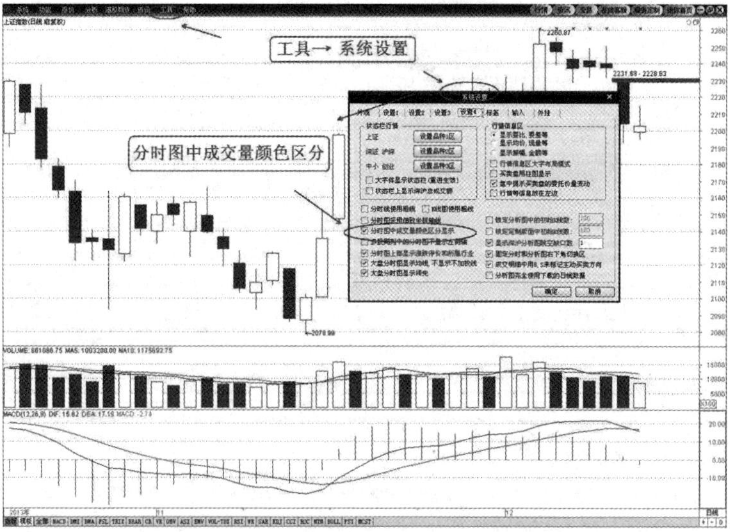

图3.1　上证指数日K线图

设置成功之后，分时图中的成交量就会显示成三种不同的颜色。

红色：表示的是一分钟内价格上涨过程中成交的量，可以理解为这一分钟内买方能量的大小。

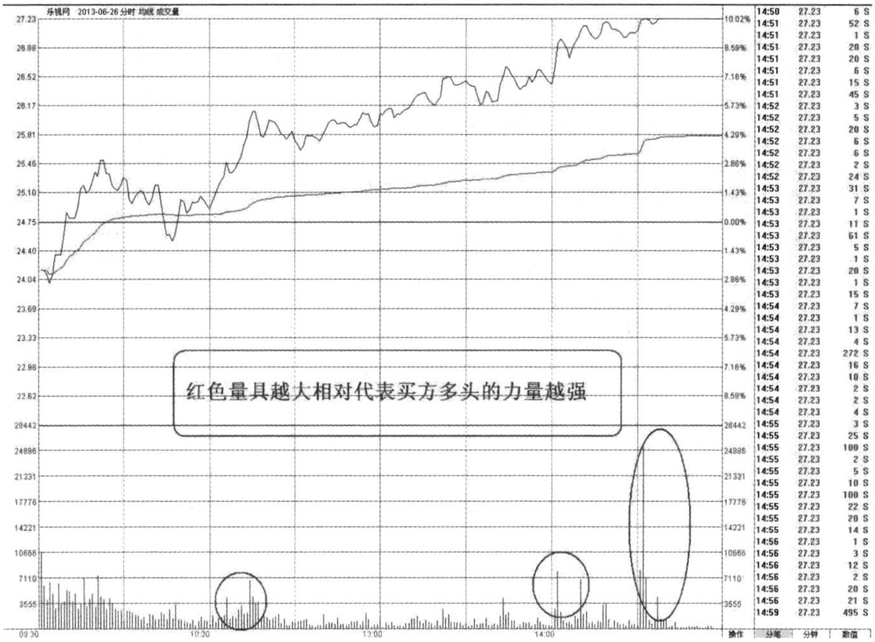

图3.2　乐视网分时图

绿色：表示的是一分钟内价格下跌过程中成交的量，可以理解为这一分钟内卖方能量的大小。

白色：表示的是一分钟内价格不变过程中成交的量，可以理解为买卖双方能量在一分钟内持平。

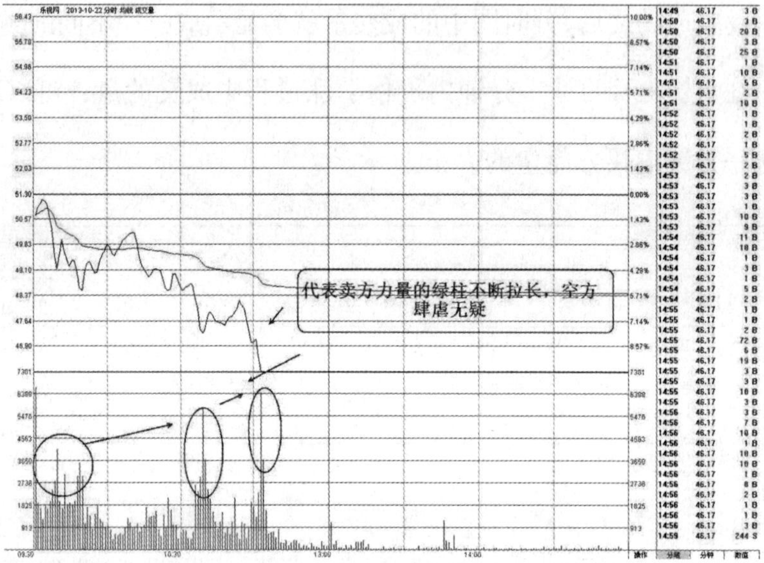
代表卖方力量的绿柱不断拉长，空方肆虐无疑

图3.3　乐视网分时图

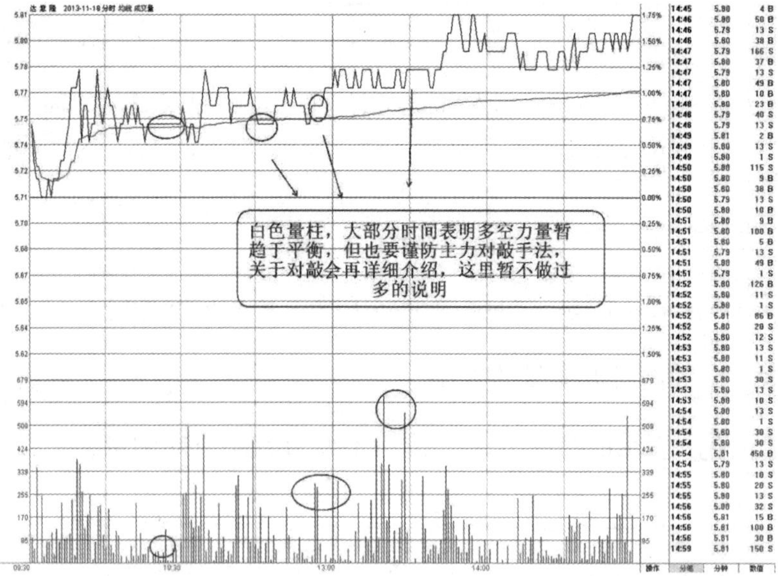
白色量柱，大部分时间表明多空力量暂趋于平衡，但也要谨防主力对敲手法，关于对敲会再详细介绍，这里暂不做过多的说明

图3.4　达意隆分时图

这三种成交量的颜色，可以有效帮助我们在分时图内区分买卖双方的力量对比变化：如果股价上涨时红色成交量同步放大，这说明上涨是真实的、和谐的；如果股价下跌时绿色成交量同步放大，说明抛压真实存在。如果股价上涨时夹杂着较大的绿色分时成交量，说明抛压较重，上涨值得谨慎；如果股价下跌时夹杂着较大的红色成交量，说明可能有资金在逢低吸纳。

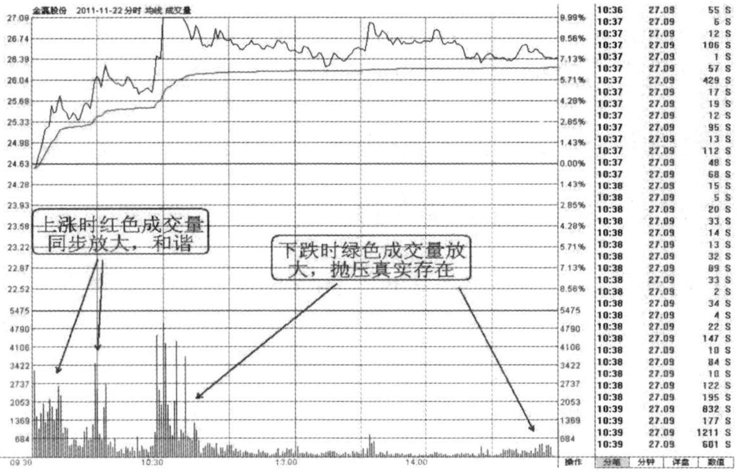
金磊股份 2011-11-22 分时 均线 成交量
上涨时红色成交量同步放大，和谐
下跌时绿色成交量放大，抛压真实存在

图3.5 金磊股份分时图

2. 建仓分时特征

正所谓“月黑风高夜，杀人放火时”，主力建仓，总是在悄无声息中进行。但无论主力多么小心翼翼，都会在盘面上露出马脚。

具体表现在分时图上，有三个明显特征。

其一，频繁出现锯齿状的、带尖角的分时波形。

其二，每一个锯齿的尖角波形下面会伴随一笔较大的分时成交量。这是由于，主力用中单或大单往卖盘上面几个价位瞬间吃货所造成的分时特征。

其三，即时成交记录上可以发现主动性向上买入的中单或大单（即中单或大单的成交价高于前一笔成交价），这种中单或大单是间歇性的。

这年头主力倾向于中单的形式建仓，因为大单的话比较容易引起市场的注意，不利于悄悄建仓；小单的话，单量太小，要想掌握足够的筹码，不知要建仓到何年何月；而中单的话，既可不引起市场注意，又可以较少的时间建仓，自然也就为主力所采用了。

主力建仓的分时特征的三个组成部分是缺一不可的，如果缺少了其中任何一部分，那就是不完整的，容易陷入似是而非的陷阱。

在这里要充分理解其中的原理：主力主动性、以中单或大单的形式往卖盘上方积极买入，成交之后又暂时休整，从而造成分时图上锯齿状的波形，以及分时成交量的放大。这种动作是间歇性的，因为主力不想连续买入，以免动作太大引起市场注意。

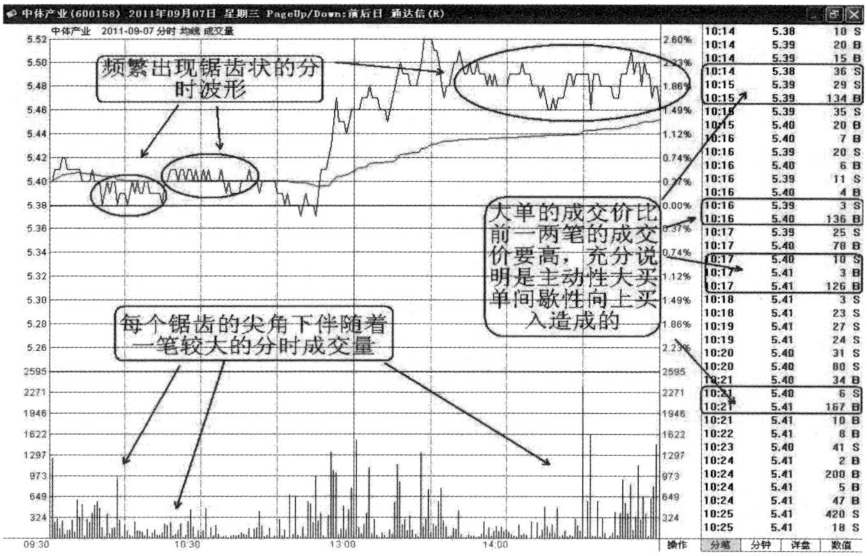
中体产业(600158) 2011年09月07日 星期三 PageUp/Down:前后日 通达信(R)
中体产业 2011-09-07 分时 均线 成交量
频繁出现锯齿状的分时波形
大单的成交价比前一两笔的成交价要高，充分说明是主动性大买单间歇性向上买入造成的
每个锯齿的尖角下伴随着一笔较大的分时成交量

图3.6　中体产业分时图

本质是主力在间歇性地、主动性买入吃货，这是根本原因，而锯齿状的尖角波形和成交量则是表现出来的特征。是主力的主动性建仓，导致出现这样的分时表现，切不可本末倒置。

主力建仓，无非是这三种方式：拉升建仓、打压建仓和区间震荡建仓。

而无论哪种建仓手法，都不可避免地出现这种锯齿状尖角波形建仓的分时特征。所谓“打蛇打七寸”，这些分时特征就是主力建仓的“七寸”，为我们发现主力建仓的行踪提供了有力的武器。

（1）拉高建仓

拉高建仓，是指主力加快吃货的步伐，卖盘上有多少筹码就吃多少筹码，甚至为了短时间内吸纳更多的筹码，不惜连续将股价推高。当股价拉高时，短线获利客会落袋为安抛出筹码；一部分之前的套牢盘也会以为股价反弹之后还会杀跌而抛出筹码。这样主力就可以达到顺利建仓的目的。这种建仓手法中，拉高与建仓同时进行，但拉高是手段，吸筹才是真正的目的。

拉高建仓会大大增加主力筹码的平均成本，所以，一般情况下主力更乐于打压建仓或震荡建仓。只有当主力的建仓任务比较紧迫、未来股价上涨空间很大的时候，才会采用拉高建仓的方法。

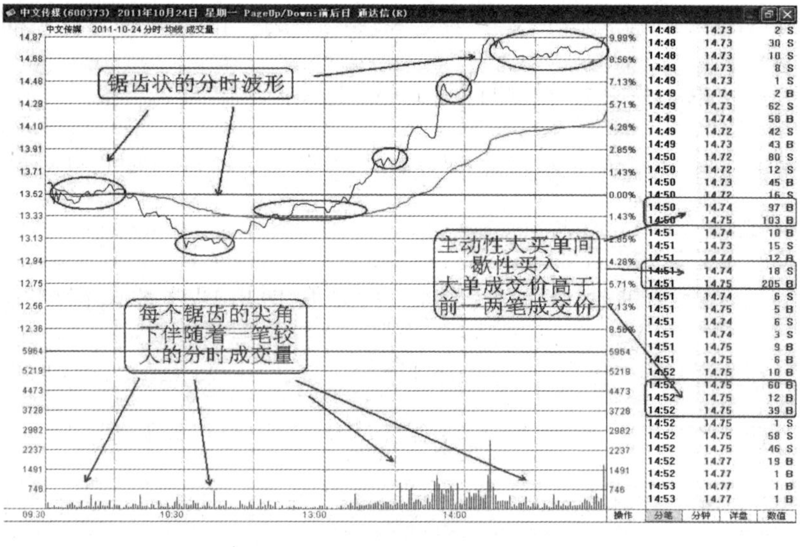
锯齿状的分时波形
主动性大买单间歇性买入
大单成交价高于前一两笔成交价
每个锯齿的尖角下伴随着一笔较大的分时成交量

图3.7　中文传媒分时图

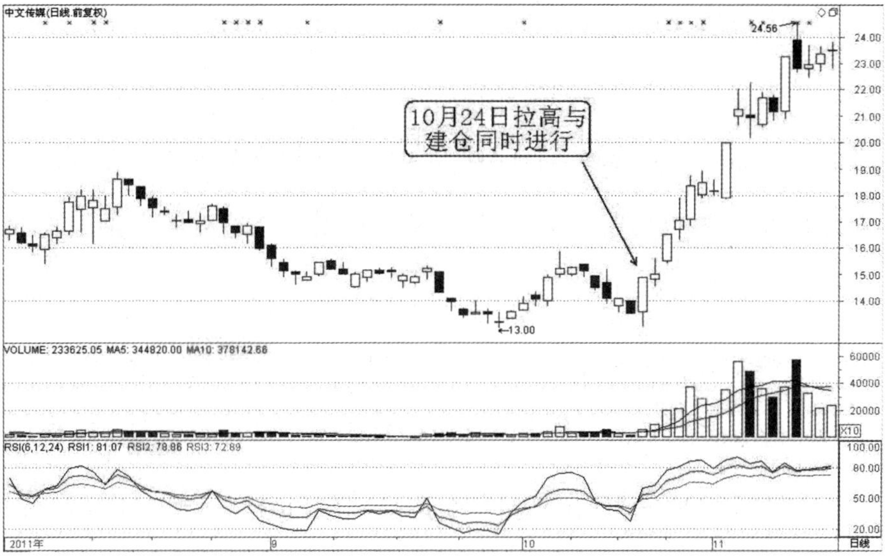

图3.8　中文传媒日K线图

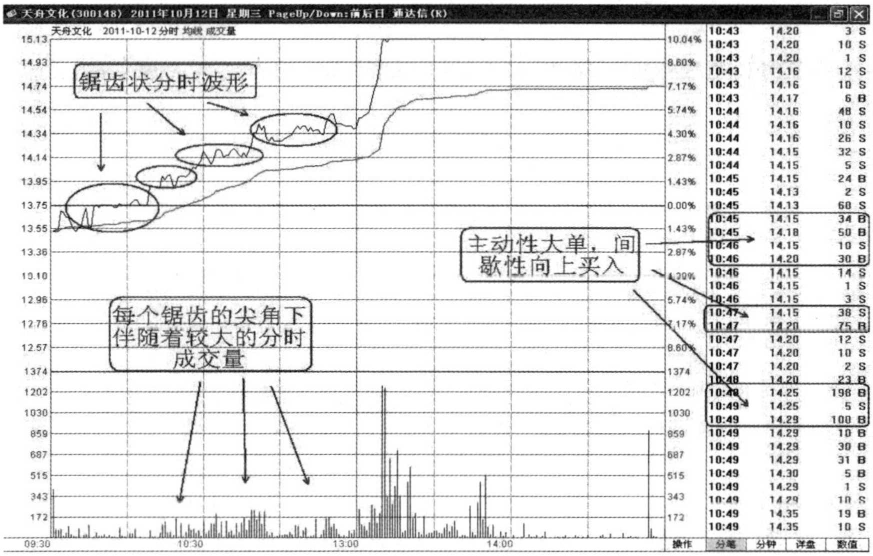

图3.9　天舟文化分时图

（2）打压建仓

打压建仓是指主力通过压低股价的方式，在打压的过程和打压之后的横盘中吸取筹码。打压建仓是主力比较喜欢的建仓方式，一方面是因为往下杀跌能够获得更多廉价的筹码，另一方面是因为下跌之后，能进一步打开股价未来的上涨空间。

比如，精明的主力会在大盘下跌的过程中，利用少量的筹码往下打压造成破位下跌的走势，从而轻易获得投资者的恐慌性抛盘。

当然，这种方法主要针对基本面不是特别出色的股票比较有效。面对基本面优秀的股票，市场都很看好，如果主力往下打压，那抛出去的筹码就会被其他投资者逢低吸纳，“肉包子打狗——有去无回”了。

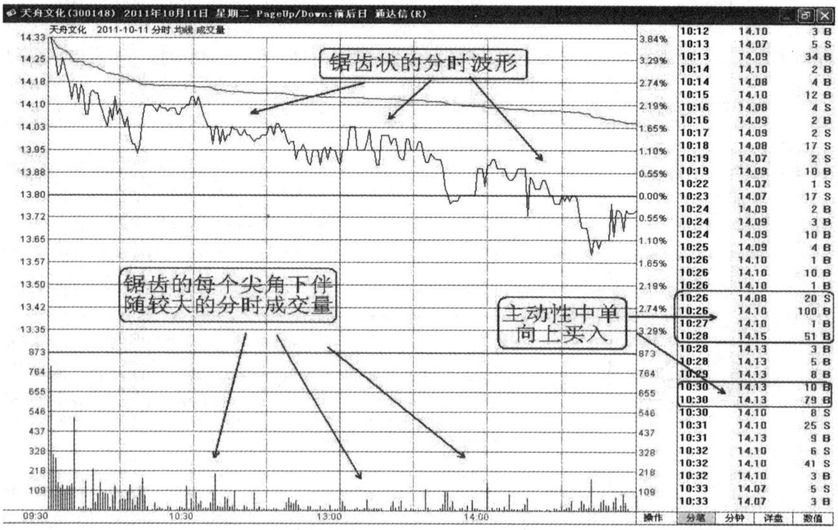

图3.10　天舟文化分时图

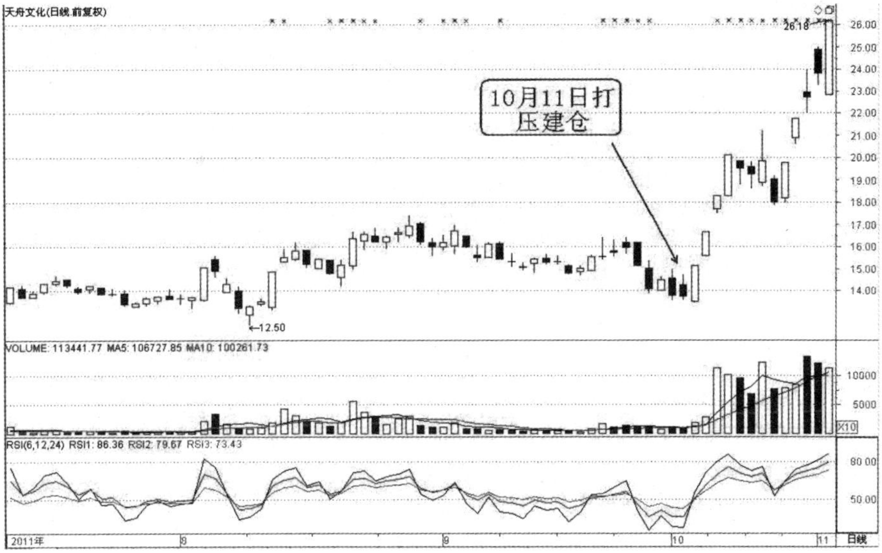

图3.11　天舟文化日K线图

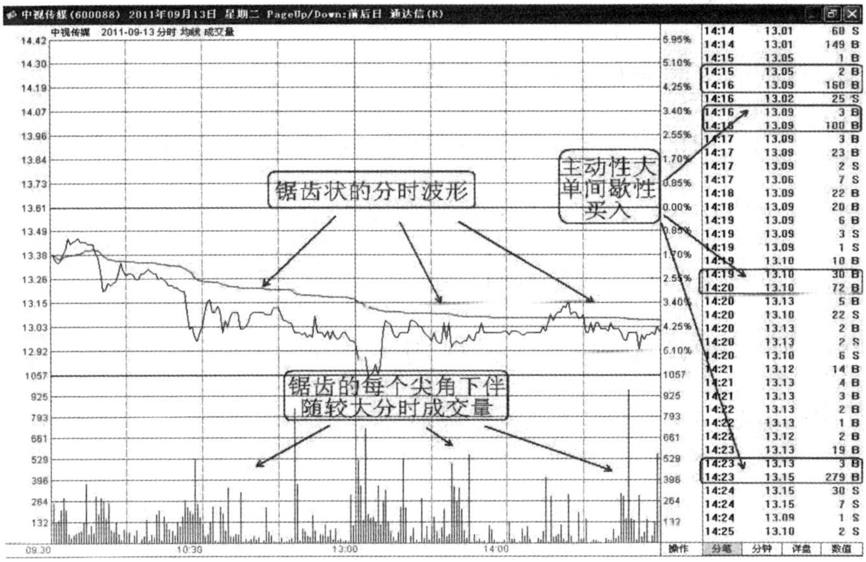

图3.12　中视传媒分时图

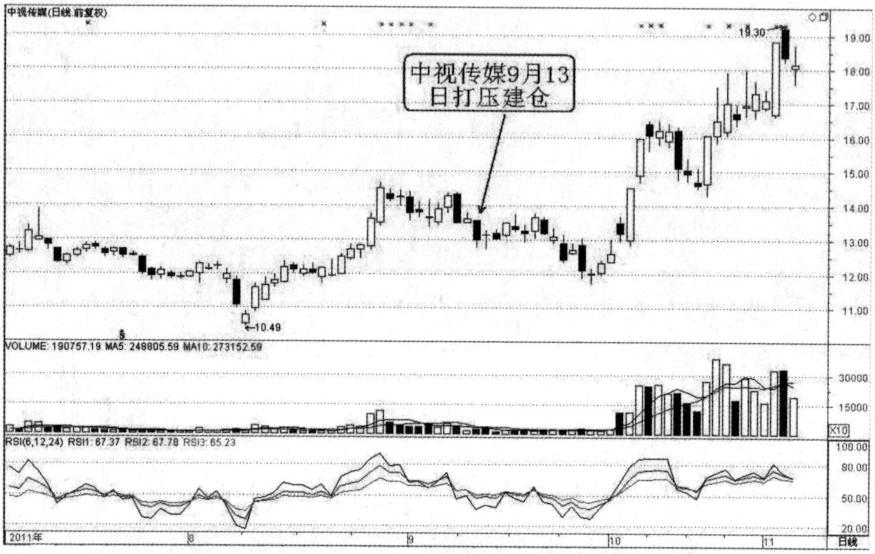

图3.13　中视传媒日K线图

（3）区间震荡建仓

区间震荡的建仓方法非常有效，一方面股价的上下折腾让投资者失去耐性而抛出筹码；另一方面在区间震荡的过程中，主力也可以高抛低吸做差价，进一步降低持仓成本。

区间震荡建仓表现在分时走势上，可以看到股价在较小的价差内波动，锯齿状的分时波及主动性中大买单清晰可见，可以感受到其中暗流涌动。

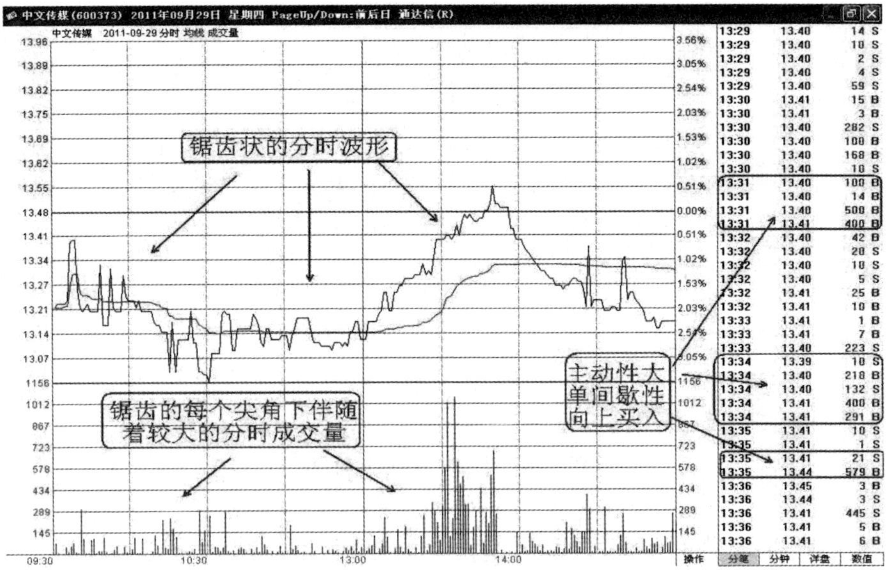
中文传媒(600373) 2011年09月29日 星期四 PageUp/Down:前后日 通达信(R)
锯齿状的分时波形
锯齿的每个尖角下伴随着较大的分时成交量
主动性大单间歇性向上买入

图3.14　中文传媒分时图

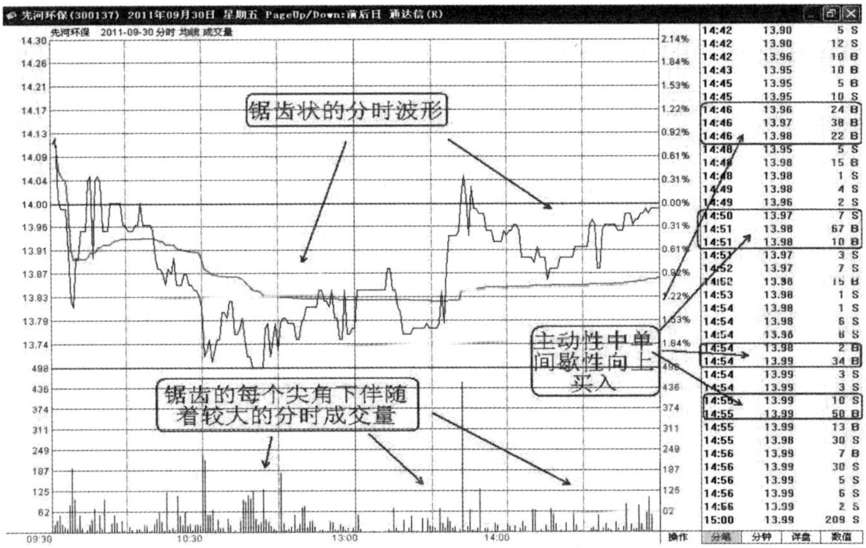
先河环保(300137) 2011年09月30日 星期五 PageUp/Down:前后日 通达信(R)
锯齿状的分时波形
锯齿的每个尖角下伴随着较大的分时成交量
主动性中单间歇性向上买入

图3.15　先河环保分时图

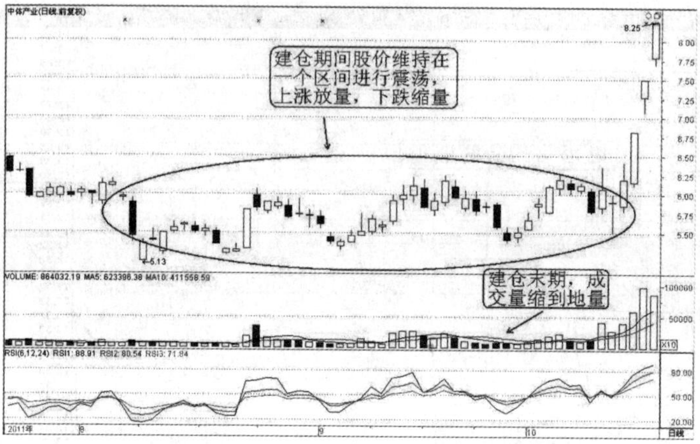

图3.16　中体产业日K线图

3. 建仓分时特征的误区澄清

其一，超级大盘股每天都会有锯齿形的分时波形，但这不是主力在建仓。因为超级大盘股的盘子太大，涨跌都不容易，并且价格都比较低，因此股价经常都是在两个价位（一两分钱的价差）之间上下波动，形成锯齿状分时走势，这是超级大盘股的自然成交状态，并非建仓特征。

其二，锯齿状分时波形的锯齿尖角要比较小，这是因为，主力在悄无声息建仓时，一般会往上一两个价位吃货，但不会往太高的价位吃货，导致成本进一步提高。而且，主力在吃完上面一两个价位的卖单后，会稍微停顿让股价自然下滑一点，这种吸筹是间歇性的动作，避免因连续吃货的动作太大而被市场发现。如果锯齿的尖角太大，那就要注意了，尤其是当股价大幅上涨之后，出现太大的尖角波，而且尖角波之后伴随较大卖单，出现较大的分时成交量，那就很可能是主力在减仓出货了。

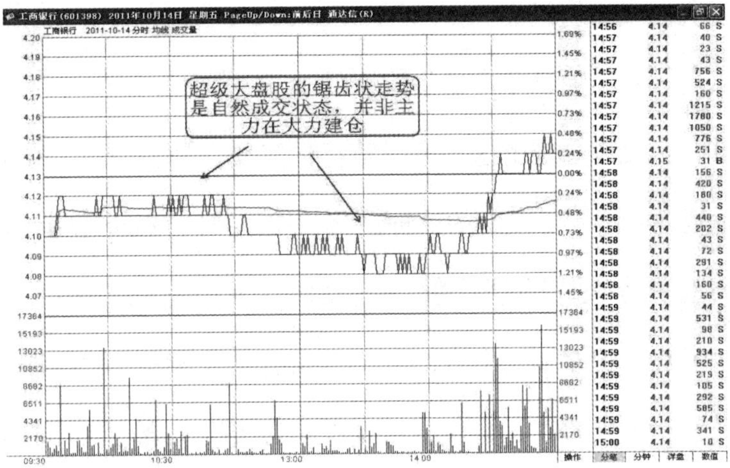
超级大盘股的锯齿状走势
是自然成交状态，并非主
力在大力建仓

图3.17　工商银行分时图

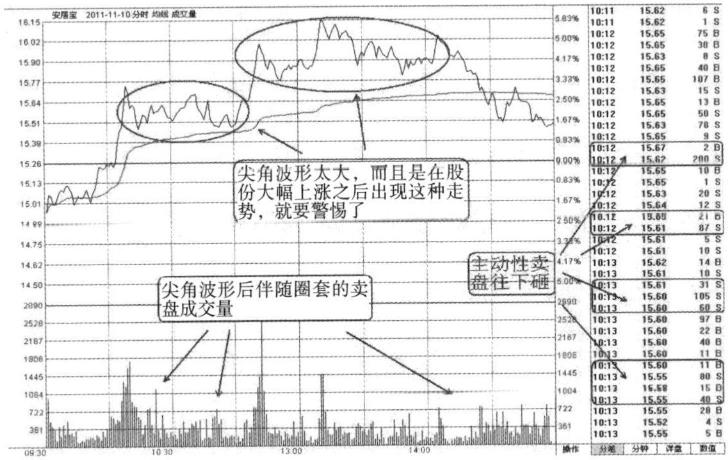
尖角波形太大，而且是在股
份大幅上涨之后出现这种走
势，就要警惕了
尖角波形后伴随圈套的卖
盘成交量
主动性卖
盘往下砸

图3.18　安居宝分时图

4. 本节综论

主力建仓的分时特征，为我们发现主力的行踪提供了一个窗口，增加了我们成功的机会。

然而，有三点是非常值得注意的。

其一，要充分理解这种分时特征的实质，是主力在主动地、间歇性地建仓吃货，是主力的这种建仓动作导致这种分时特征的出现。我们要重视的是主力实质性的建仓动作，而不是生搬硬套地使用这种分时走势，千万不要本末倒置。当我们发现这种分时特征时，并不能马上认定主力在建仓，而是要以此为契机，透过分时走势进一步考察主力是否在背后悄然建仓。

主力建仓的分时特征主要有三个组成部分：锯齿状的分时波形、锯齿尖角下伴随一笔较大的分时成交量、间歇性的主动性大买单。这三个组成部分都是缺一不可的，而且都有严格的定义，不能混淆，要跟其他似是而非的分时走势严格区分开来。

其二，这种锯齿形的波形特征出现得越频繁，主力在此阶段建仓的可能性越大，主力建仓的力度也越大。这里的“出现得越频繁”有两方面的含义：一是当日分时图中频繁出现这种锯齿形分时走势，二是股价在一个区间内多个交易日出现这种分时走势。

当某日分时图出现锯齿形的波形特征时，我们并不能马上推断出主力在建仓，因为这有可能是某些有钱的散户或其他机构投资者所为，也可能只是稍微做个反弹。但如果在一个区间内一再地、频繁地出现，那么主力建仓的可能性是非常大的。

而且，锯齿形的分时走势出现得越频繁，说明主力所吸取的筹码越多，建仓力度越大。进一步推断，说明主力的实力越强，其运作个股的上涨目标自然也就越高，对我们而言机会也就越大。

此外，小周期服从大周期，这是自然界的规律。因此，分时走势服从日K线，而日K线又服从大的形态、大的趋势。即是说，如果个股的形态没有走好，即使出现了主力建仓的迹象，最多也只是个小小的机会。我们要关注的是那些大机会，那些建仓迹象明显、技术形态和趋势都走好的机会。

其三，分时走势的分析只是一种辅助的分析，以提高我们获利的概率，切不可仅仅依据分时走势而武断地交易。操盘是一个系统，分时走势的分析只是系统的一部分。具体的操作要结合其他技术面和基本面来综合分析。

很简单，股价在某个区间频繁出现锯齿形分时走势时，要进一步分析：如果你是主力，你会在这个阶段建仓吗？这个阶段建仓符合利益最大化原则吗？技术面上，是不是股价大幅下跌，使这只股票具备了投资价值？基本面上，是不是该股品质优良，未来有较大升值空间？当前的大盘环境适合建仓吗？把自己当成主力，多问类似的问题，能大大提高我们操盘成功的概率。

二、出力出货分时图特征

1. 此地无银三百两——对敲惑多

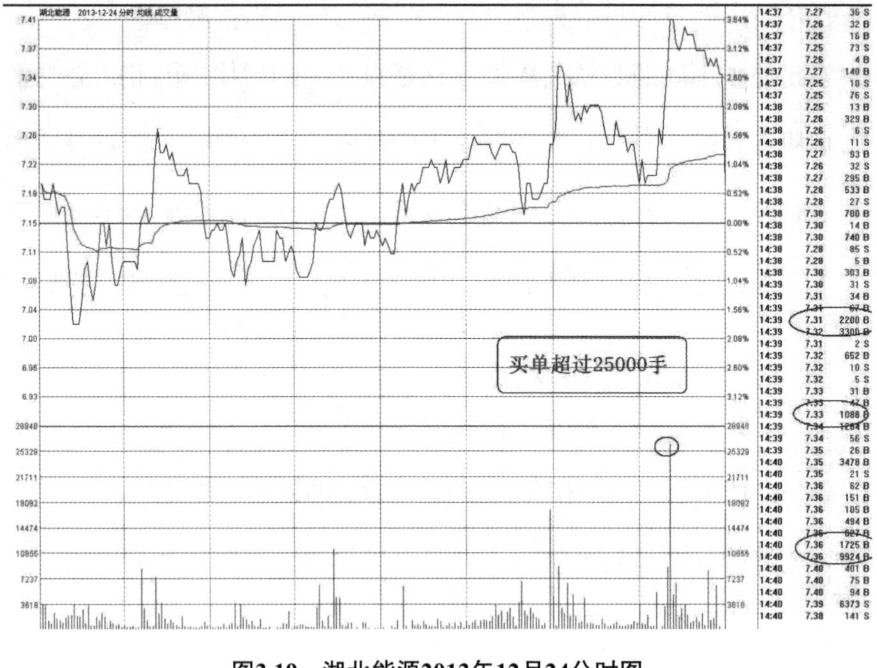

图3.19　湖北能源2013年12月24分时图

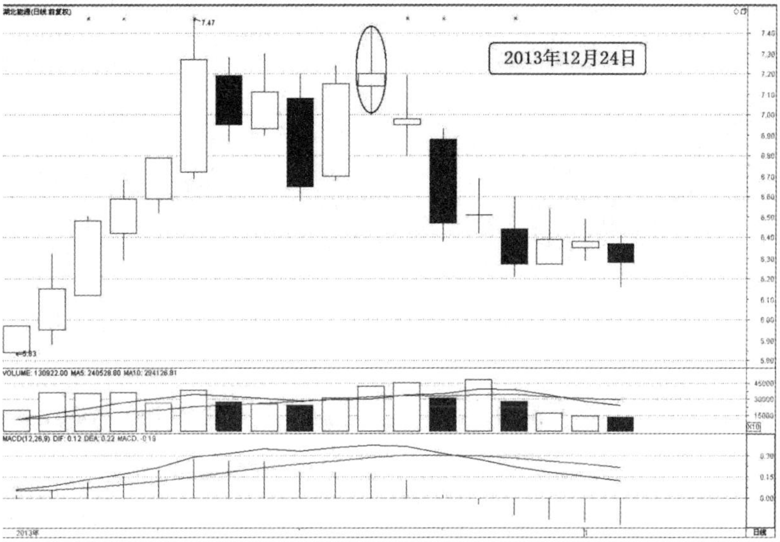
2013年12月24日

图3.20　湖北能源日K线图

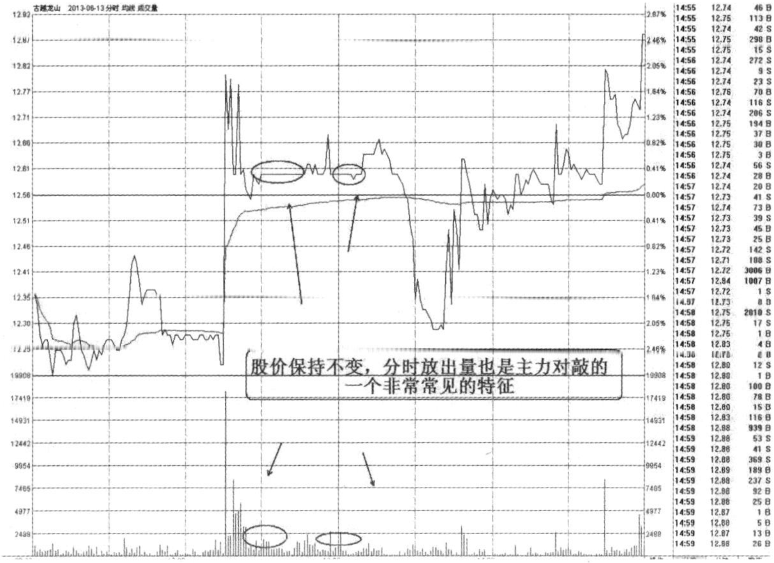
股价保持不变，分时放出量也是主力对敲的
一个非常常见的特征

图3.21　古越龙山2013年6月13日分时图

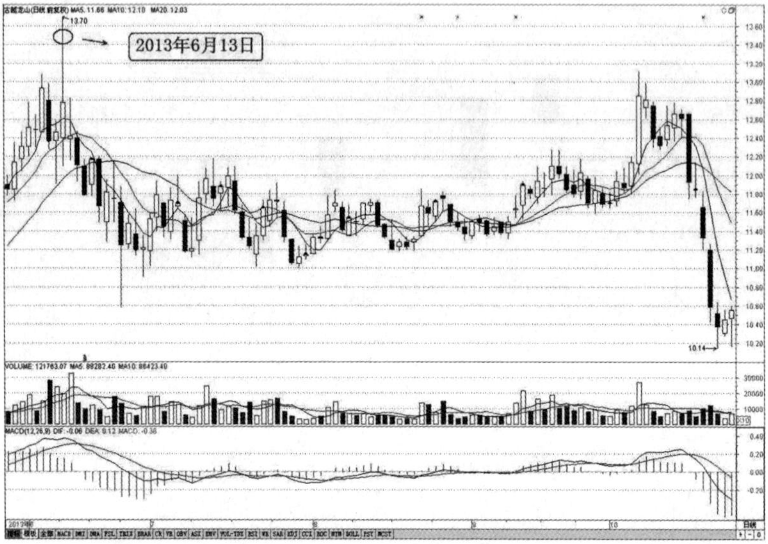

图3.22　古越龙山日K线图

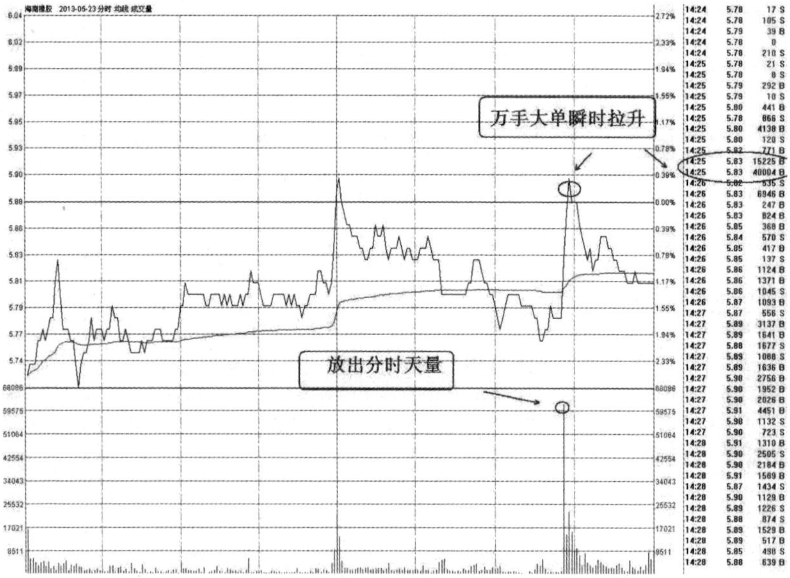

图3.23　海南橡胶2013年5月23日分时图

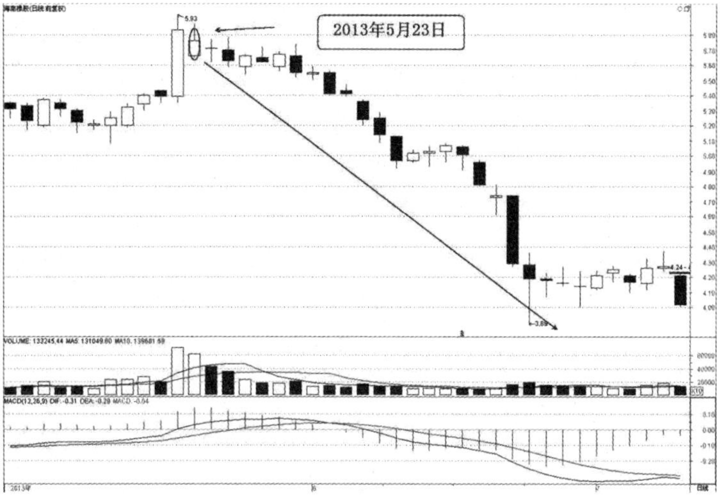
2013年5月23日

图3.24　海南橡胶日K线图

2. 主力锋芒衰竭征兆——单笔刻意拉升

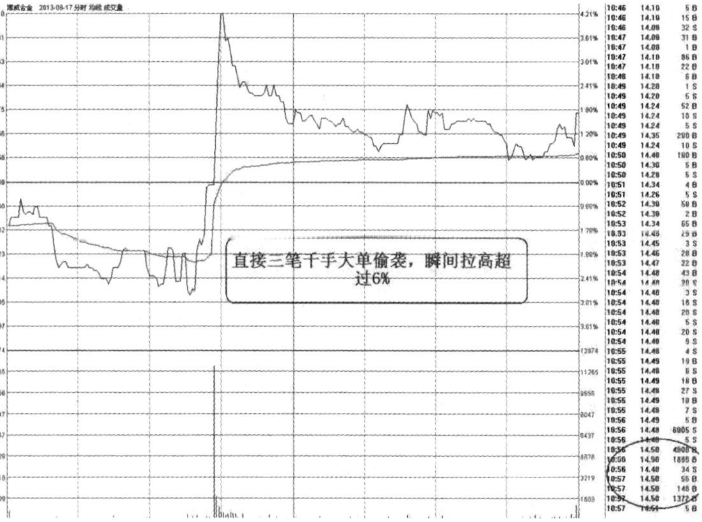
直接三笔千手大单偷袭，瞬间拉高超过6%

图3.25　博威合金2013年9月17日分时图

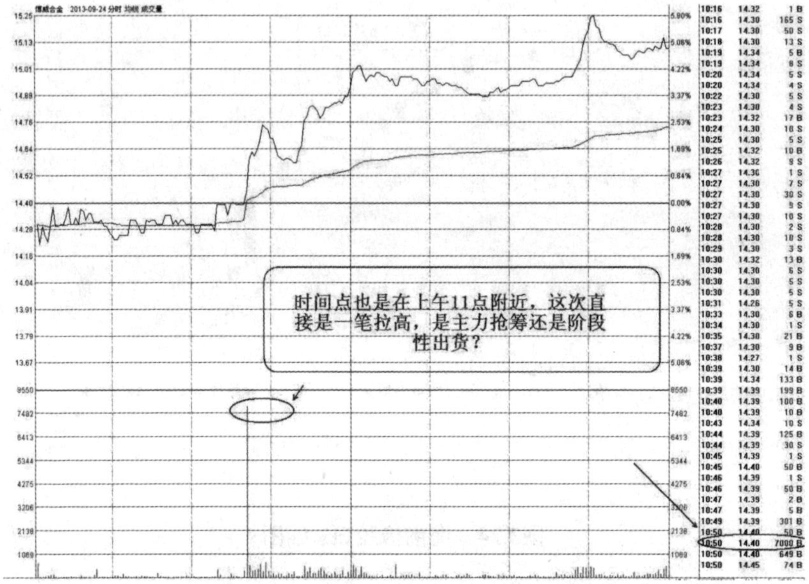
时间点也是在上午11点附近，这次直接是一笔拉高，是主力抢筹还是阶段性出货？

图3.26　博威合金2013年9月24日分时图

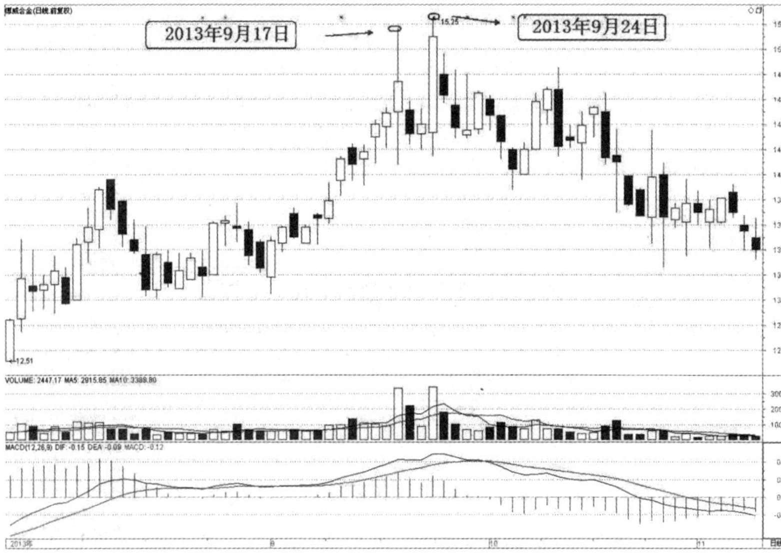
2013年9月17日
2013年9月24日

图3.27　博威合金日K线图

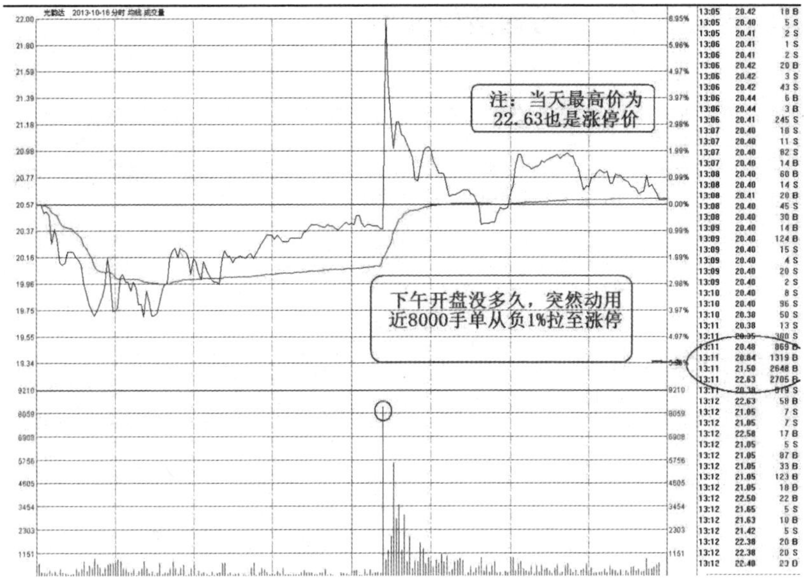
注：当天最高价为
22.63也是涨停价
下午开盘没多久，突然动用
近8000手单从负1%拉至涨停

图3.28　光韵达2013年10月16日分时图

2013年10月16日
22.63
11.71
15.12 15.05

图3.29　光韵达日K线图

3. 虚晃一枪——分时量价背离

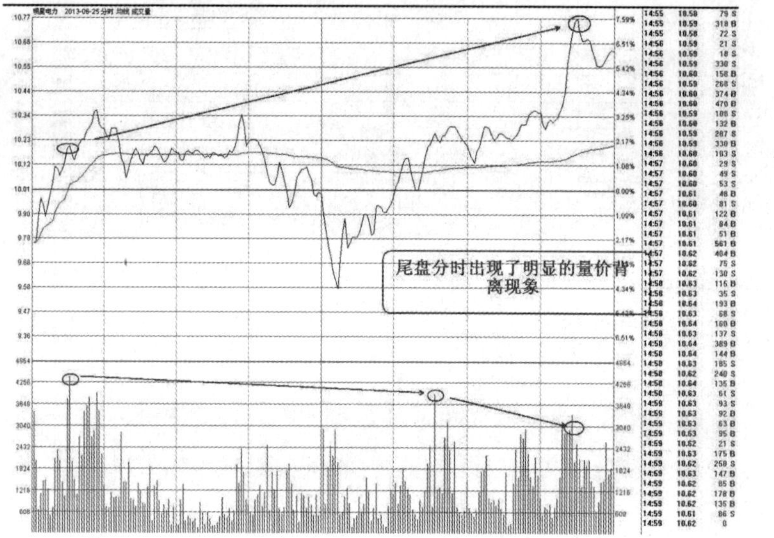
尾盘分时出现了明显的量价背离现象

图3.30　明星电力2013年6月25日分时图

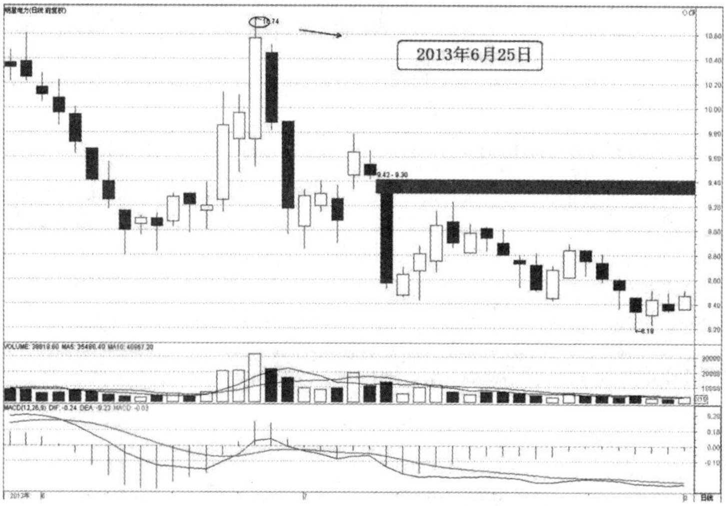
2013年6月25日

图3.31　明星电力日K线图

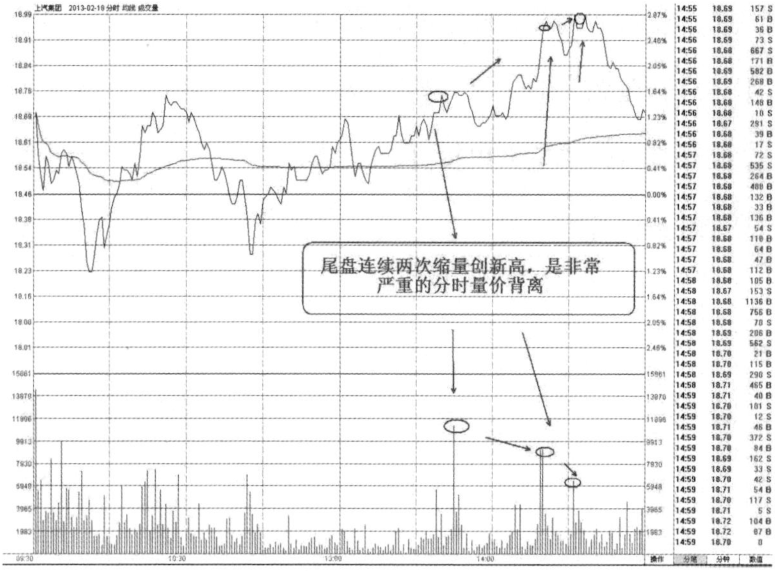

图3.32　上汽集团2013年2月18日分时图

图3.33　上汽集团日K线图

总结：出货分时图一般有如下特征：

①刻意制造做多的气氛，如对敲。

②拉升乏力，单笔大单拉升。

③分时量价背离。

第四章

风凰涅槃

——实战盈利系统剖析（上）

案例1：中路股份——流畅K线的完美演绎

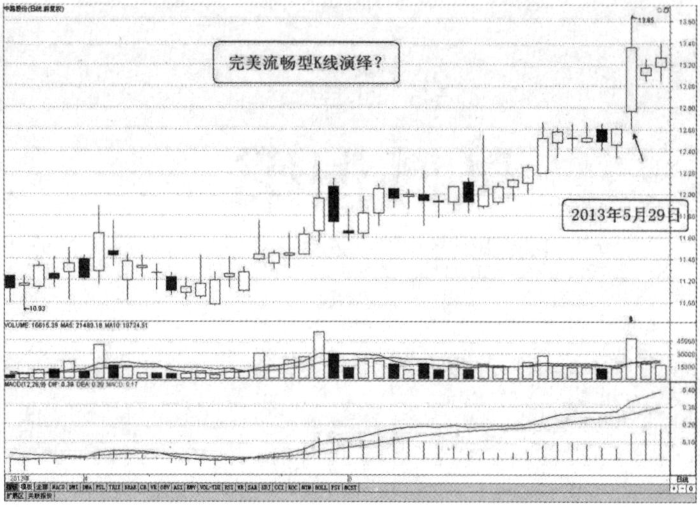
完美流畅型K线演绎？
2013年5月29日
13.65
10.93

图4.1　中路股份日K线图

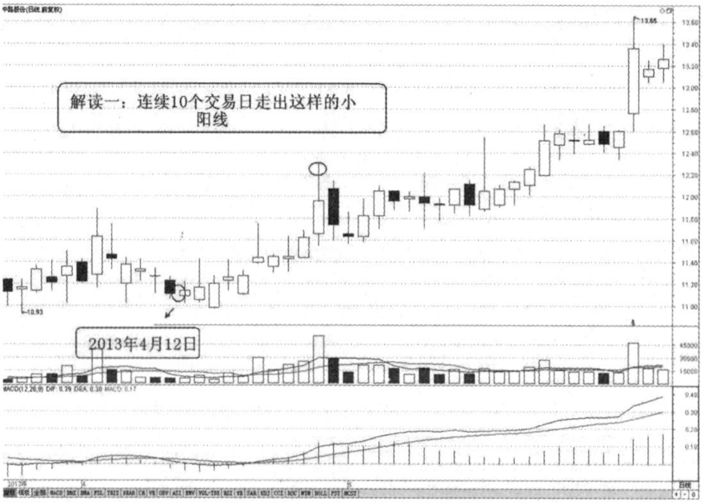
解读一：连续10个交易日走出这样的小阳线
2013年4月12日
13.65
10.93

图4.2　中路股份日K线图

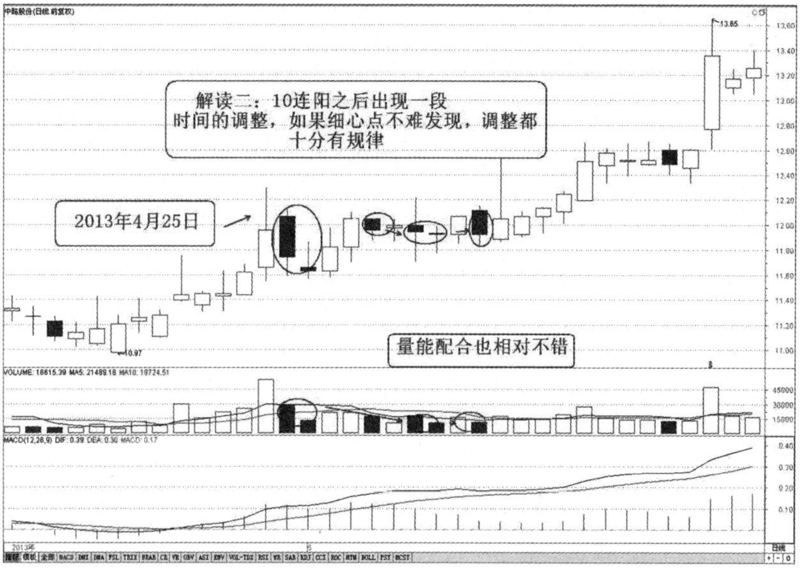
解读二：10连阳之后出现一段
时间的调整，如果细心点不难发现，调整都
十分有规律
2013年4月25日
量能配合也相对不错
13.65
10.97

图4.3　中路股份日K线图

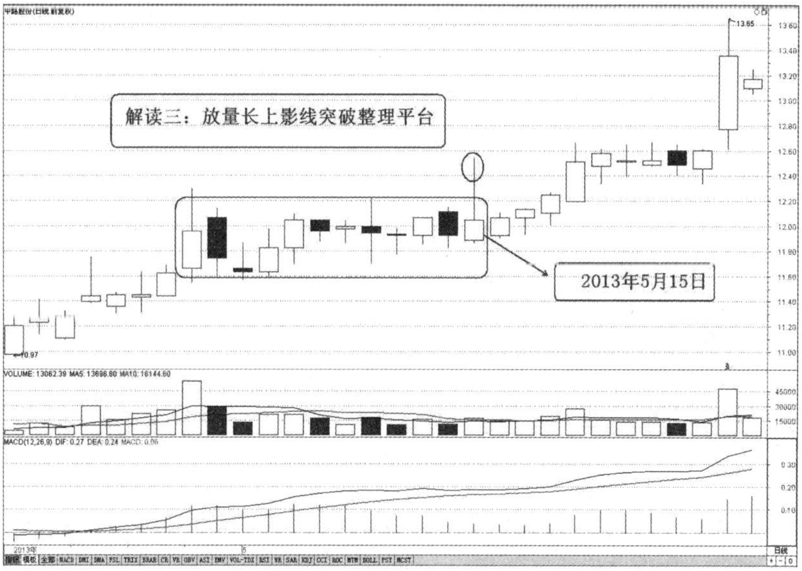
解读三：放量长上影线突破整理平台
2013年5月15日
13.65
10.97

图4.4　中路股份日K线图

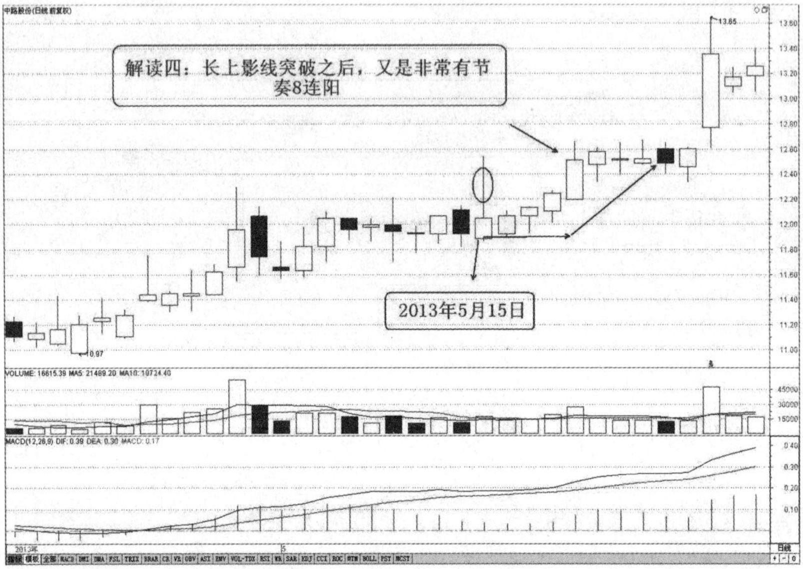

图4.5　中路股份日K线图

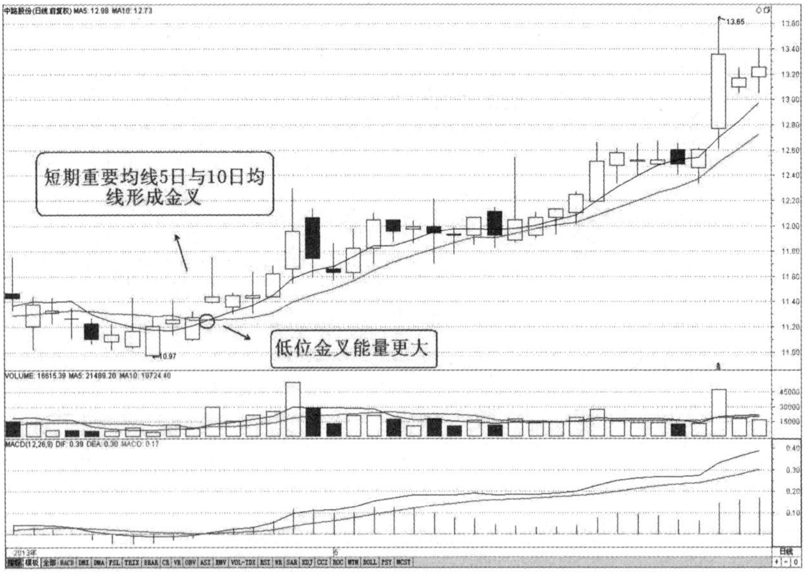

图4.6　中路股份日K线图

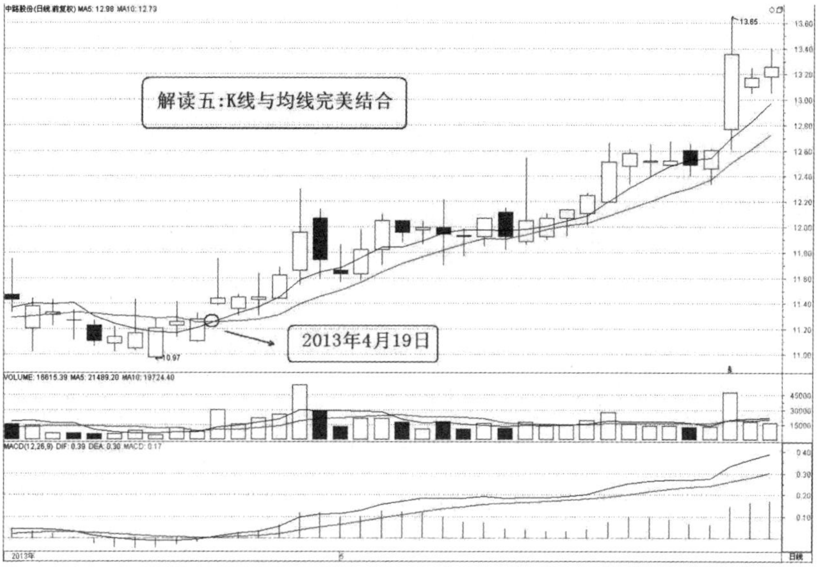

图4.7 中路股份日K线图

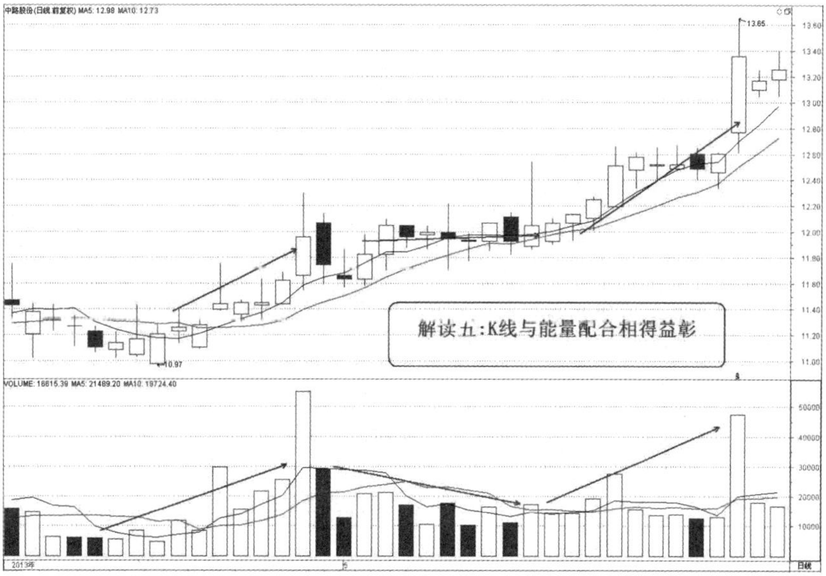

图4.8 中路股份日K线图

【2013-04-19】【出处】证券时报
中路股份(600818)3家参股公司已申请上市

中路股份（600818）昨日上午召开2012年度股东大会，审议通过了《公司2012年度董事会报告》等议案。

公司董事长陈荣透露，公司及全资子公司中路实业投资的北京神雾、恒信玺利和富龙鼎丰已正式向中国证监会报送申请上市材料。公司出资人民币1000万元增资入股来福高科。上海迪斯尼乐园建设进展顺利，公司位于以迪斯尼为核心的上海国际旅游度假区附近的近700亩的经营性场地将积极寻求非制造业的文化旅游服务产业的发展机遇。

F10公司报道中中路股份参股公司正在申请上市，一旦成功对中路股份投资收益会产生巨大的影响，另外公司有迪斯尼概念。

图4.9　中路股份公司报道

【2012-12-28】【出处】全景网
中路股份(600818)实际控制人和大股东增持已满12个月

中路股份（600818）周四晚间公告称，2011年12月27日，实际控制人陈荣及其一致行动人中路集团（公司第一大股东）首次增持公司股份合计60.938万股，占总股本的0.21%，迄今已逾12个月，其间未再增持公司股份。

截止本公告日，陈荣持有公司股份30万股，占总股本0.1%，中路集团持有公司股份11957.34万股，占总股本40.81%。2005年公司股权分置改革时，中路集团承诺，在2013年12月13日前，当公司股价在12.68元/股（除权价）以下时，中路集团不减持公司股份。

大股东增持，反映了大股东对于公司前景非常看好

图4.10　中路股份公司报道

截至日期：2013-03-31 十大流通股东情况 股东总户数:19045 户均流通股:11358

股东名称（单位:万股）	持股数	占流通股比(%)		股东性质	增减情况
上海中路(集团)有限公司	11957.34	55.27	A股	公司	未变
上海轻工控股（集团）公司	1364.29	6.31	A股	公司	未变
YUANHAO GREATER CHINA FUND	368.65	4.86	B股	公司	↑179.62
SHENYIN WANGUO NOMINEES (H.K.) LTD.	235.38	3.10	B股	公司	↓-25.54
钱振林	213.00	0.98	A股	个人	新进
吴广馨	205.14	0.95	A股	个人	↑4.88
浙江三美化工股份有限公司	200.03	0.92	A股	公司	↑50.03
王忠显	160.00	0.74	A股	个人	↑29.47
胡荣达	137.28	0.63	A股	个人	↓-0.32
卢新国	116.35	0.54	A股	个人	↑11.65

2013年第一季前十大流通股东大部分是增持的，反映啥？

图4.11　中路股份股东研究

20130606	10:18:24	600818	中路股份	买入	13.290[redacted]0	1165666	A132547526

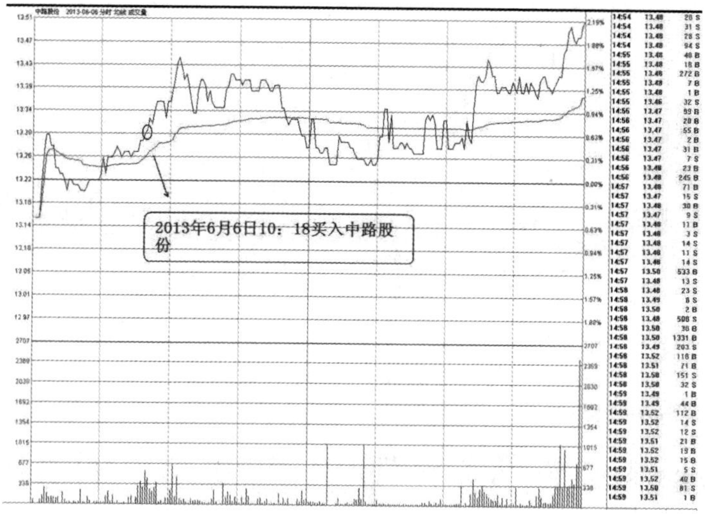
2013年6月6日10：18买入中路股份

图4.12　中路股份分时图

卖出思考点：

20130607 13:59:37 600818 中路股份 卖出 14.480 [redacted] 3451830 A132547526

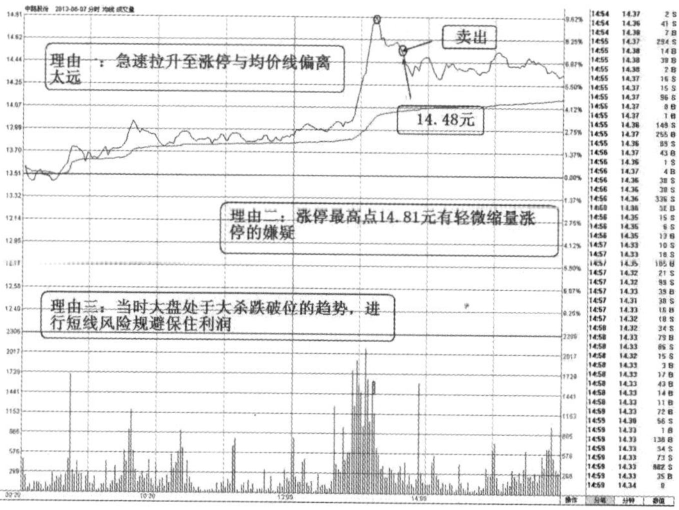
理由一：急速拉升至涨停与均价线偏离太远
卖出
14.48元
理由二：涨停最高点14.81元有轻微缩量涨停的嫌疑
理由三：当时大盘处于大杀跌破位的趋势，进行短线风险规避保住利润

图4.13　卖出理由

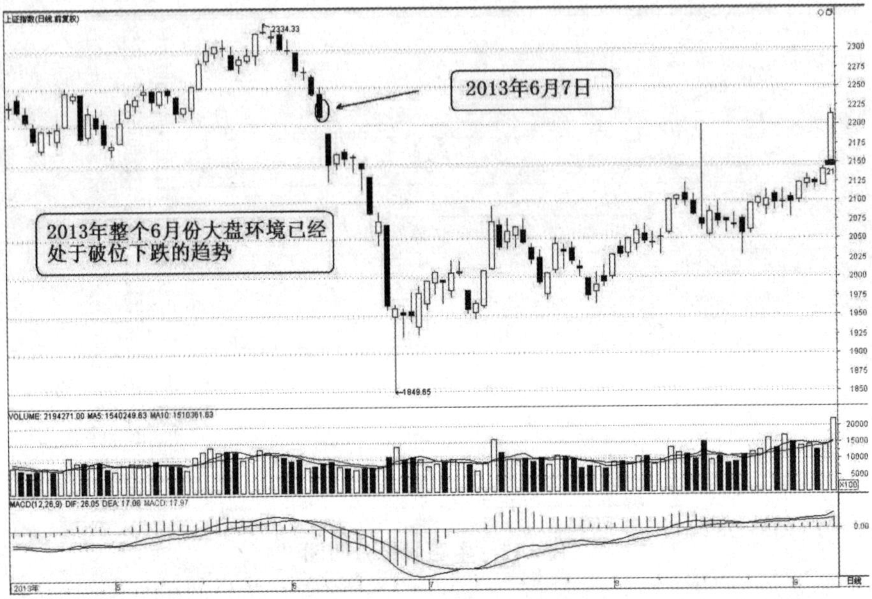

图4.14　大盘破位下跌

操盘感悟：

①有规律的小连阳个股值得我们好好去跟踪与关注。

②对于连阳个股的机会一定要严格把握量价关系。量能不能够过大。

案例 2：东方银星——主力展示实力的小连阳

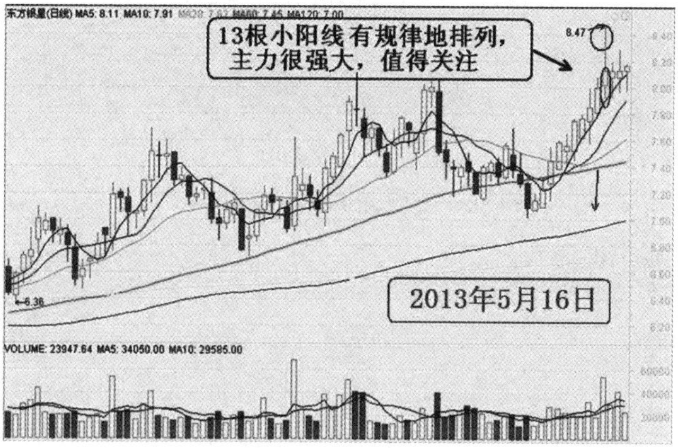
东方银星(日线) MA5: 8.11 MA10: 7.91
13根小阳线有规律地排列，
主力很强大，值得关注
8.47
6.36
2013年5月16日
VOLUME: 23947.64 MA5: 34050.00 MA10: 29585.00

图4.15　东方银星日K线图

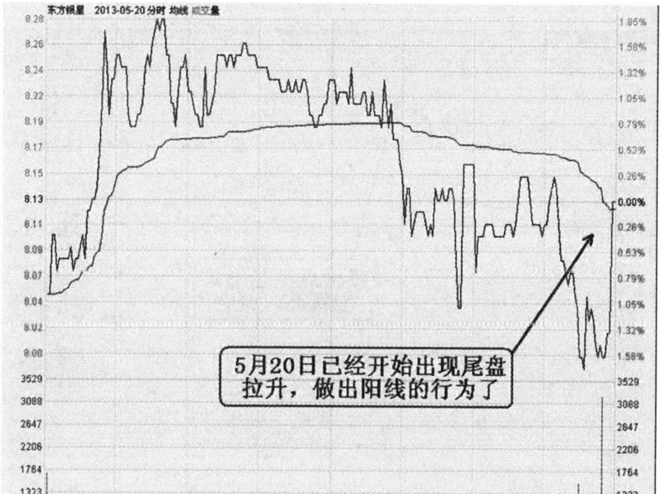
东方银星 2013-05-20分时
5月20日已经开始出现尾盘
拉升，做出阳线的行为了

图4.16　东方银星分时图

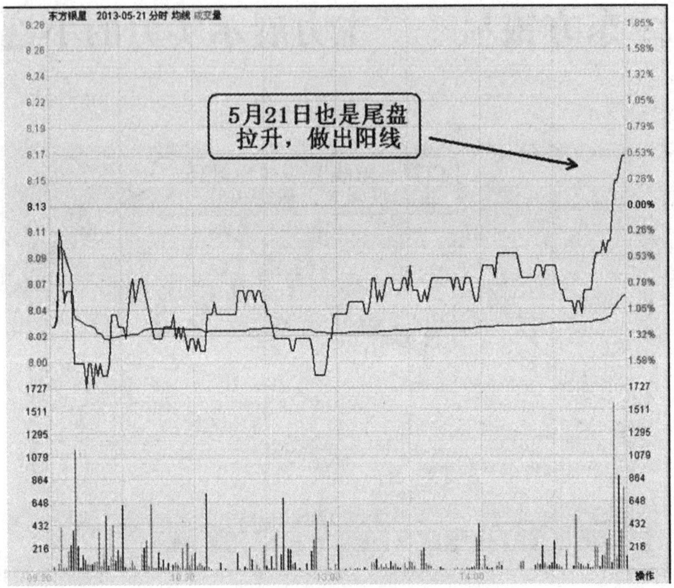
5月21日也是尾盘
拉升，做出阳线

图4.17　东方银星分时图

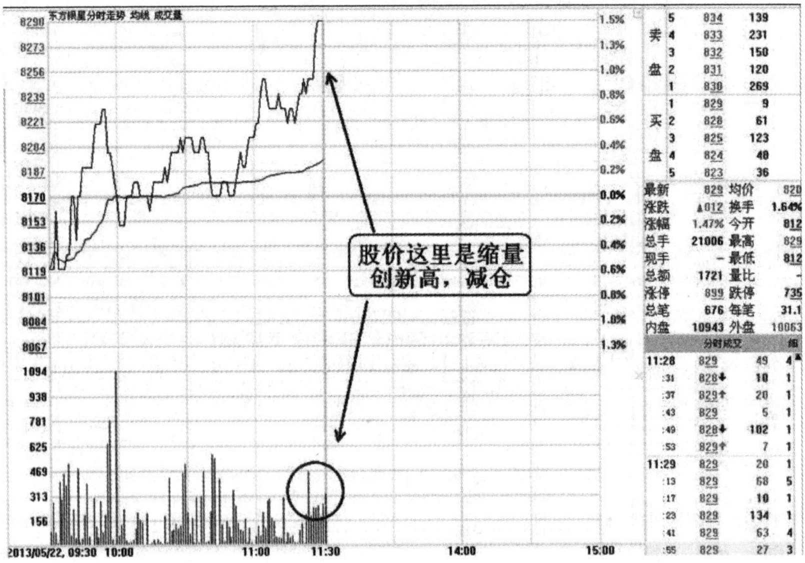
股价这里是缩量
创新高，减仓

图4.18　东方银星分时图

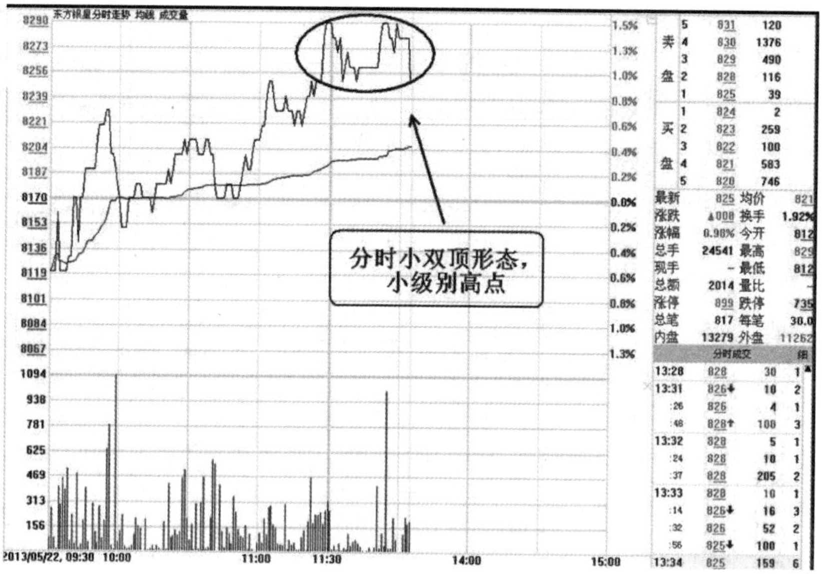
东方银星分时走势 均线 成交量
分时小双顶形态，
小级别高点

图4.19 东方银星分时图

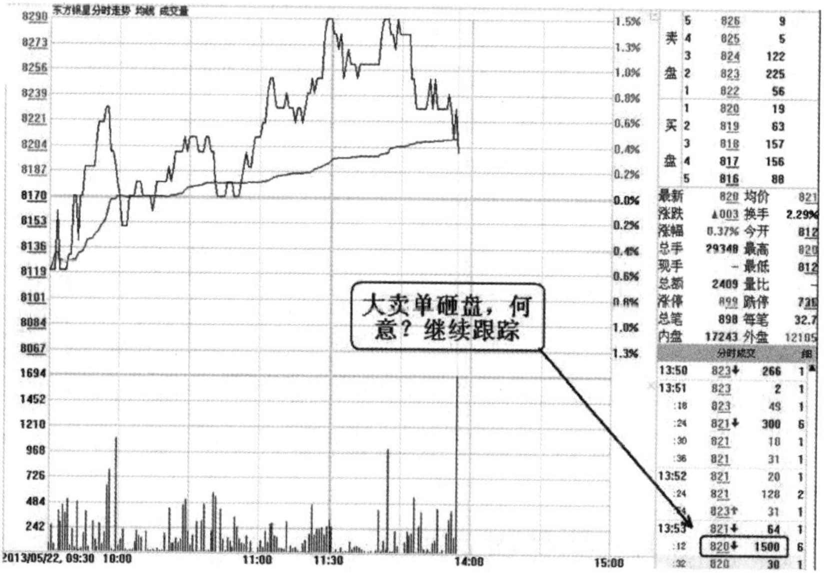
东方银星分时走势 均线 成交量
大卖单砸盘，何
意？继续跟踪

图4.20 东方银星分时图

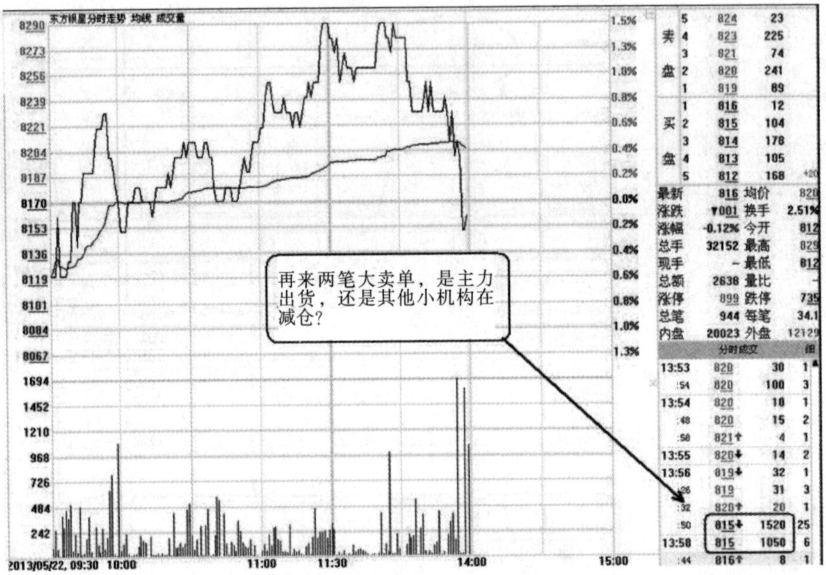
东方银星分时走势 均线 成交量
再来两笔大卖单，是主力出货，还是其他小机构在减仓？

图4.21　东方银星分时图

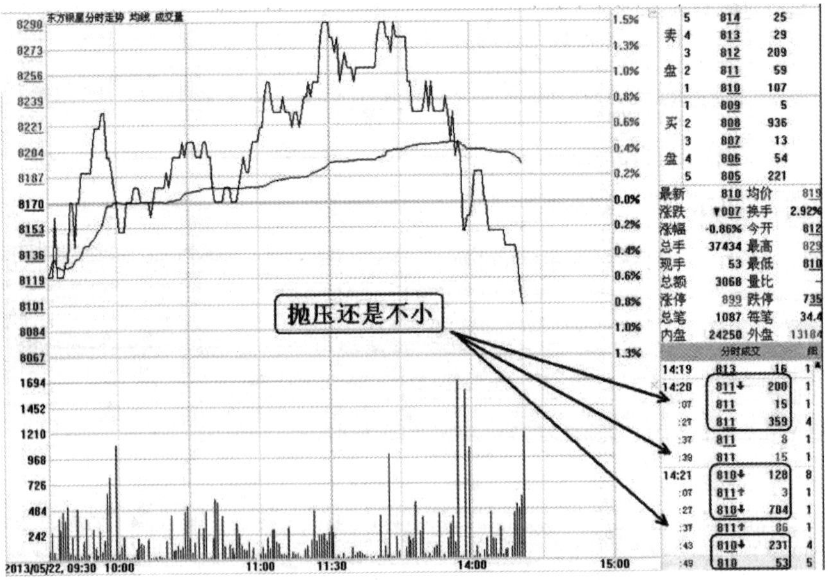
东方银星分时走势 均线 成交量
抛压还是不小

图4.22　东方银星分时图

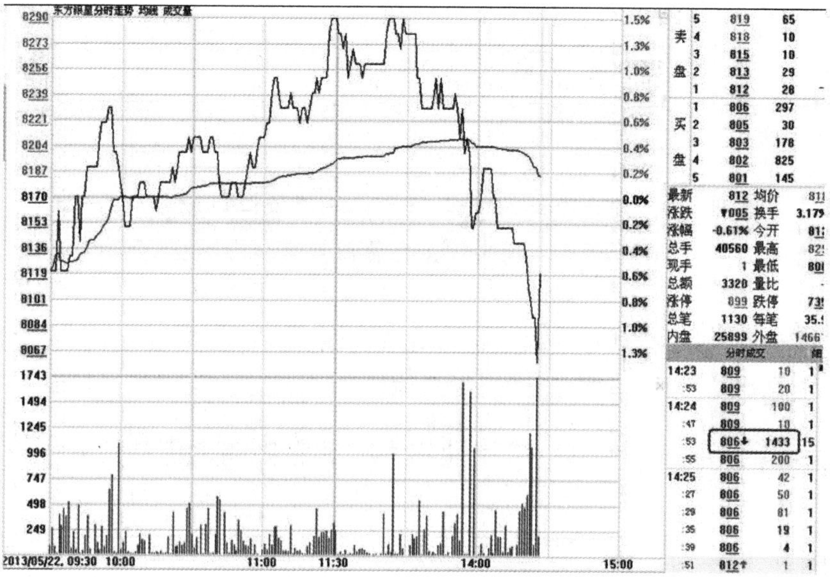
东方银星分时走势 均线 成交量

图4.23　东方银星分时图

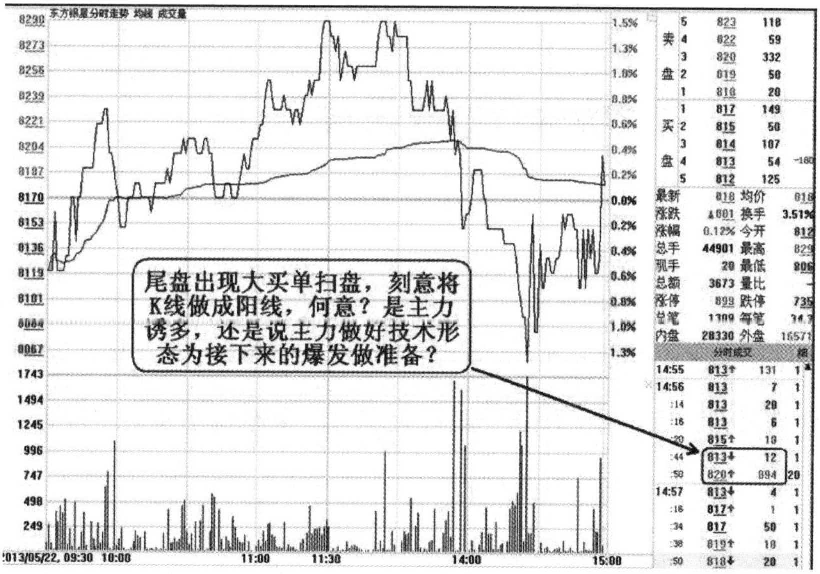
东方银星分时走势 均线 成交量
尾盘出现大买单扫盘，刻意将K线做成阳线，何意？是主力诱多，还是说主力做好技术形态为接下来的爆发做准备？

图4.24　东方银星分时图

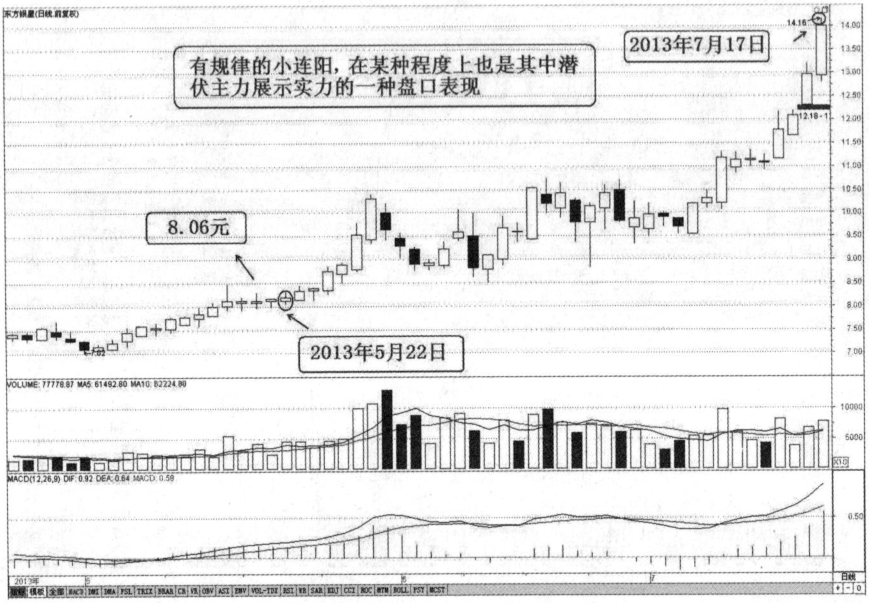

图4.25　东方银星日K线图

案例3：陆家嘴综合实战操盘笔记

1. 资金面

在同一个区间出现大量的大阳线甚至涨停板，说明有资金介入。尤其是涨停板，在我看来一般只有主力资金有这个实力，涨停板或大阳线是主力资金进入的体现。

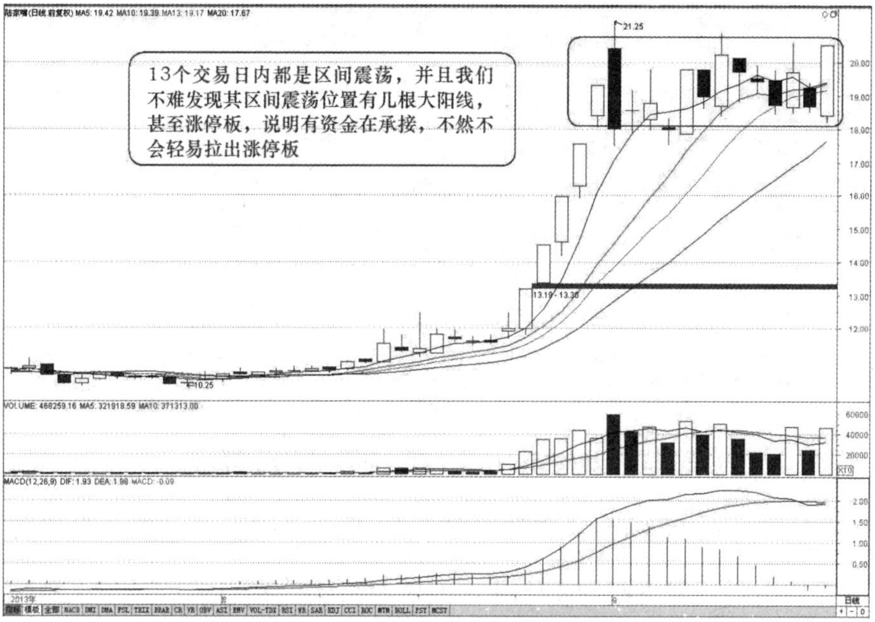

13个交易日内都是区间震荡，并且我们不难发现其区间震荡位置有几根大阳线，甚至涨停板，说明有资金在承接，不然不会轻易拉出涨停板
21.25
13.19-13.30
10.25

图4.26　陆家嘴2013年8月底日K线图

2. 龙虎榜角度

从图 4.26 我们不难看出，陆家嘴从 2013 年 8 月底到 2013 年 9 月中旬一直沿着 19.5 元一线做上线区间震荡。重心始终保持在中轴，既不上也没有下，但始终要选择方向，到底向下下跌套牢散户筹码，还是选择向上突破？

2013-09-02 星期一	类型：当日价格振幅达到15%的证券 收盘价：18.02元　涨跌幅：-6.73%　成交量：5947.60万股　成交金额：113390.89万元					
买入金额最大的前5名						
序号	交易营业部名称	买入金额(万)	占总成交比例	卖出金额(万)	占总成交比例	净额(万)
1	机构专用	5599.60	4.94%	0.00	0.00%	5599.60
2	中原证券股份有限公司郑州经三路证券营业部	1614.26	1.42%	0.00	0.00%	1614.26
3	机构专用	1309.91	1.16%	0.00	0.00%	1309.91
4	国泰君安证券股份有限公司宁波彩虹北路证券营业部	1098.28	0.97%	0.00	0.00%	1098.28
5	机构专用	1071.32	0.94%	0.00	0.00%	1071.32
卖出金额最大的前5名						
序号	交易营业部名称	买入金额(万)	占总成交比例	卖出金额(万)	占总成交比例	净额(万)
1	国元证券股份有限公司上海虹桥路证券营业部	0.00	0.00%	5533.37	4.88%	-5533.37
2	中国银河证券股份有限公司南京江东中路证券营业部	0.00	0.00%	1444.09	1.27%	-1444.09
3	申银万国证券股份有限公司上海莘庄营业部	0.00	0.00%	1397.59	1.23%	-1397.59
4	兴业证券股份有限公司福州五一中路证券营业部	0.00	0.00%	1360.23	1.20%	-1360.23
5	中国银河证券股份有限公司绍兴证券营业部	0.00	0.00%	1196.97	1.06%	-1196.97
	(买入前5名与卖出前5名)总合计:	10693.38	9.43%	10932.26	9.64%	-238.88

图4.27　2013年9月2日星期一陆家嘴龙虎榜数据

从图4.27陆家嘴龙虎榜数据我们不难发现，在9月2日虽然多空买卖双方力量趋向于平衡，但是有点不能够忽略的是，从数据中买入第一名为机构买入了5599万元，远远大于买入第二名1614万元，另外买入第三名与第五名也有机构大量买入，买方前五名有三家机构席位买入合计7980.83万元，按照我的龙虎榜狙击理论，机构大量买入，是好事，反映了主力资金进场的强烈信号。因此从陆家嘴9月2日龙虎榜数据，我们不难判断出当天有主力资金介入。尽管前期陆家嘴已经有一波大幅上涨，但是主力资金介入明显，仍然值得我们关注。

3. 题材角度

2013年8月，国务院正式批准设立中国（上海）自由贸易试验区。该试验区成立时，以上海外高桥保税区为核心，辅之以机场保税区和洋山港临港新城，成为中国经济新的试验田，实行政府职能转变、金融制度、贸易服务、外商投资和税收政策等多项改革措施，并将大力推动上海市转口、离岸业务的发展。该项目立项的过程中曾遭遇阻力，但国务院总理李克强力排众议，努力促成该项目通过。

上海自贸区范围涵盖上海市外高桥保税区、外高桥保税物流园区、洋山保税港区和上海浦东机场综合保税区等 4 个海关特殊监管区域，总面积为 28.78 平方公里，是“四区三港”的自贸区格局。

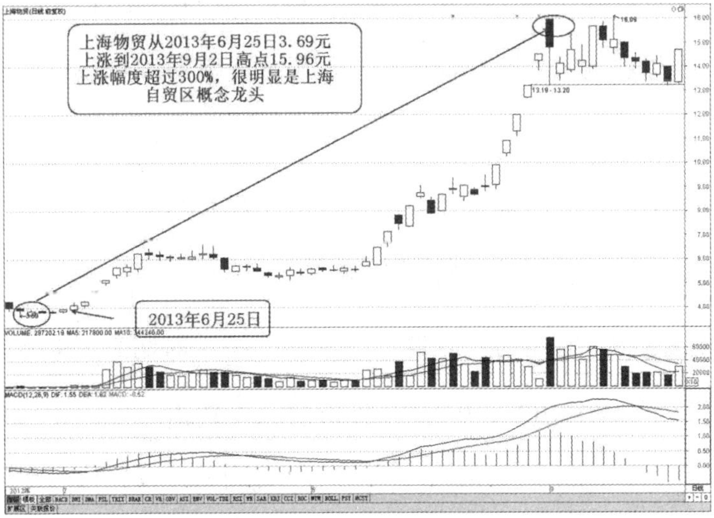
上海物贸从2013年6月25日3.69元
上涨到2013年9月2日高点15.96元
上涨幅度超过300%，很明显是上海
自贸区概念龙头
2013年6月25日

图4.28　上海物贸日K线图

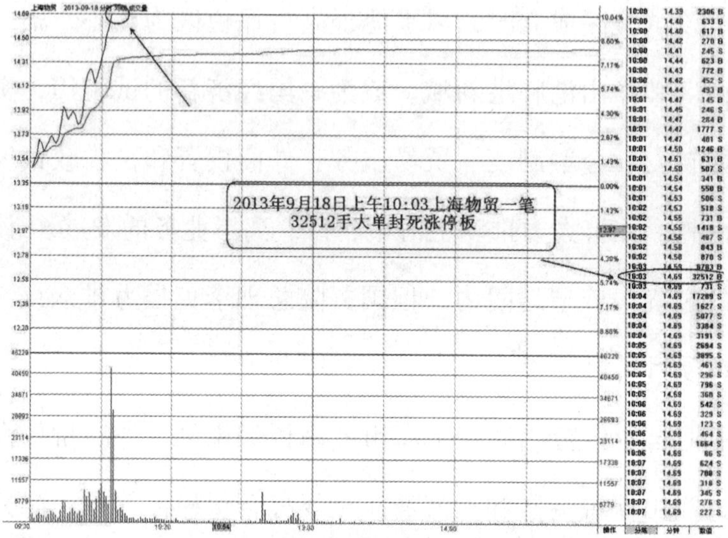
2013年9月18日上午10:03上海物贸一笔
32512手大单封死涨停板

图4.29 上海物贸分时图

题材概念股龙头往往起到一个风向标的作用，但作为投资者的我们在多数时候不能够先知先觉，提前挖掘或者把握好龙头品种，龙头个股等被大家发现往往已经涨幅较大，实际可操作性已经不是很大了。确实某些时候龙头一旦启动攻势是相当凌厉的，涨幅太高某些时候不敢追涨，但是在我看来，龙头品种尽管某些时候失去操作的意义，但是其风向标的作用我们不可小视。

像上海物贸，作为上海自贸区龙头，经过前期大幅上涨，休整一段时间之后在2013年9月18日再次强势攻击涨停板，并且在上午一个重要的时间关口10点左右主力直接动用一笔32512手大单牢牢将其涨停板封死。

4. 分时角度切入

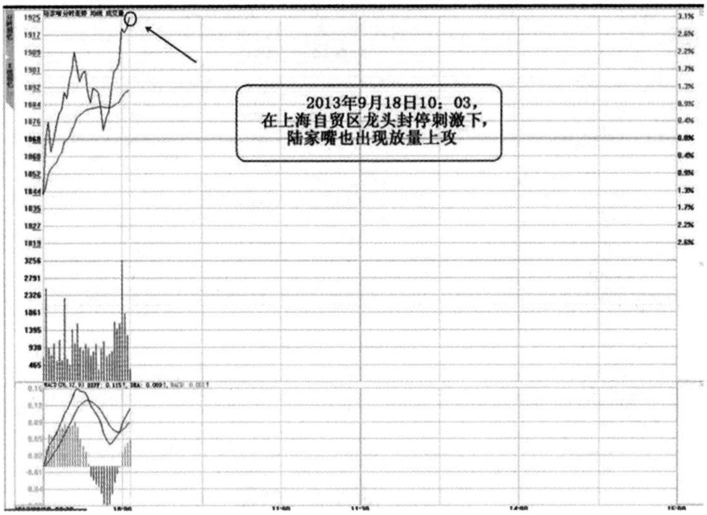
2013年9月18日10：03，
在上海自贸区龙头封停刺激下，
陆家嘴也出现放量上攻

图4.30　陆家嘴分时图

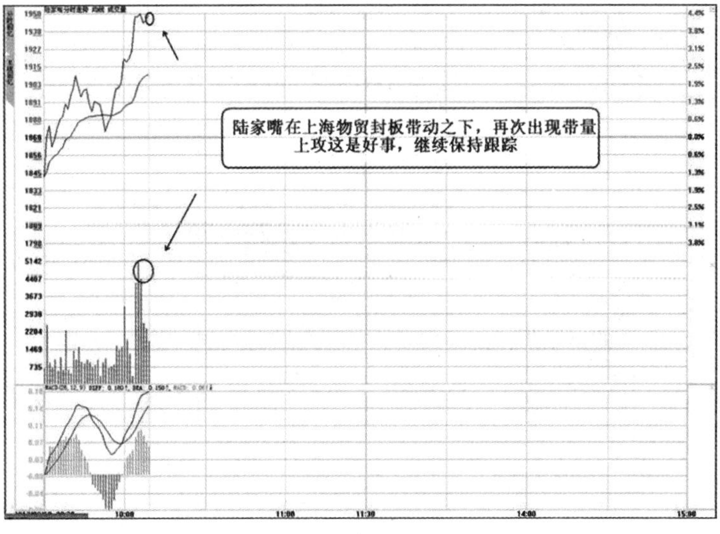
陆家嘴在上海物贸封板带动之下，再次出现带量
上攻这是好事，继续保持跟踪

图4.31　陆家嘴分时图

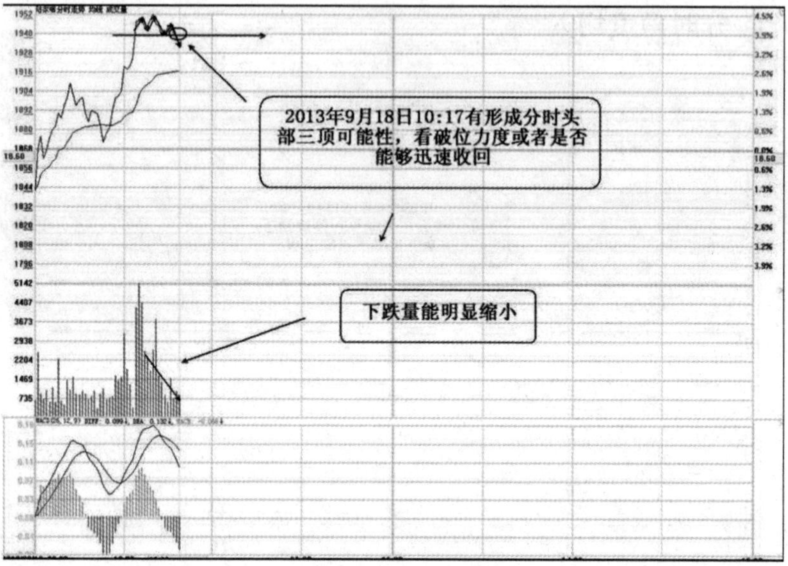
2013年9月18日10:17有形成分时头部三顶可能性，看破位力度或者是否能够迅速收回
下跌量能明显缩小

图4.32　陆家嘴分时图

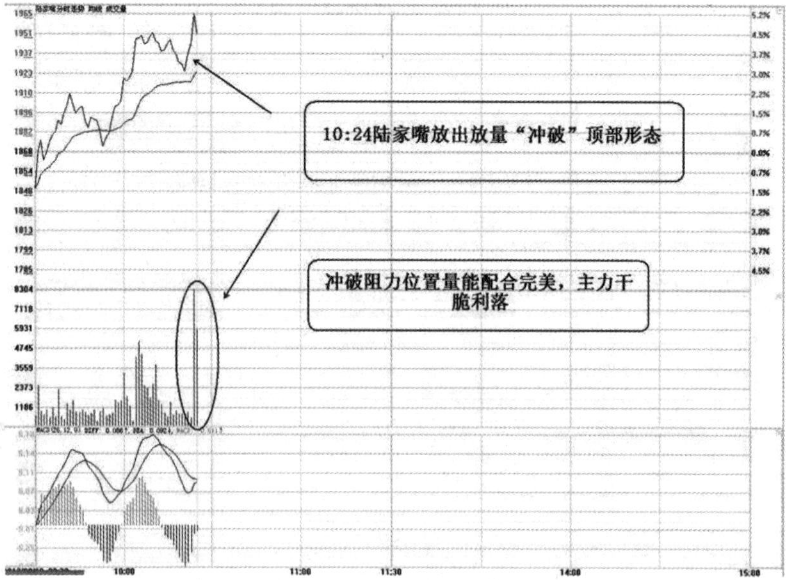
10:24陆家嘴放出放量“冲破”顶部形态
冲破阻力位置量能配合完美，主力干脆利落
10:00
11:00
11:30
14:00
15:00

图4.33　陆家嘴分时图

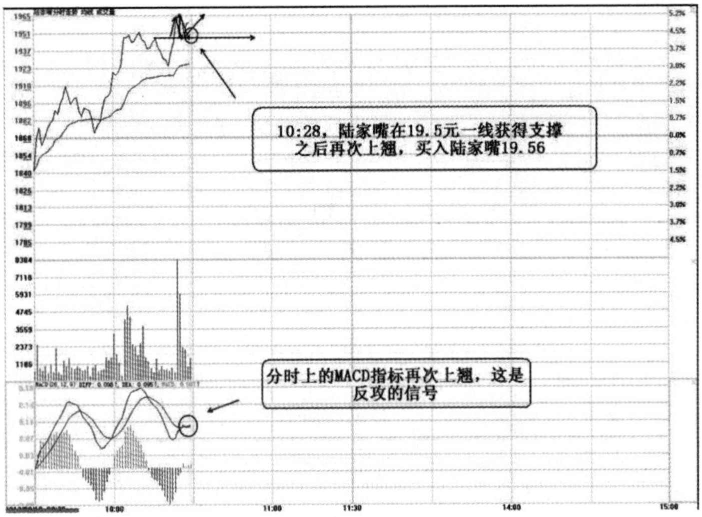
10:28，陆家嘴在19.5元一线获得支撑
之后再次上翘，买入陆家嘴19.56
分时上的MACD指标再次上翘，这是
反攻的信号

图4.34　陆家嘴分时图

陆家嘴	20130918	10:28:09	买入	19.560	[redacted]	1723617	570	600663	A504877674

胜利大逃亡：

陆家嘴	20130926	10:38:25	卖出	28.600	[redacted]	2740013	761	600663	A504877674

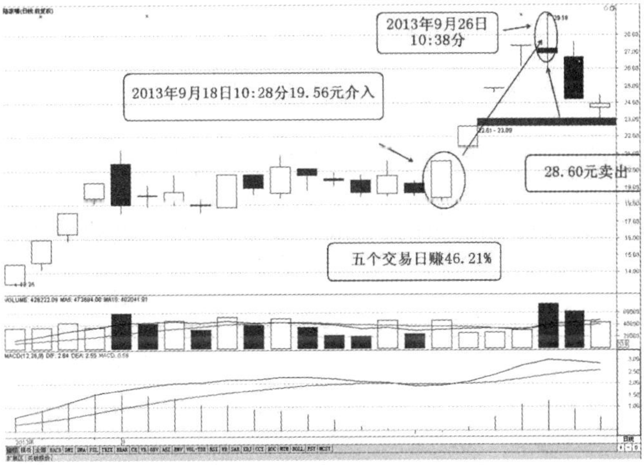
2013年9月26日
10:38分
2013年9月18日10:28分19.56元介入
28.60元卖出
五个交易日赚46.21%

图4.35　陆家嘴日K线图

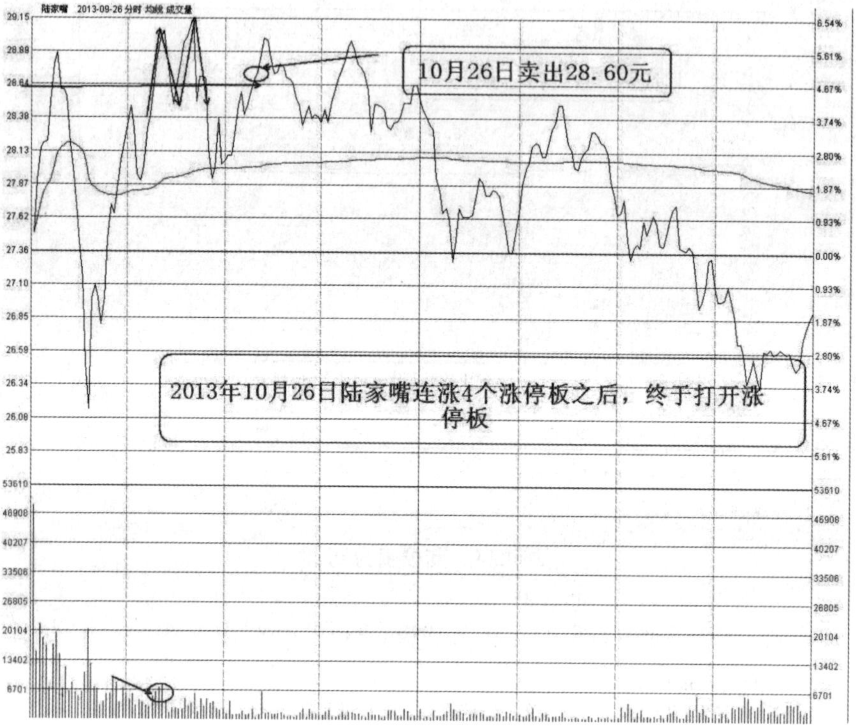

图4.36　陆家嘴分时图

卖出理由：

①短期 5 个交易日已经获利超过 40%。

②连续涨停板打开，已经没有之前那么强势了。

③创新高 29.15 元之时，分时图上出现了明显的分时缩量。

案例 4：号百控股

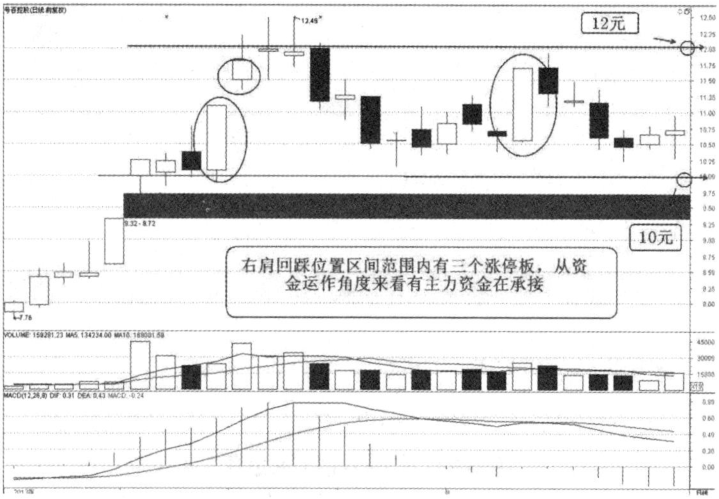
12元
10元
右肩回踩位置区间范围内有三个涨停板，从资金运作角度来看有主力资金在承接

图4.37　号百控股日K线图

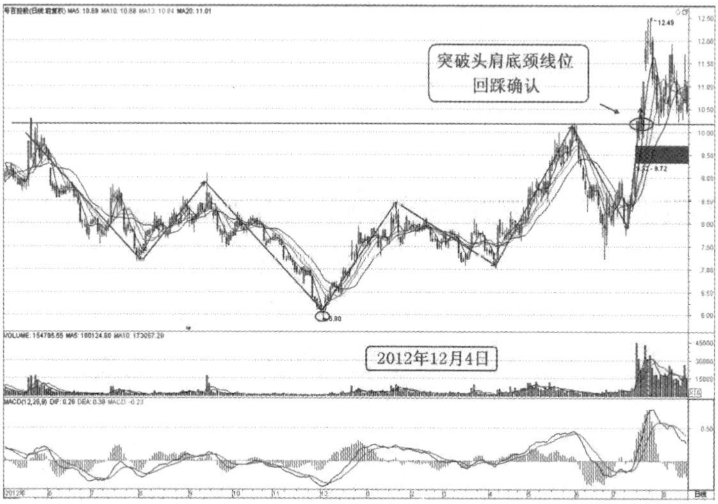
突破头肩底颈线位
回踩确认
2012年12月4日

图4.38　号百控股日K线图

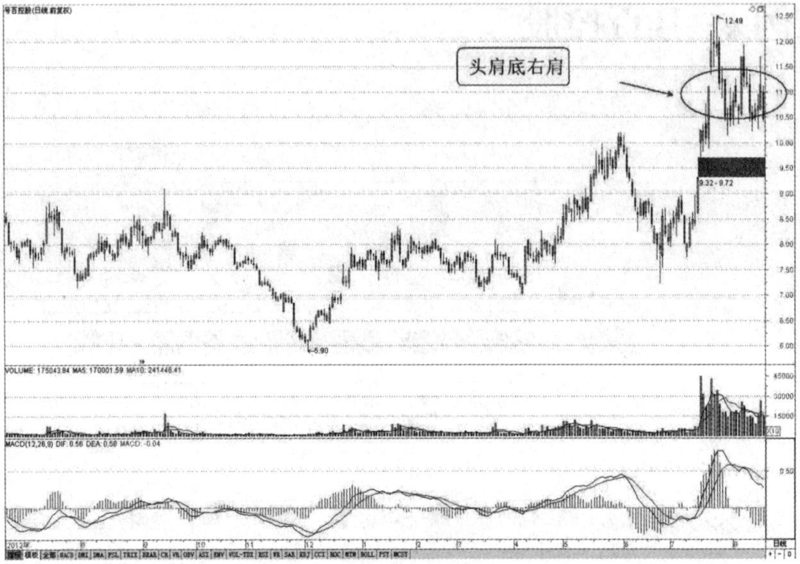

图4.39　号百控股日K线图

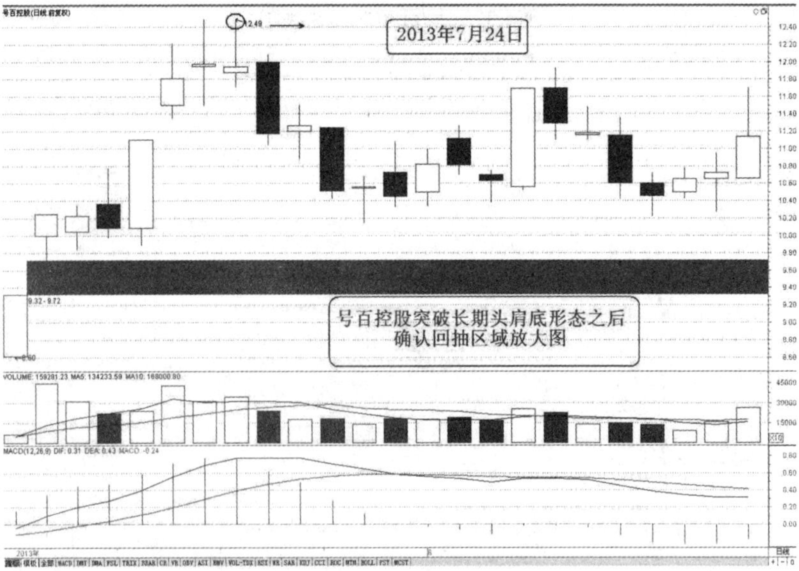

图4.40　号百控股日K线图

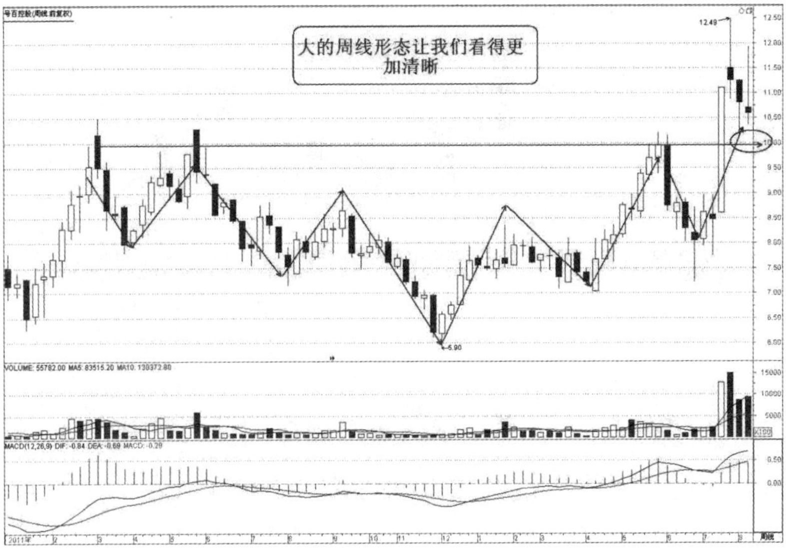
大的周线形态让我们看得更加清晰

图4.41　号百控股日K线图

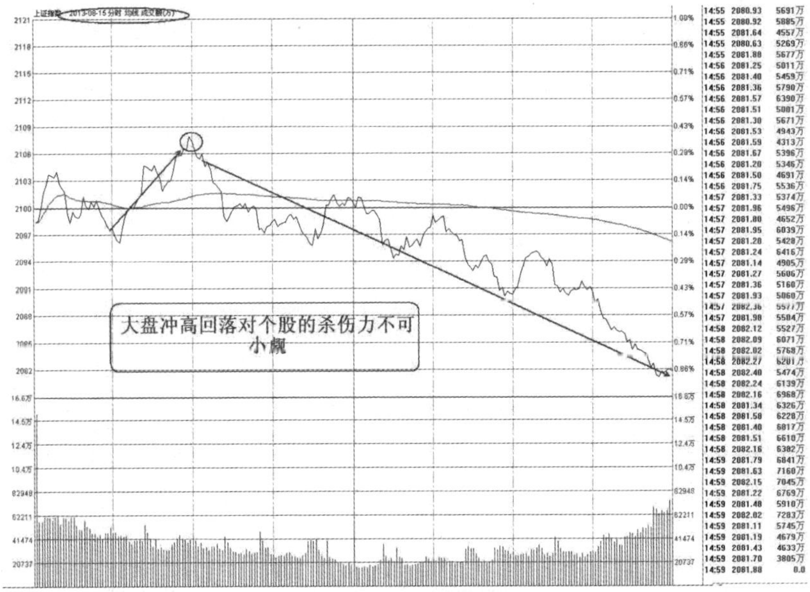
大盘冲高回落对个股的杀伤力不可小觑

图4.42　号百控股分时图

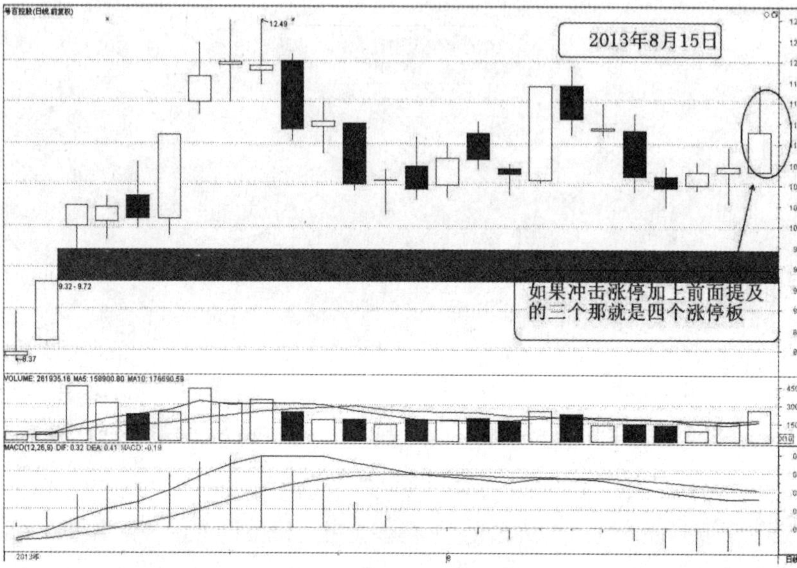
2013年8月15日
如果冲击涨停加上前面提及的三个那就是四个涨停板

图4.43　号百控股日K线图

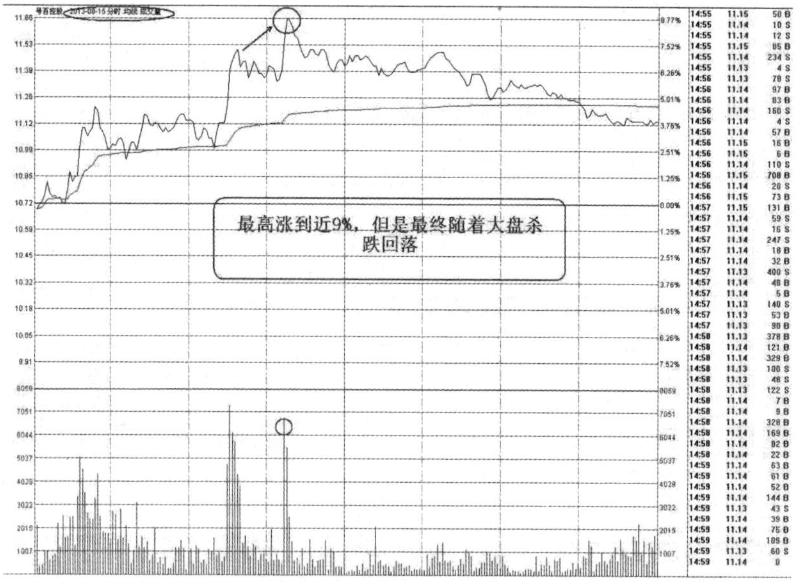
最高涨到近9%，但是最终随着大盘杀跌回落

图4.44　号百控股杀跌回落

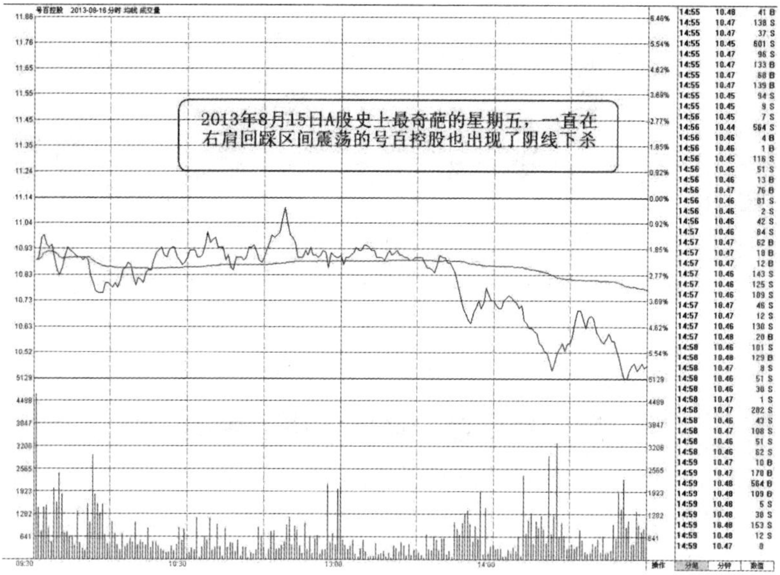
2013年8月15日A股史上最奇葩的星期五，一直在
右肩回踩区间震荡的号百控股也出现了阴线下杀

图4.45 号百控股阴线下杀

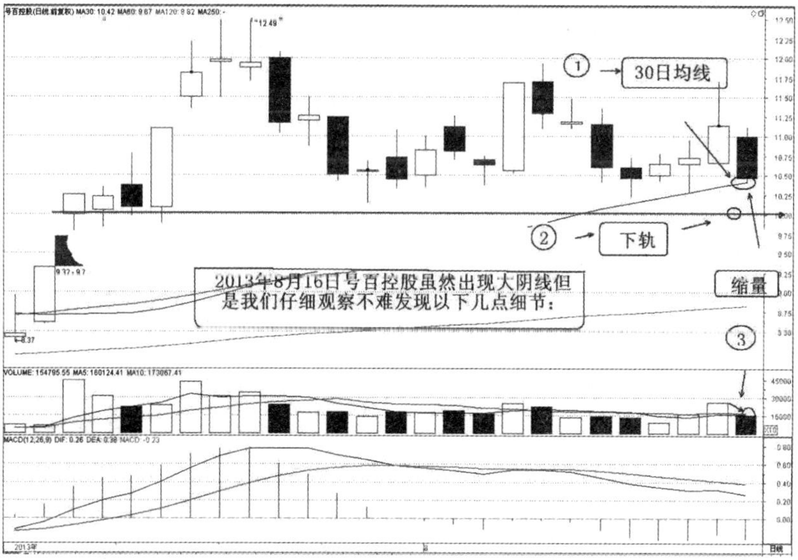
①
30日均线
②
下轨
缩量
③
2013年8月16日号百控股虽然出现大阴线但
是我们仔细观察不难发现以下几点细节：

图4.46 号百控股几点细节

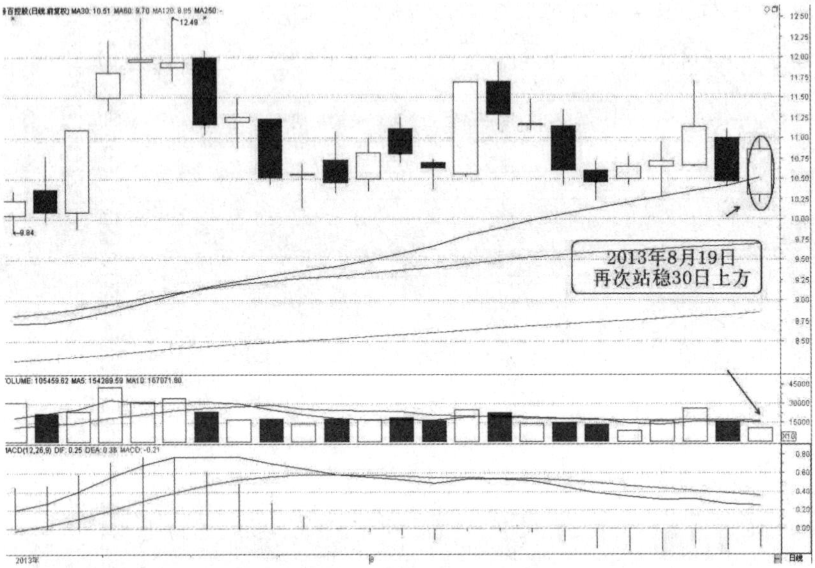

图4.47　号百控股日K线图

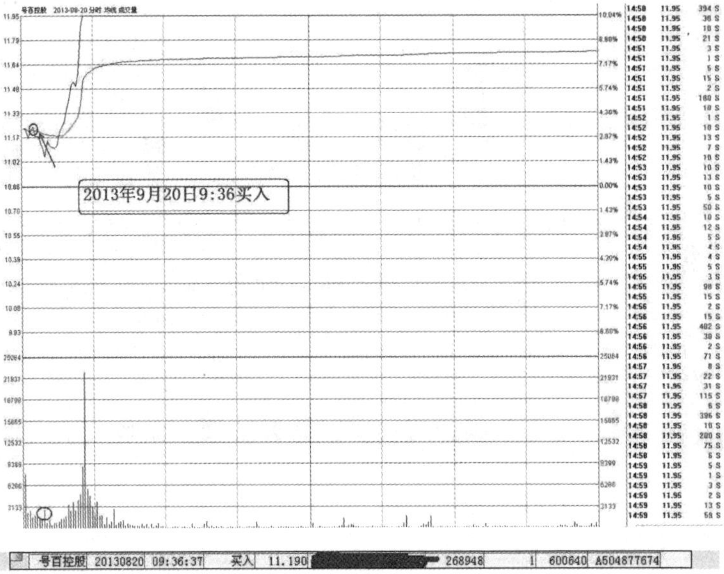

图4.48　号百控股买入点

案例 5：天龙光电

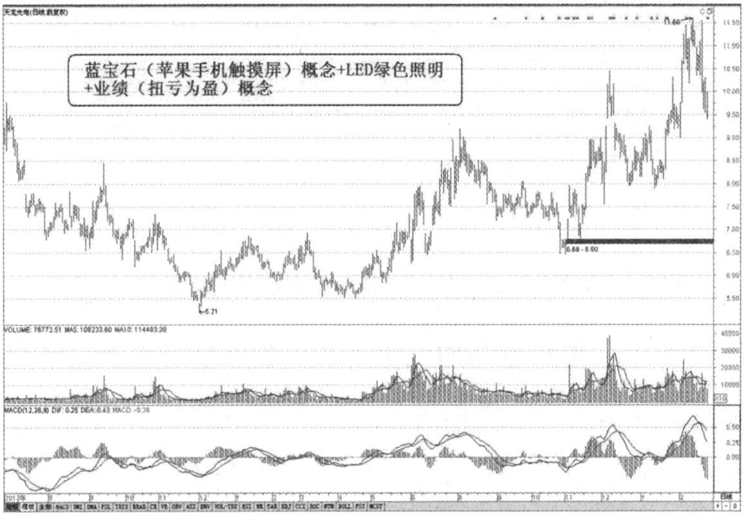
蓝宝石（苹果手机触摸屏）概念+LED绿色照明
+业绩（扭亏为盈）概念
6.68 - 6.80
5.21

图4.49　天龙光电日K线图

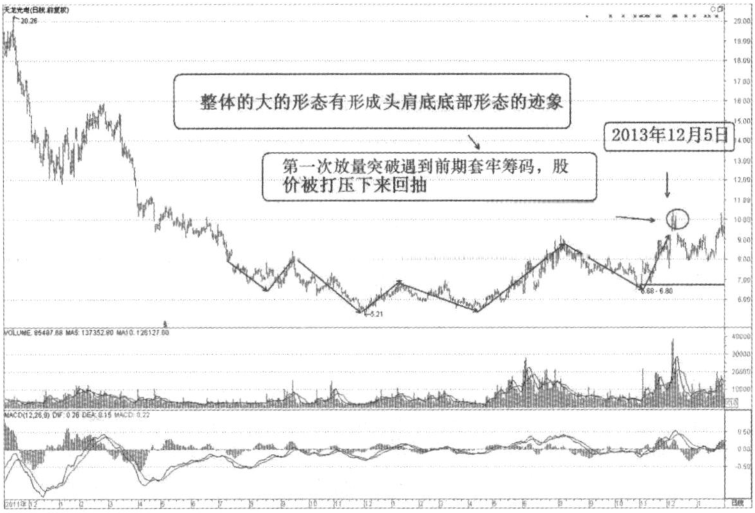
20.26
整体的大的形态有形成头肩底底部形态的迹象
2013年12月5日
第一次放量突破遇到前期套牢筹码，股
价被打压下来回抽
6.68 - 6.80
5.21

图4.50　天龙光电日K线图

2013-12-05 星期四	类型：连续三个交易日收盘价涨幅偏离值累计20% 3日成交量：6518.00万股　3日成交金额：60298.00万元					
买入金额最大的前5名						
序号	交易营业部名称	买入金额(万)	占总成交比例	卖出金额(万)	占总成交比例	净额(万)
1	机构专用	2762.08	4.58%	0.00	0.00%	2762.08
2	中信证券股份有限公司上海世纪大道证券营业部	1891.69	3.14%	106.56	0.18%	1785.13
3	机构专用	1694.26	2.81%	0.00	0.00%	1694.26
4	机构专用	1301.30	2.16%	0.00	0.00%	1301.30
5	上海证券有限责任公司杭州文二路证券营业部	1255.07	2.08%	1336.59	2.22%	-81.52
卖出金额最大的前5名						
序号	交易营业部名称	买入金额(万)	占总成交比例	卖出金额(万)	占总成交比例	净额(万)
1	上海证券有限责任公司杭州文二路证券营业部	1255.07	2.08%	1336.59	2.22%	-81.52
2	中信证券（浙江）有限责任公司杭州定安路证券营业部	1220.58	2.02%	1277.39	2.12%	-56.81
3	国泰君安证券股份有限公司南京太平南路证券营业部	977.54	1.62%	1144.10	1.90%	-166.57
4	招商证券股份有限公司无锡新生路证券营业部	265.51	0.44%	1105.46	1.83%	-839.95
5	国泰君安证券股份有限公司成都北一环路证券营业部	950.89	1.58%	1018.09	1.69%	-67.20
	(买入前5名与卖出前5名)总合计:	12318.93	20.43%	5988.19	9.93%	6330.74

图4.51　2013年12月5日天龙光电龙虎榜数据

从图 4.51 数据统计我们可以发现，买入前五名有三家机构席位，而且买入第一的为机构买入的 2762 万元之巨，远远大于卖出第一名的营业部 81 万元。突破大头肩底底部形态之时，多空力量对比一目了然（其实在某种程度上也为后面 2014 年 2 月 28 日不到 3 个月后天龙光电停牌资产重组埋下伏笔，当然这是后话）。

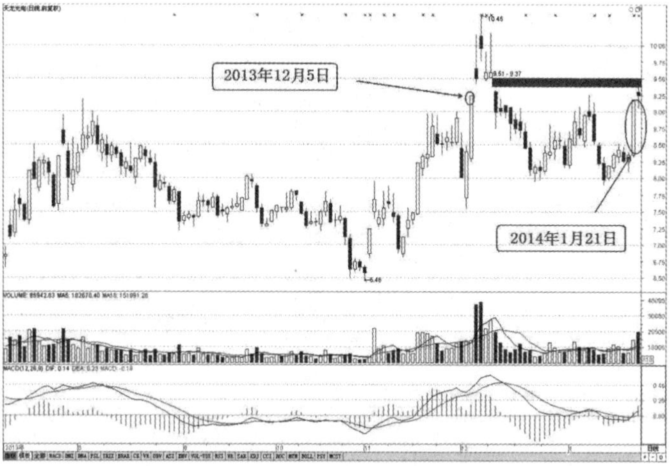

图4.52　天龙光电日K线图

2013 年 12 月 5 日天龙光电涨停突破之时有机构大量买入，之后由于前期套牢筹码的抛售出现了缩量下调回踩，在 2014 年 1 月 21 日天龙光电再次放量涨停在某种程度上预示着天龙光电第二次启动。

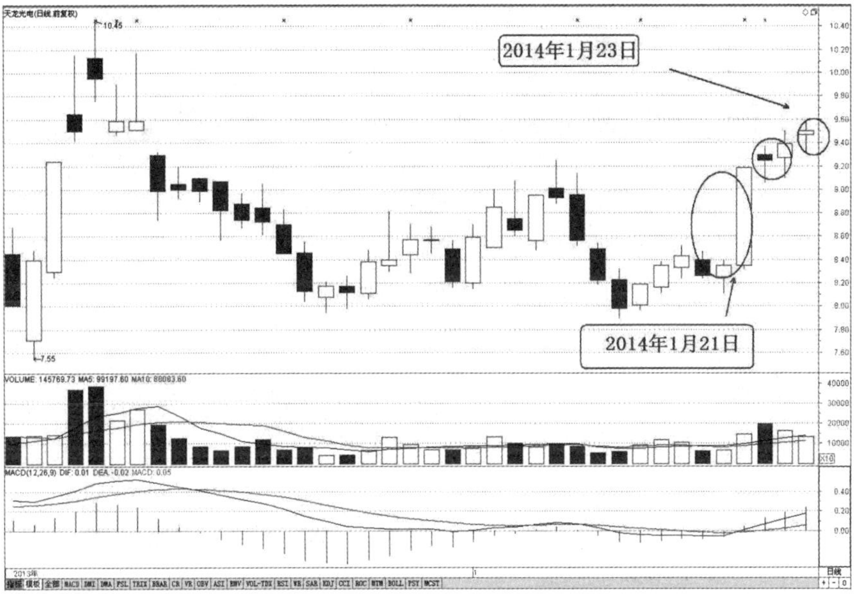

图4.53　天龙光电日K线图

2014 年 1 月 21 日涨停之后，天龙光电两天都是缩量的十字星，量价配合较为完美，于是在第三天也就是 2013 年 12 月 23 日尾盘买入天龙光电。

20140123	14:55:42	300029	天龙光电	买入	9.380[redacted]	23160539	0050619869

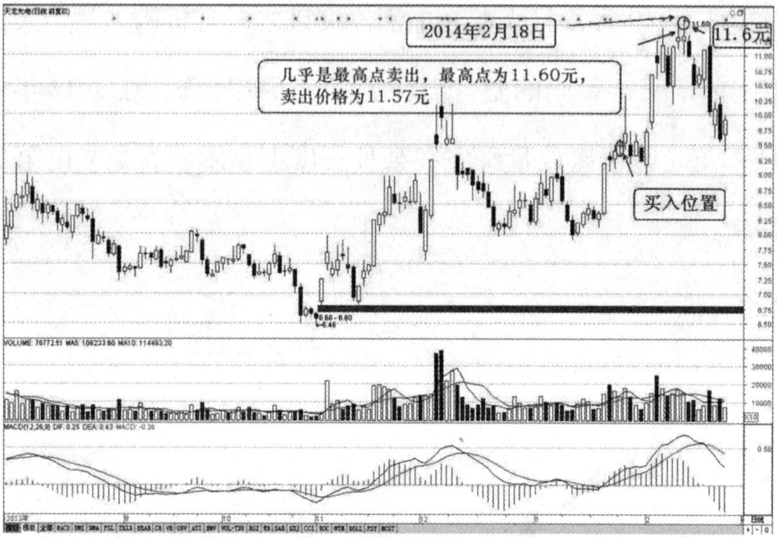
2014年2月18日
11.6元
几乎是最高点卖出，最高点为11.60元，
卖出价格为11.57元
买入位置

图4.54　天龙兴电日K线图

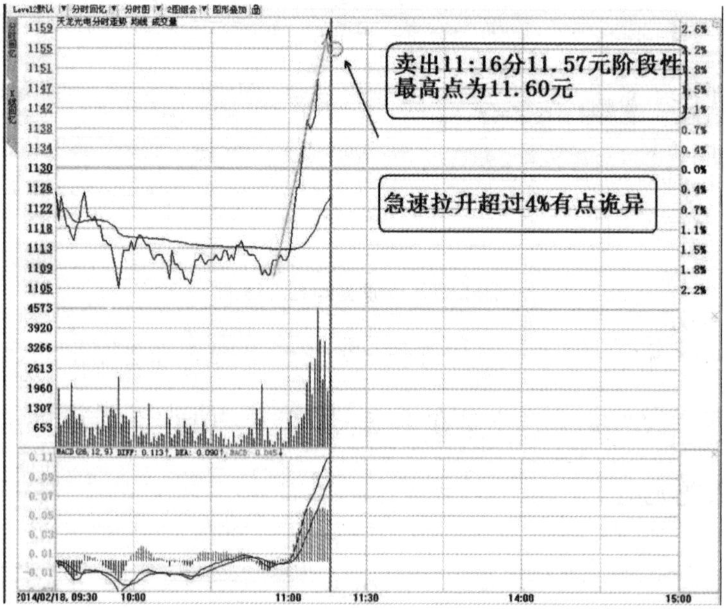
卖出11:16分11.57元阶段性
最高点为11.60元
急速拉升超过4%有点诡异

图4.55　天龙兴电分时图

20140218 11:16:58 300029 天龙光电 卖出 11.570 [redacted] 15881122 0050619869

卖出思考点：

①短期已经连续上涨了近20%，作为短线操作有止盈需求。

② 2014年2月18日11点左右，分时图上从跌2%一下子拉升到正2%，拉升有些刻意的成分。

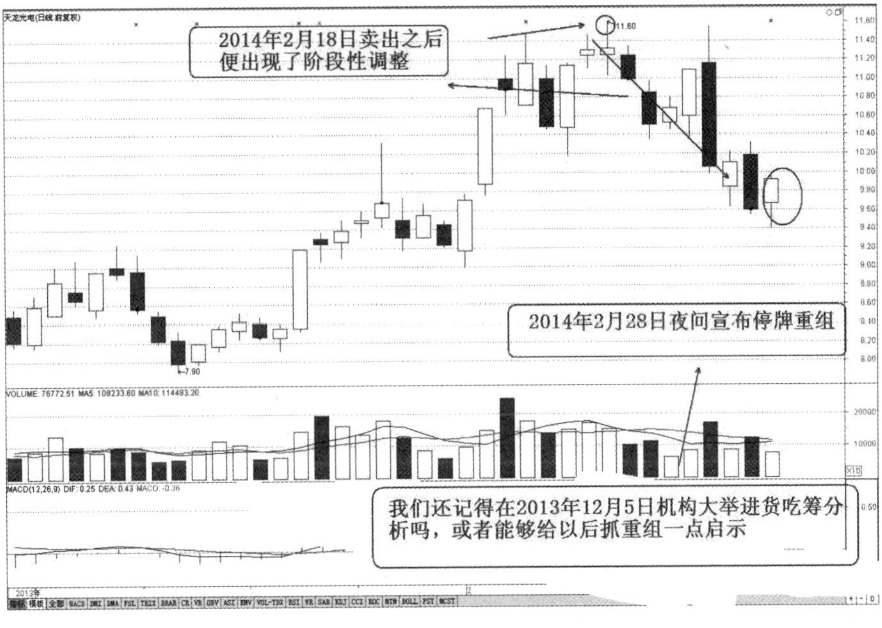
天龙光电(日线 前复权)
2014年2月18日卖出之后
便出现了阶段性调整
11.60
7.90
2014年2月28日夜间宣布停牌重组
VOLUME: 76772.51 MA5: 108233.60 MA10: 114483.20
MACD(12,26,9) DIF: 0.25 DEA: 0.43 MACD: -0.36
我们还记得在2013年12月5日机构大举进货吃筹分
析吗，或者能够给以后抓重组一点启示
2013年

图4.56 天龙兴电日K线图

因为是做短线操作停牌重组没有吃到，但整体来说，其实买入与卖出的几点思路还是值得与我们的投资者朋友们好好分享。

第五章

凤凰涅槃

——实战盈利系统剖析（下）

案例1：有研硅股——“仙人指路”擒牛

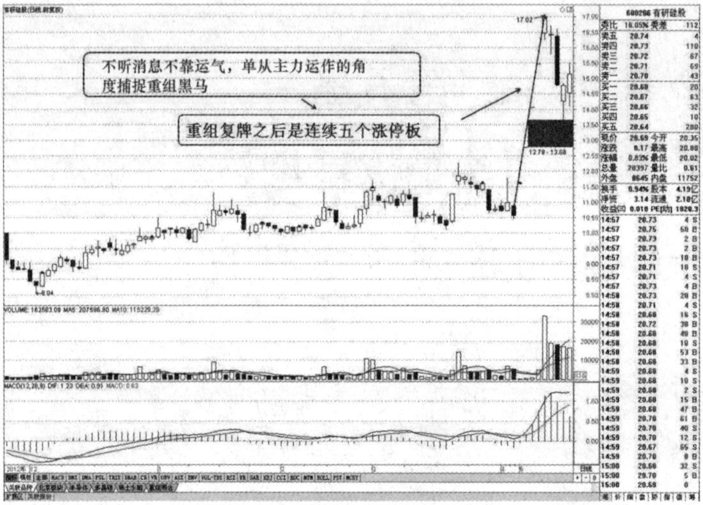

图5.1　有研硅股日K线图

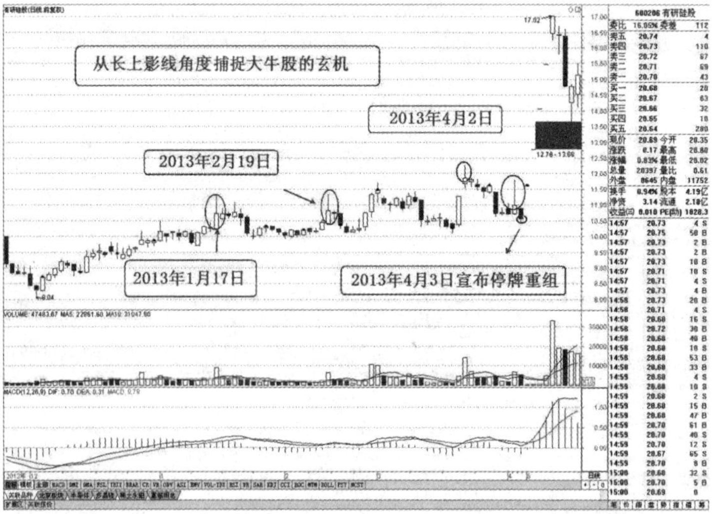

图5.2　有研硅股日K线图

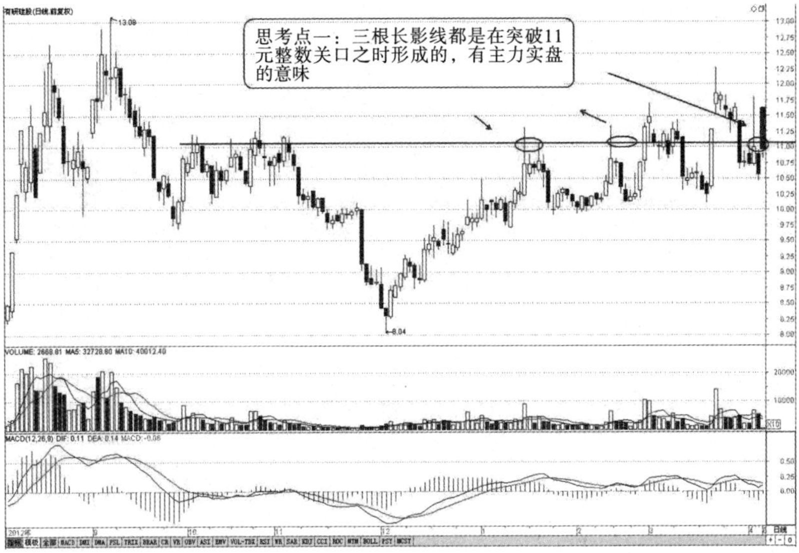
有研硅股(日线,前复权)
13.08
思考点一：三根长影线都是在突破11元整数关口之时形成的，有主力实盘的意味
8.04

图5.3　思考点

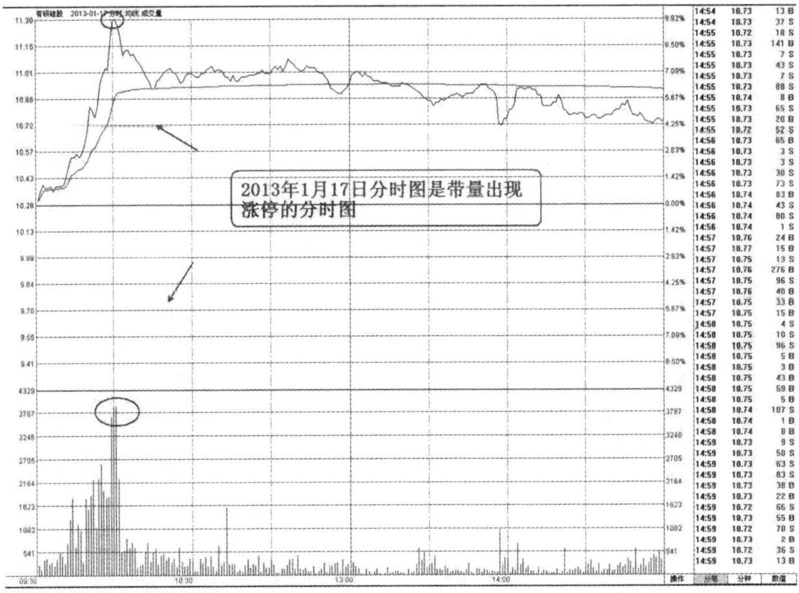
2013年1月17日分时图是带量出现涨停的分时图

图5.4　有研硅股分时图

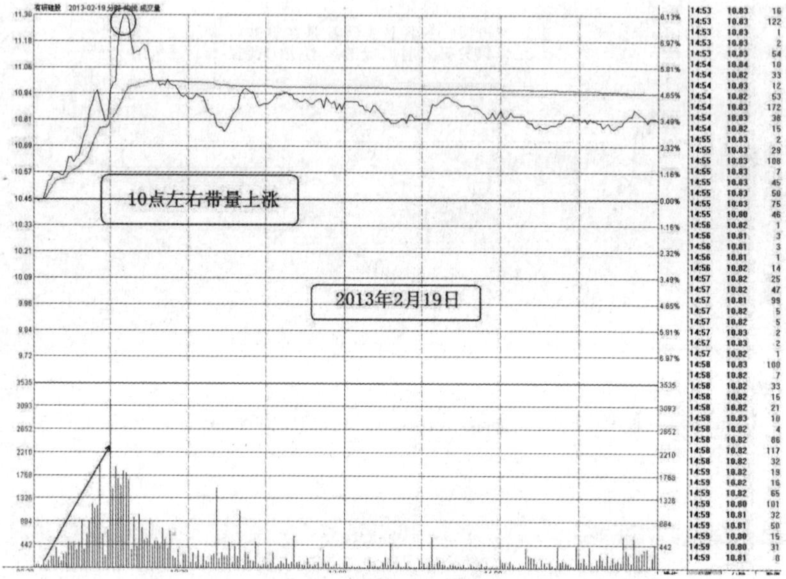

图5.5　有研硅股分时图

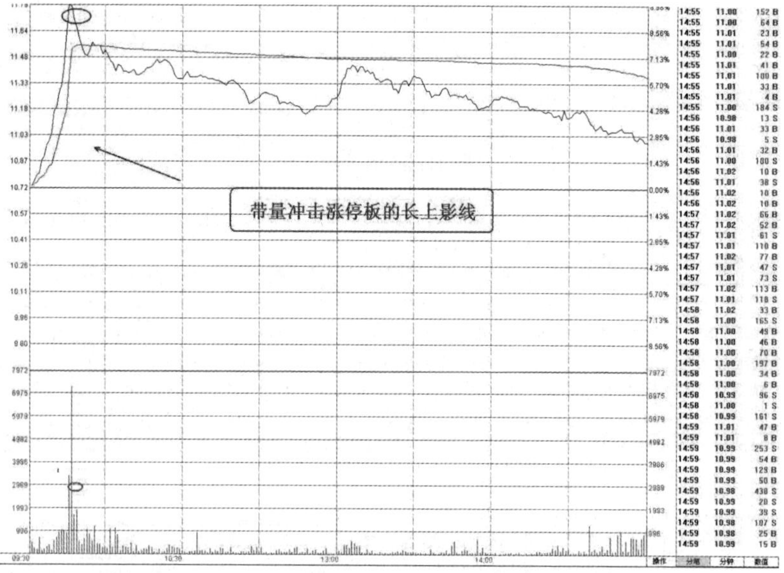

图5.6　有研硅股分时图

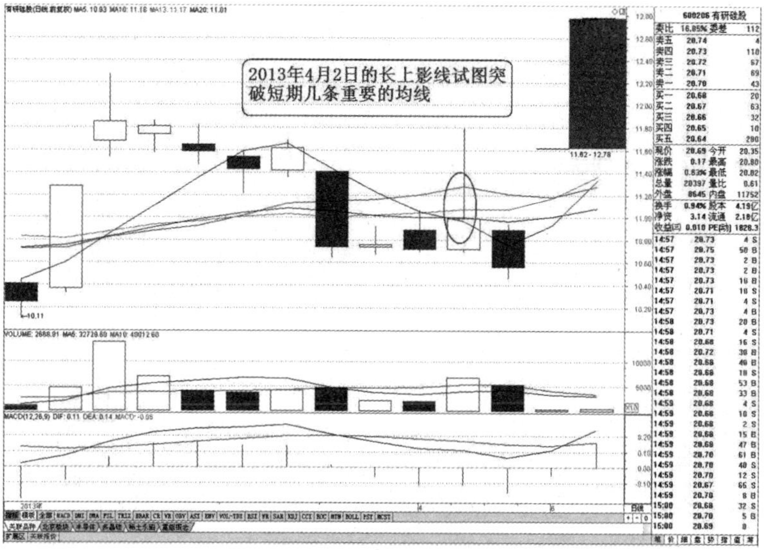
2013年4月2日的长上影线试图突破短期几条重要的均线

图5.7 长上影线试探

成交日期	合同编号	证券代码	证券名称	操作	成交数量	成交均价	成交金额	交易市场
20130403	833	600206	有研硅股	证券买入	[redacted]	10.900	[redacted]000	上海A

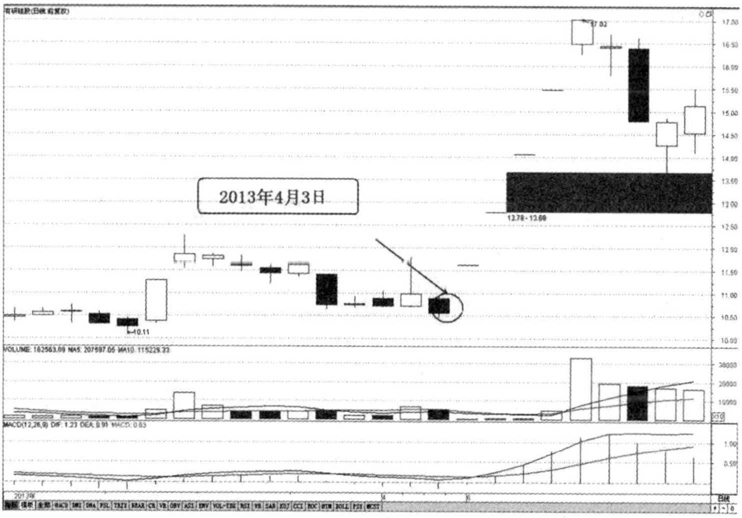
2013年4月3日

图5.8 有研硅股日K线图

图5.9　买入点

卖出思考点：

成交日期	合同编号	证券代码	证券名称	操作	成交数量	成交均价	成交金额	交易市场
20130619	1415	600206	有研硅股	证券卖出	[redacted]	15.470	[redacted]	上海A

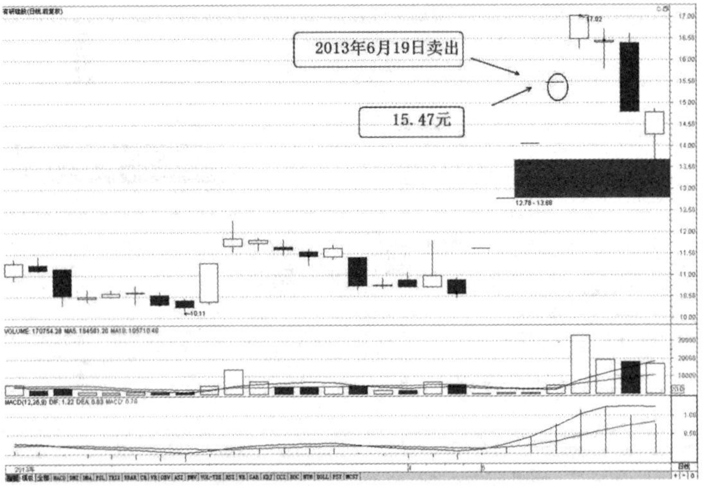

图5.10　卖出点

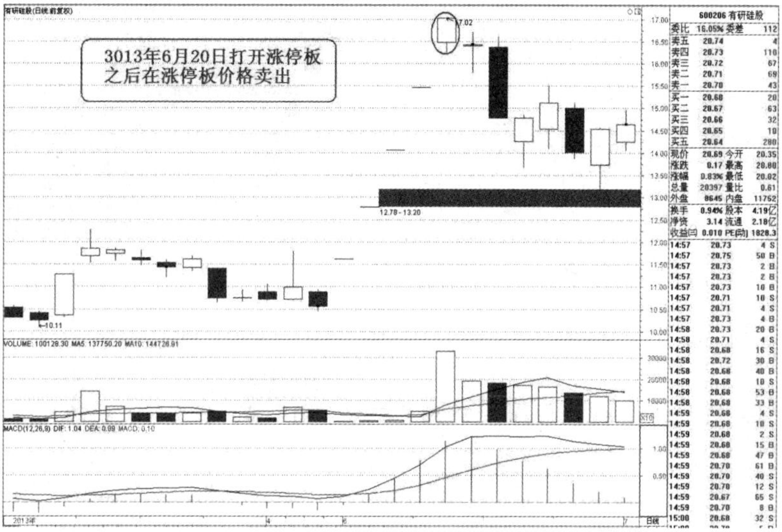

图5.11 有研硅股日K线图

连续涨停的品种一旦开板就是短线卖出的良机。

如五矿发展和亿纬锂能：

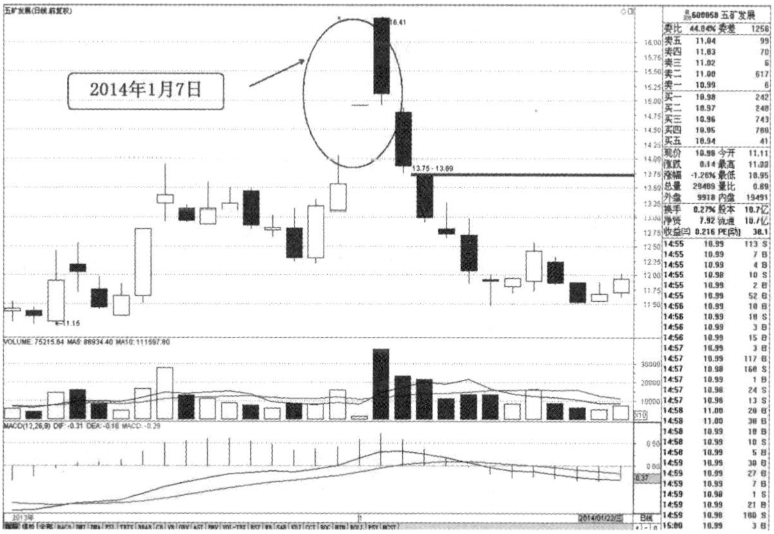

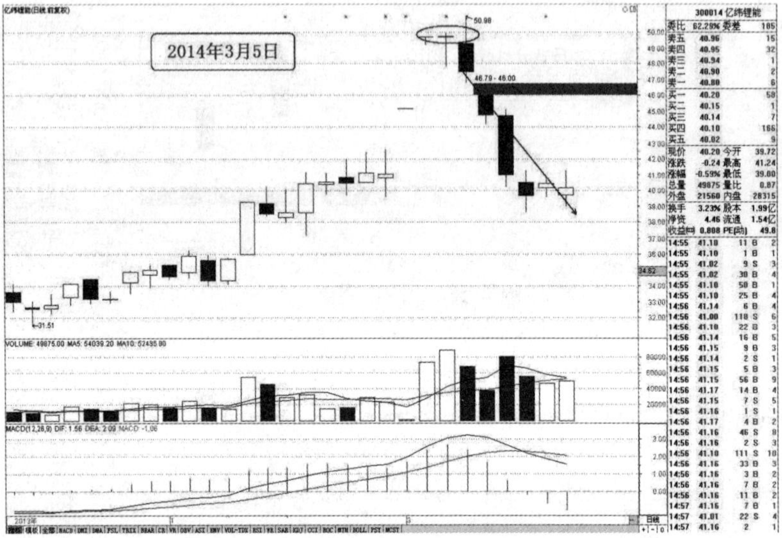

案例 2：亚盛集团——牵住热点乱动的牛鼻子

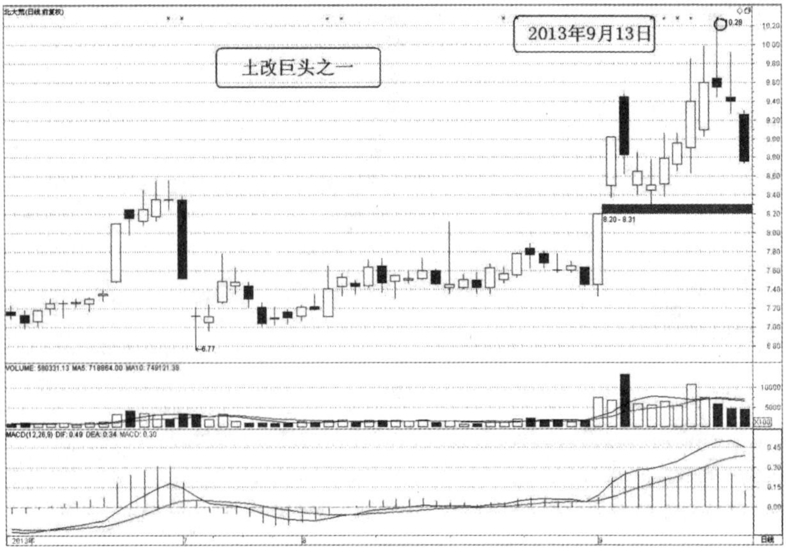

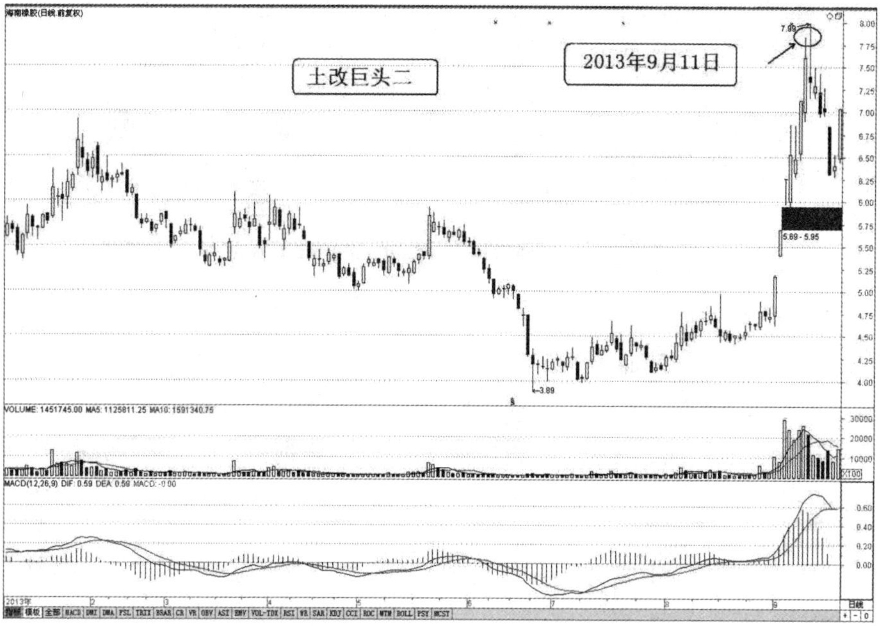
海南橡胶(日线 前复权)
土改巨头二
2013年9月11日
7.99
5.89 - 5.95
3.89

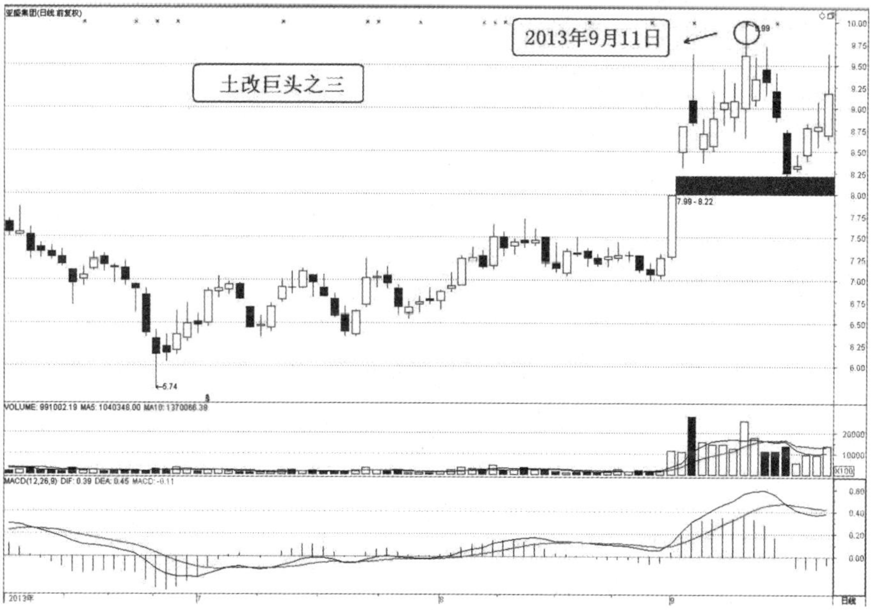
亚盛集团(日线 前复权)
土改巨头之三
2013年9月11日
7.99 - 8.22
5.74

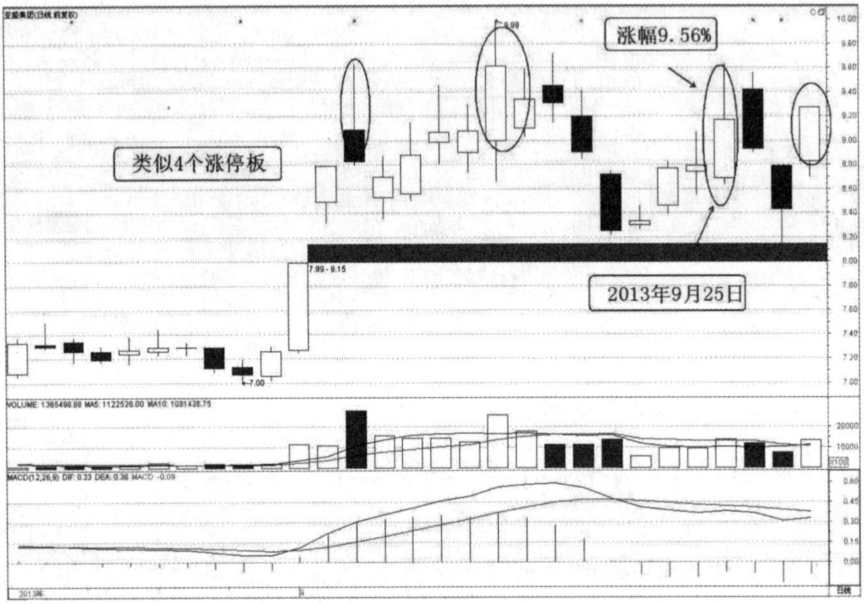

【2013-09-30】【出处】齐鲁证券

亚盛集团(600108)由点到线再到面 打造奶牛养殖巨头战略启航

投资要点

项目建设地点位于甘肃张掖分公司、饮马分公司、条山分公司以及内蒙古阿鲁科尔沁旗牧草基地，项目建设期3年，预计2016年将全部投产。项目建设分为三期，2014年为第一期，主要建设内容为在张掖分公司、饮马分公司，各建设年存栏5000头的奶牛牧场1处；2015年为第二期，主要建设内容为在张掖分公司、内蒙古阿鲁科尔沁旗牧草基地各建设年存栏5000头的奶牛牧场1处；2016年为第三期，主要建设内容为在条山分公司、饮马分公司各建设年存栏5000头的奶牛牧场1处。达产后，张掖分公司、饮马分公司，各建设年存栏5000头的奶牛牧场2个；在条山分公司内蒙古阿鲁科尔沁旗牧草基地各建设年存栏5000头的奶牛牧场1个。

根据公司资料预测，奶牛养殖项目达产后每年可实现营业收入63,696.70万元，利润总额11,204.80万元/年。达产期年存栏奶牛30922头，其中成乳奶牛13331头，后备奶牛12291头；年产鲜奶119976吨，年出售母犊牛872头，年出售育成牛9026头，年淘汰母牛1458头。

近4年来，国内原奶、牛肉、羊肉供不应求，价格呈持续上涨态势，高景气将持续，看好亚盛进入奶牛繁育、肉牛与肉羊养殖、优质原奶生产与销售的盈利增长前景。目前国内原奶主产区收购价达到3.6元/公斤，2009年以来上涨50%，牛肉和羊肉价格64元/公斤，2009年以来上涨100%。由于国内奶牛、肉牛/羊养殖技术水平不高，单产大幅低于国际平均水平，且由于国内需求长期增长，存栏量缺口较大，国内奶牛、肉牛/羊养殖过去4年景气度持续上升，预计未来牛肉、羊肉、原奶价格仍将稳步上行。

今年以来政府对于国内乳制品行业进行强有力的整合和扶持政策，亚盛集团此时进入奶牛养殖行业，将充分分享扶持乳制品做大、做强的政策红利。长期以来，国内高端奶粉被外资品牌所占据，主要原因在于国内优质原奶供应不足，国内大规模一体化的奶牛养殖企业较少，大部分原奶仍来自于散养户，养殖效率低下，产品品质不能保证。未来在乳制品行业政策扶持的大背景下，上游奶牛规模养殖企业将成为国内乳制品产业链的关键因素所在。

亚盛进入奶牛养殖领域完全符合我们前次调研后对公司的业务战略预判思路，只是进程比我们预计的要快很多，体现了公司管理层高效务实的经营管理风格。我们认为亚盛拥有的区位优势、土地资源和养殖饲料原材料是公司战略性进入奶牛养殖的核心优势所在。（1）公司生产基地地处甘肃、内蒙古，是国内传统的奶牛养殖区域，是国内大型乳制品企业伊利、蒙牛生产领地，亚盛集团具备较强的区位优势；（2）目前亚盛集团拥有土地资源340万亩，其中耕地面积96万亩，其余均为天然牧场和山地，公司相对于其他养殖企业，拥有大量可供奶牛养殖的天然牧场储备，目前土地获得成为大型养殖企业规模扩张的瓶颈，亚盛集团在此方面具有巨大优势；（3）2012年公司在甘肃拥有优良苜蓿草种植基地8万亩，公司+农户种植基地5万亩，2013年公司在内蒙古获得20万亩种植基地，公司在奶牛养殖方面，将形成“原材料—养殖”一体化优势。

公司进入奶牛养殖行业符合公司转型以来的经营战略定位，旨在打造国内最大的上游种、养殖原材料供应商。公司依托于土地流转政策持续扩张耕地资源，通过“订单式生产”模式，为下游食品企业提供多种类的原材料，同时充分利用公司既有的牧场和山地资源优势，进入奶牛、肉牛/羊养殖行业并将成为公司未来的核心主业及主要利润贡献来源。我们判断未来公司定位于国内最大的上游种、养殖原材料供应商，因此公司土地资源的外延式扩张、养殖产业链上下游的拓展和养殖规模提升将成为利润增长的核心驱动要素。

我们预计公司第一期项目至少到2015年下半年才能贡献盈利，2014年由于发债12个亿可能会带来一定财务费用支出，考虑到发债进程尚不确定，我们暂时维持原有盈利预测，预计2013-2015年EPS分别为0.2元、0.32元和0.40元，目标价9.60-9.92元，重申“买入”评级。考虑到大股东资产注入以及土地流转政策或将加速公司土地外延式扩张进程，公司进入养殖行业们更进一步提升未来盈利增长空间，PE估值的目标价为9.6元；根据公司未来土地经营的持续性假设，DCF绝对估值结果为9.92元。综合PE和DCF两种估值结果，公司目标价格区间为9.60-9.92元，重申“买入”评级。

潜在催化剂：大股东资产注入预期、土地流转面积增加将提升公司估值水平。风险提示：统一经营面积增长低于预期、自然灾害风险。

1、大股东资产注入预期
2、土地流转面积增加将提升公司估值水平
3、进军奶牛养殖

【1.最新提醒】
【港澳资讯 股票市场关注度】
统计时间：2013-12-23　关注度等级：★★★★★
较前日下降4位　在所有A股(2471支)中市场关注度排名第131位

【最新简要】

★最新主要指标★	13-09-30	13-06-30	13-03-31	12-12-31	12-09-30
每股收益(元)	0.0560	0.0260	0.0890	-0.1100	0.1880
每股净资产(元)	3.0098	2.9805	3.0400	2.9500	3.2460
净资产收益率(%)	1.8800	0.8900	2.9500	-3.4100	5.7500
总股本(亿股)	17.7768	17.7768	17.7768	17.7768	17.7768
流通A股(亿股)	17.7768	17.7768	17.7768	17.7768	17.7768

★最新公告:2013-12-05刊登涉诉(仲裁)案件进展公告(详见后)
★最新报道:2013-12-13袁隆平牵手北大荒(600598)子公司(详见后)

★最新分红扩股和未来事项:
【分红】:2013半年度 利润不分配(决案)
【分红】:2012年度 利润不分配(决案)

★特别提醒:

2013-09-30　每股资本公积:1.366 营业收入(万元):678881.09 同比增-36.04%
2013-09-30　每股未分利润:0.067 净利润(万元):9941.69　同比增-70.32%

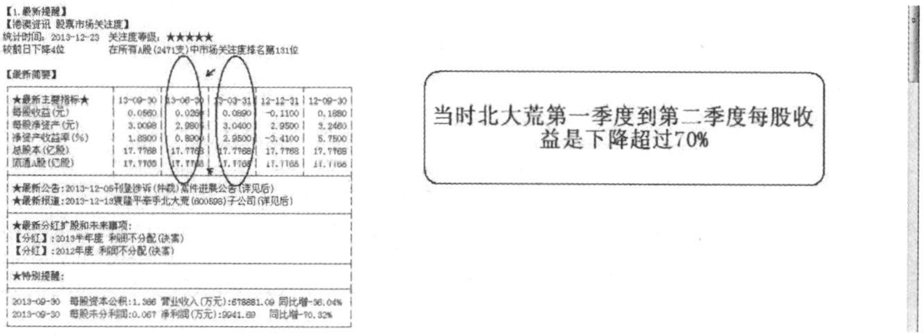
当时北大荒第一季度到第二季度每股收益是下降超过70%

【1.最新提醒】
【港澳资讯 股票市场关注度】
统计时间：2013-12-24　关注度等级：★★★★★
较前日下降4位　　　　在所有A股(2471支)中市场关注度排名第210位

【最新简要】

★最新主要指标★	13-09-30	13-06-30	13-03-31	12-12-31	12-09-30
每股收益(元)	0.0400	0.0400	0.0138	0.0750	0.0564
每股净资产(元)	2.3027	2.3088	2.3400	2.3080	2.2900
净资产收益率(%)	1.7500	1.5200	0.5900	3.1700	2.4500
总股本(亿股)	39.3117	39.3117	39.3117	39.3117	39.3117
流通A股(亿股)	9.8500	9.8500	9.8500	9.8500	9.8500
限售条件股份(亿股)	29.4617	29.4617	29.4617	29.4617	29.4617

★最新公告:2013-12-25刊登关于《海南省工业和信息化厅关于同意筹建海南省先进天然橡胶复合材料工程研究中心的批复》的公告(详见后)
★最新报道:2013-11-25罗牛山(000735)减持海南橡胶40万股 获利243万(详见后)

★最新分红扩股和未来事项:
【分红】:2013半年度 利润不分配(决案)
【分红】:2012年度 10派0.50(含税)(实施)股权登记日：2013-06-18 除权除息日：2013-06-19

★特别提醒:
【业绩预告】：预计2013年1月至12月公司业绩较上年同期会有所下滑。(信息来源:2013-10-31 第三季度报告)
★限售股上市(2014-01-07)：294617.16万股

2013-09-30　每股资本公积:0.965 营业收入(万元):829137.83 同比增14.41%
2013-09-30　每股未分利润:0.253 净利润(万元):16139.30　同比增-27.26%

同期海南橡胶第一季度到第二季度每股收益虽然上涨但是每股收益却偏小

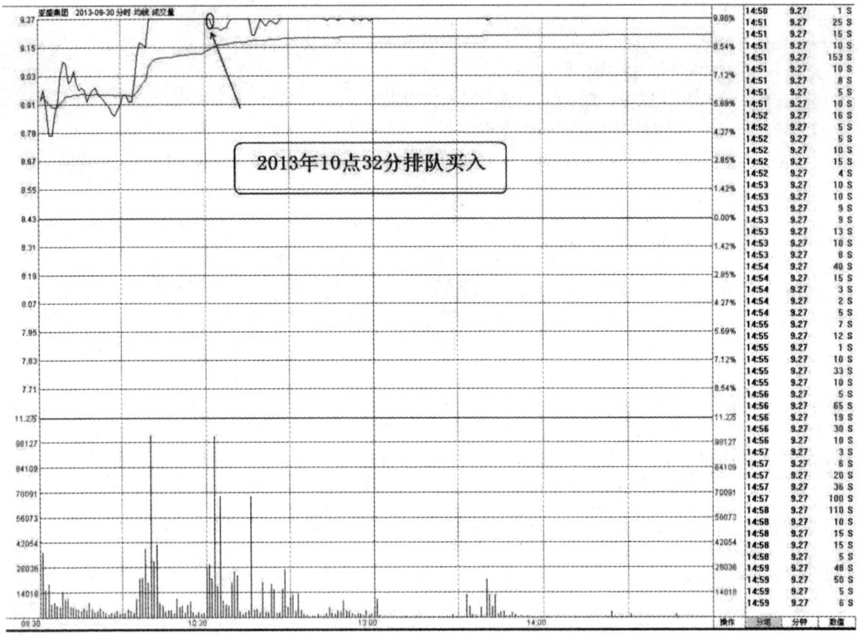

20130930	10:32:01	600108	亚盛集团	买入[redacted]	98262.000	1647653	A132547526

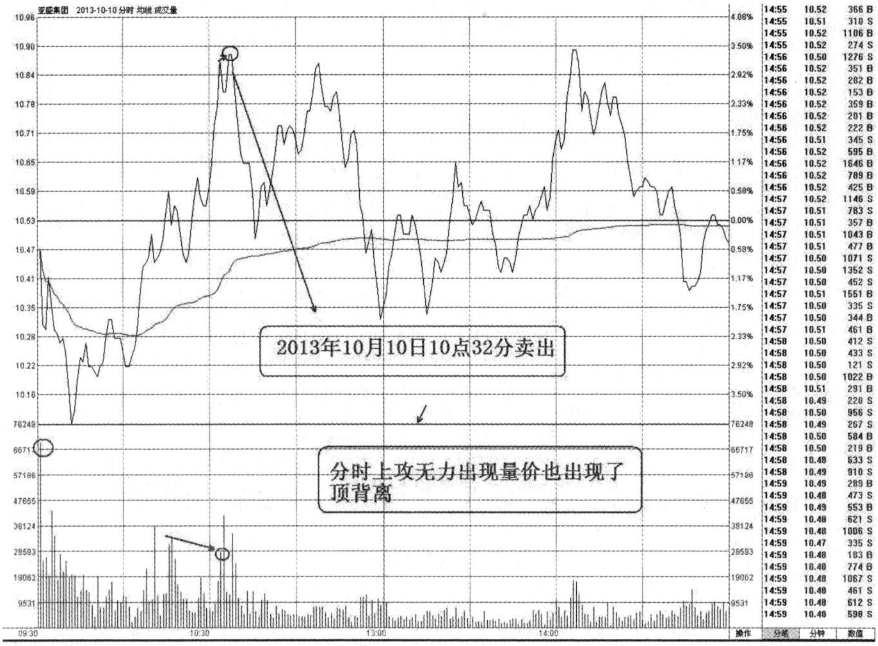

20131010	10:35:34	600108	亚盛集团	卖出	[redacted]	45360.000	2606424	A132547526

案例3：冀东装备

1. 买入思考点一：冀东装备的牛股因子

冀东装备之所以引起我的关注，主要有如下几点：

其一，从异动中发现主力的踪迹。之前有3个交易日形成经典的多方炮组合。两个涨停之间夹杂着一根阴线，这是明显的异动——如果没有主力，会有如此强势的表现吗？

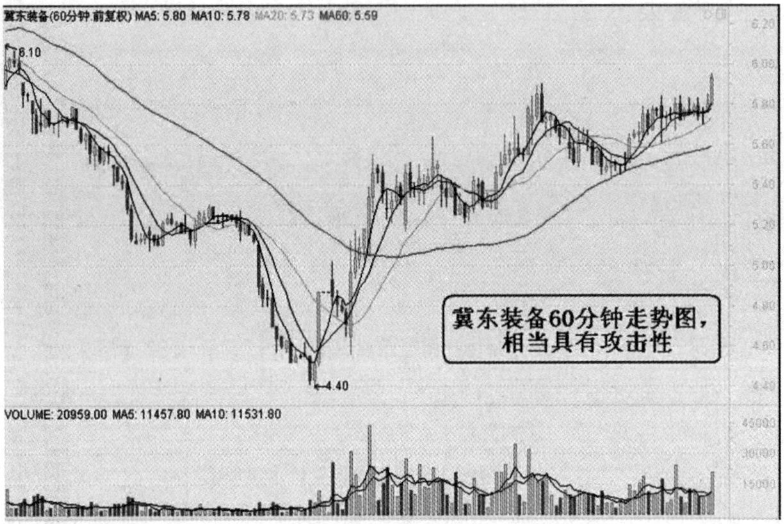

冀东装备日K线图

而且，3个交易日出现了两个涨停板，足以说明主力的强大，以及主力的志向高远。

其二，量价配合很好，上涨放量、回调缩量。这种运行节奏，说明股价的上涨是相当健康的。上涨放量，说明有资金在暗中吸纳；回调缩量，说明资金并没有流出，筹码比较稳定。这样的状态保持的时间越长，说明资金的流入程度越高，未来股价一旦爆发，其力度也更大。

其三，符合当时的热点。这说明，该股的上涨，并非是孤军奋战，而是有集团军在背后运作的。如此一来，股价的上涨会相互呼应，上涨幅度会更大，操作起来也更为安全。

2. 买入思考点二：二次突破重要均线

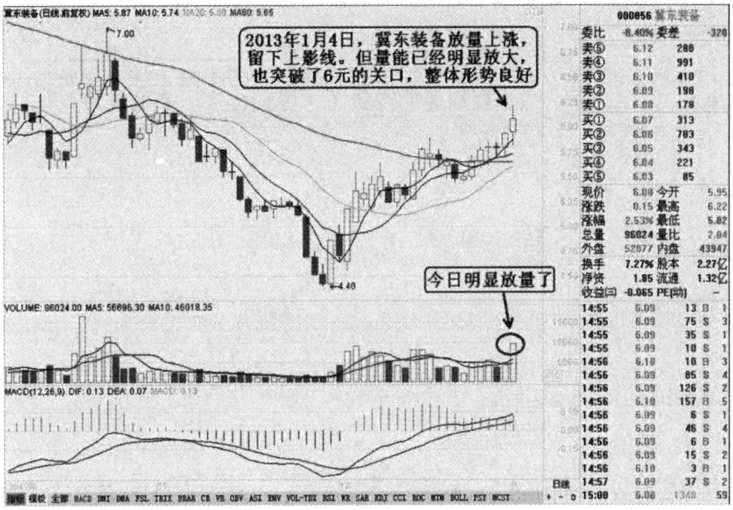
2013年1月4日，冀东装备放量上涨，
留下上影线。但量能已经明显放大，
也突破了6元的关口，整体形势良好
今日明显放量了

冀东装备日K线图

股价第一次突破重要均线（如 30 日、60 日、120 日均线等），很少直接展开主升浪，除非之前做了很坚实的底部。大部分的个股，会在第一次突破重要均线之后，进行回调确认，这个时候，要求回调是明显缩量的，这说明筹码稳定，才是最健康的状态。那些回调没有缩量，甚至放量的，还是谨慎为好。

当股价缩量回调完毕，再次展开上涨时，必须要放量才好，才是真正的主升浪。像冀东装备 2012 年 12 月 25 日再次起涨时只是温和放量，说明股价还没到主升之时。

看盘，是要从细节中读懂有用的信号。

3. 买入思考点三：K线走势规律性非常明显

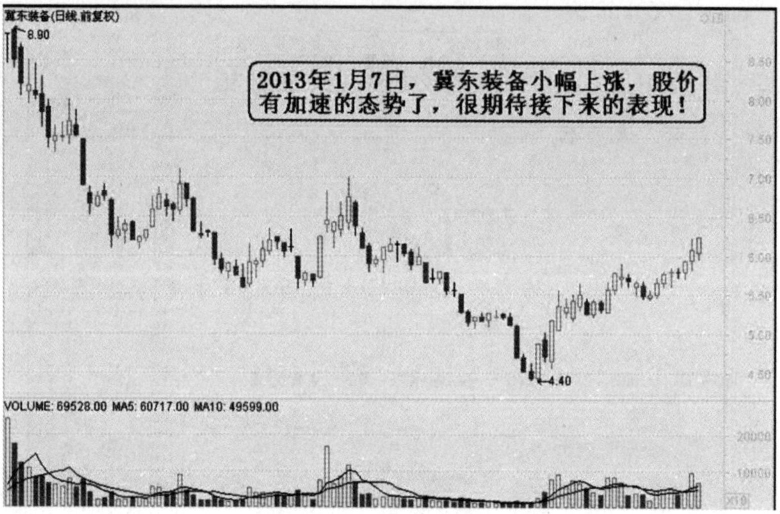
冀东装备(日线,前复权)
8.90
2013年1月7日，冀东装备小幅上涨，股价有加速的态势了，很期待接下来的表现！
4.40
VOLUME: 69528.00 MA5: 60717.00 MA10: 49599.00

冀东装备日K线图

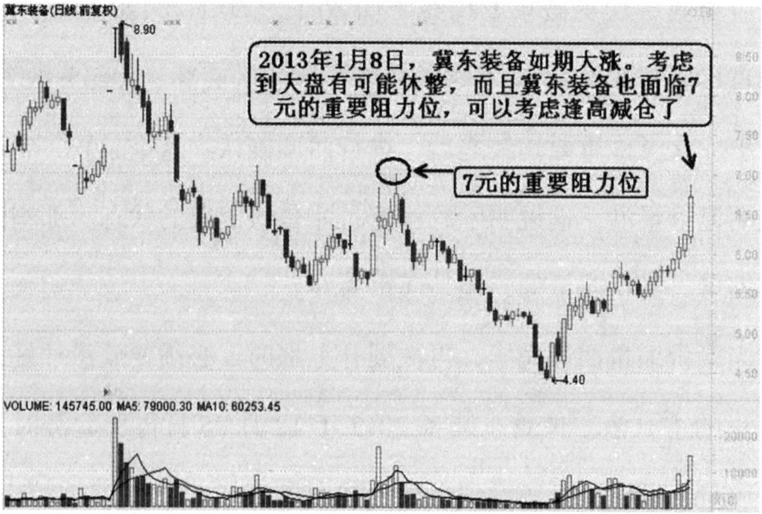
冀东装备(日线,前复权)
8.90
2013年1月8日，冀东装备如期大涨。考虑到大盘有可能休整，而且冀东装备也面临7元的重要阻力位，可以考虑逢高减仓了
7元的重要阻力位
4.40
VOLUME: 145745.00 MA5: 79000.30 MA10: 60253.45

冀东装备日K线图

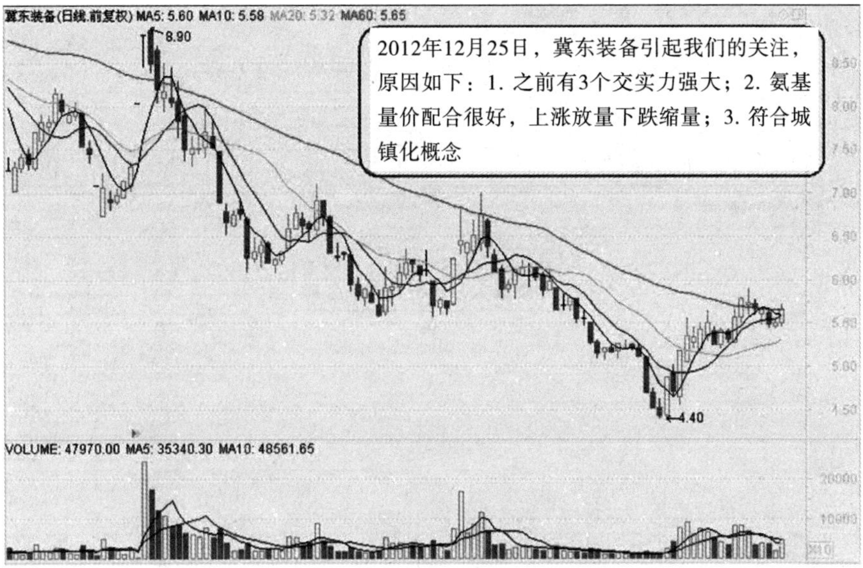
冀东装备(日线,前复权) MA5: 5.60 MA10: 5.58 MA20: 5.32 MA60: 5.65
8.90
2012年12月25日，冀东装备引起我们的关注，原因如下：1. 之前有3个交实力强大；2. 氨基量价配合很好，上涨放量下跌缩量；3. 符合城镇化概念
4.40
VOLUME: 47970.00 MA5: 35340.30 MA10: 48561.65

冀东装备日K线图

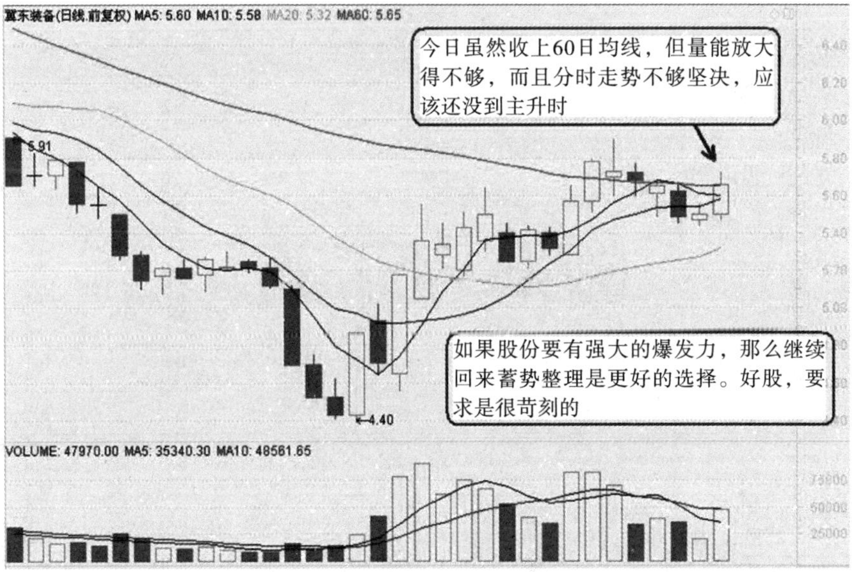
冀东装备(日线,前复权) MA5: 5.60 MA10: 5.58 MA20: 5.32 MA60: 5.65
今日虽然收上60日均线，但量能放大得不够，而且分时走势不够坚决，应该还没到主升时
5.91
如果股份要有强大的爆发力，那么继续回来蓄势整理是更好的选择。好股，要求是很苛刻的
4.40
VOLUME: 47970.00 MA5: 35340.30 MA10: 48561.65

冀东装备日K线图

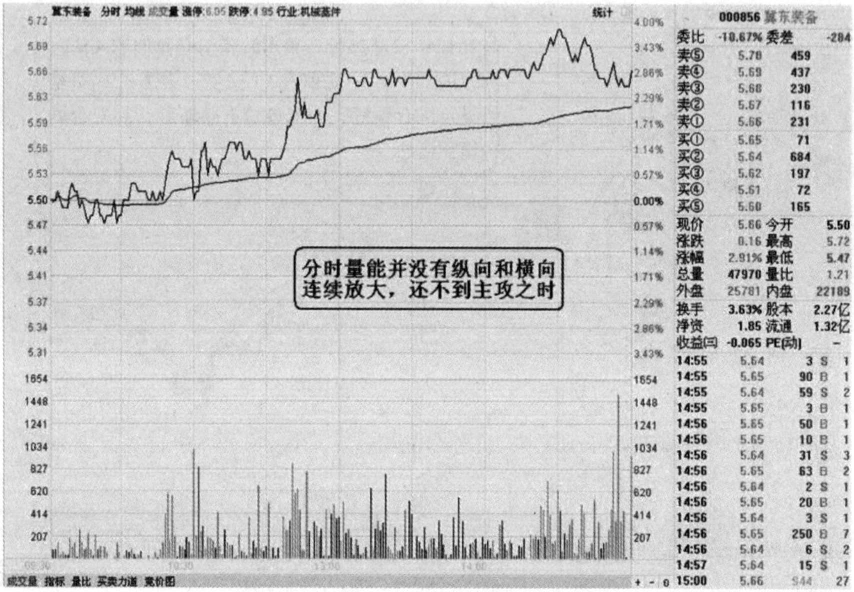
分时量能并没有纵向和横向
连续放大，还不到主攻之时

冀东装备2012年12月25日分时图

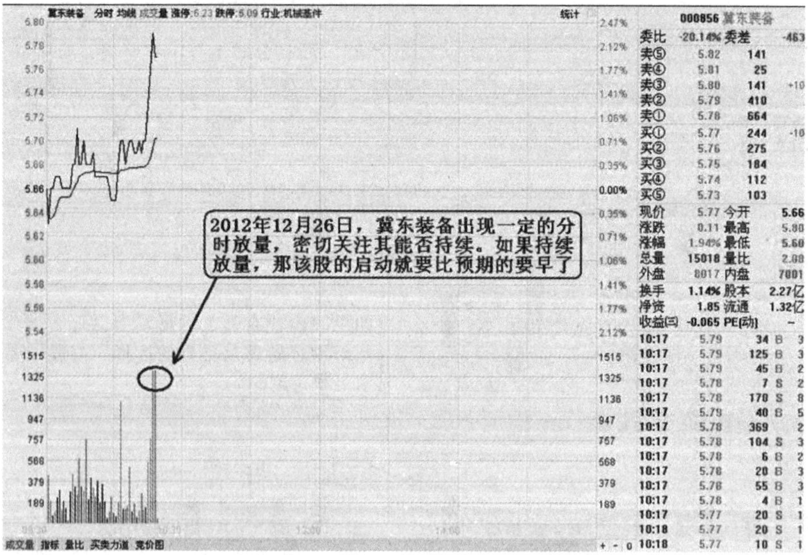
2012年12月26日，冀东装备出现一定的分
时放量，密切关注其能否持续。如果持续
放量，那该股的启动就要比预期的要早了

冀东装备2012年12月26日分时图

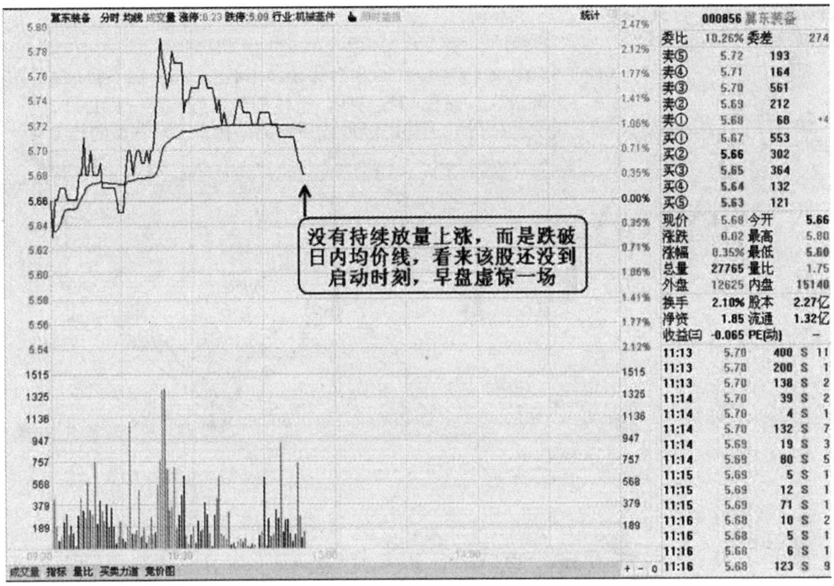
没有持续放量上涨，而是跌破日内均价线，看来该股还没到启动时刻，早盘虚惊一场

冀东装备2012年12月26日分时图

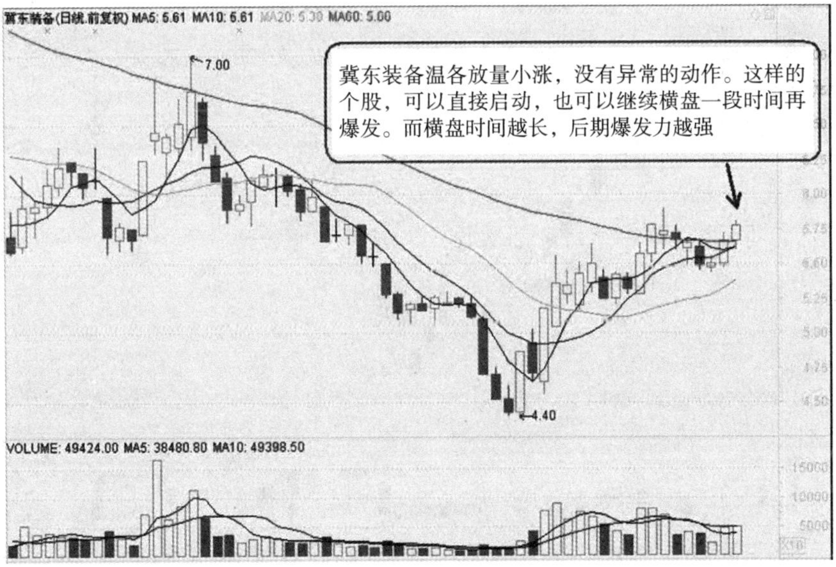
冀东装备温各放量小涨，没有异常的动作。这样的个股，可以直接启动，也可以继续横盘一段时间再爆发。而横盘时间越长，后期爆发力越强
7.00
4.40
VOLUME: 49424.00 MA5: 38480.80 MA10: 49398.50

冀东装备日K线图

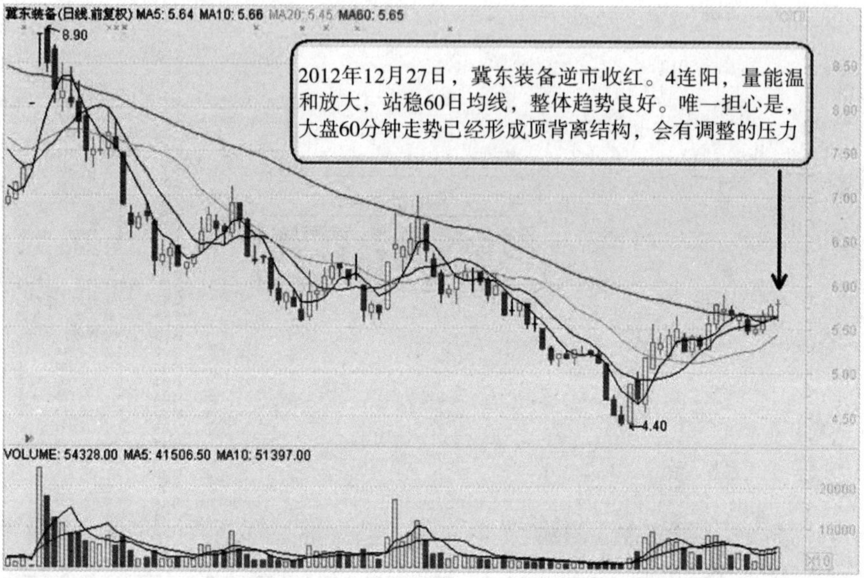
冀东装备(日线,前复权) MA5: 5.64 MA10: 5.66 MA20: 5.45 MA60: 5.65
8.90
2012年12月27日，冀东装备逆市收红。4连阳，量能温和放大，站稳60日均线，整体趋势良好。唯一担心是，大盘60分钟走势已经形成顶背离结构，会有调整的压力
4.40
VOLUME: 54328.00 MA5: 41506.50 MA10: 51397.00

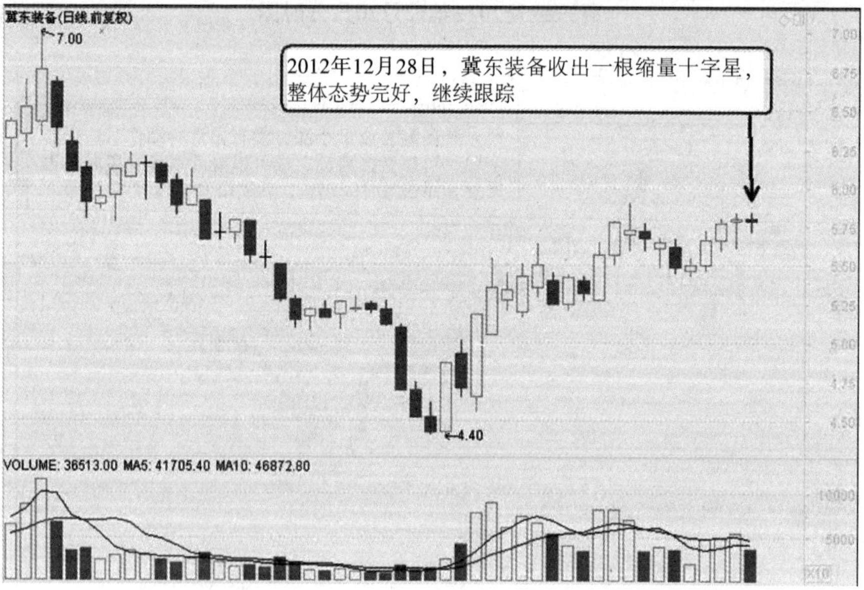
冀东装备(日线,前复权)
7.00
2012年12月28日，冀东装备收出一根缩量十字星，整体态势完好，继续跟踪
4.40
VOLUME: 36513.00 MA5: 41705.40 MA10: 46872.80

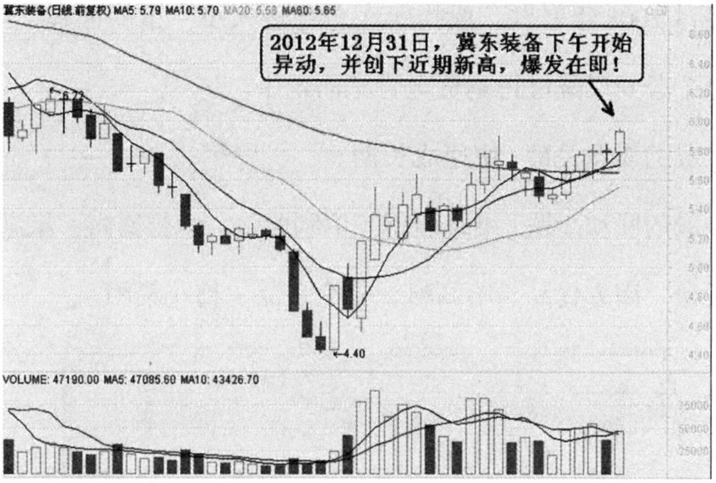

案例 4：安琪酵母阶段性走牛全景图欣赏

1. 阶段性波动全貌

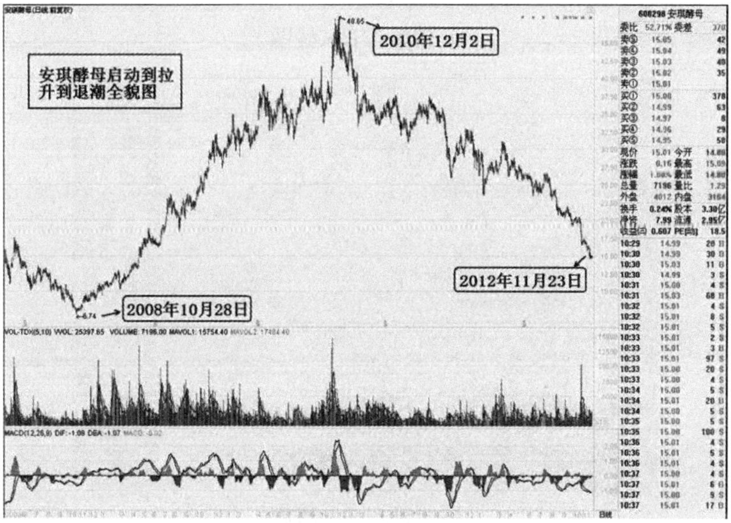

经过 2008 年暴跌，股指年底企稳进入小牛市的征程，中小盘成长性个股安琪酵母得到资金青睐而走牛。

牛股的爆发关键：快速成长期。

牛股的联动个股：维维股份、伊利股份、承德露露、星湖科技、天宝股份、南方食品、哈高科、三全食品、梅花集团。

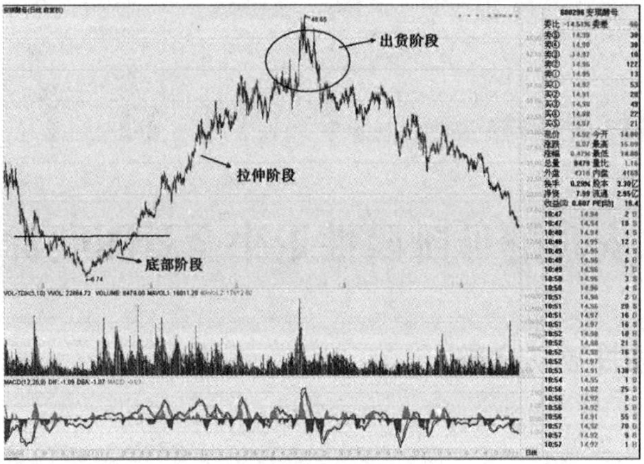

安琪酵母日K线图

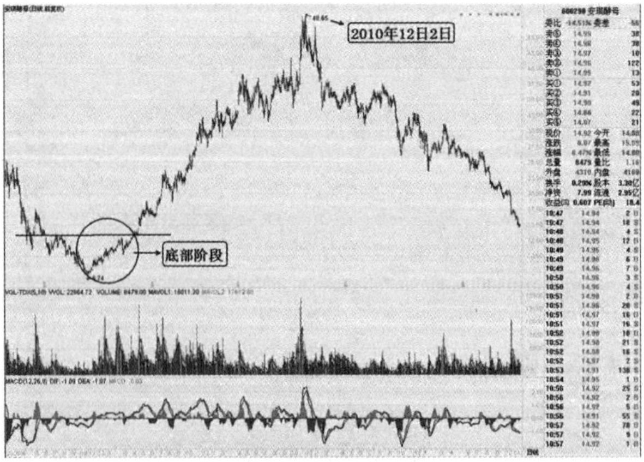

安琪酵母日K线图

点睛：交投气氛是观察行情变化的重要因素，尤其是在持续的低迷后出现成交量的质变时，往往是一个转折的信号。

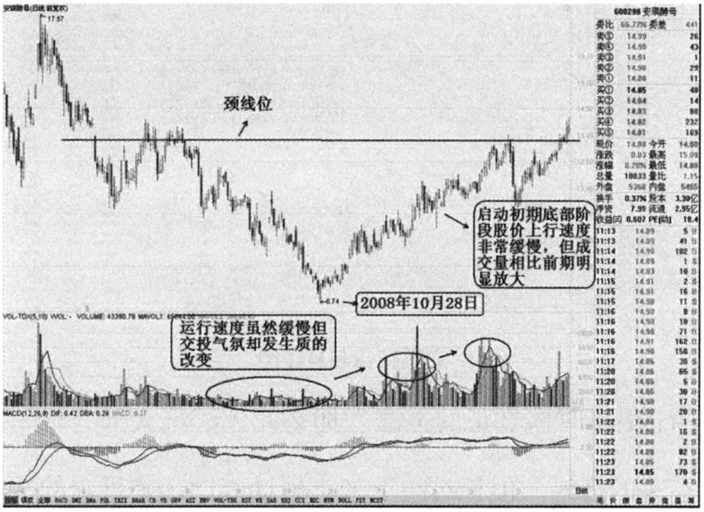
颈线位
启动初期底部阶段股价上行速度非常缓慢，但成交量相比前期明显放大
2008年10月28日
运行速度虽然缓慢但交投气氛却发生质的改变

安琪酵母日K线图

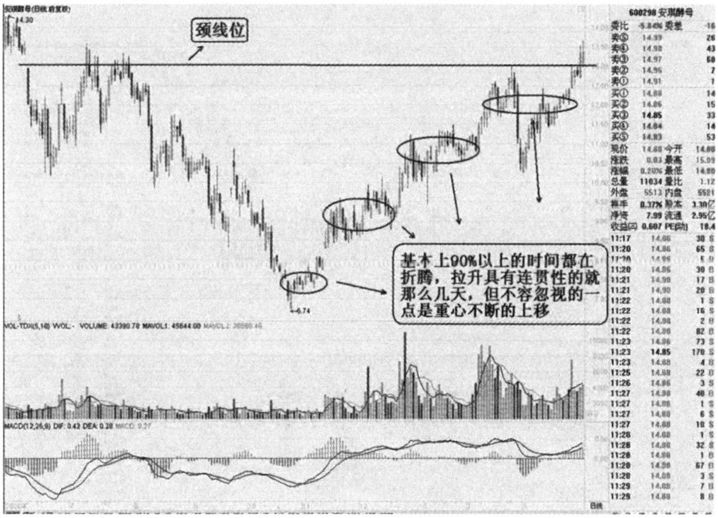
颈线位
基本上90%以上的时间都在折腾，拉升具有连贯性的就那么几天，但不容忽视的一点是重心不断的上移

安琪酵母日K线图

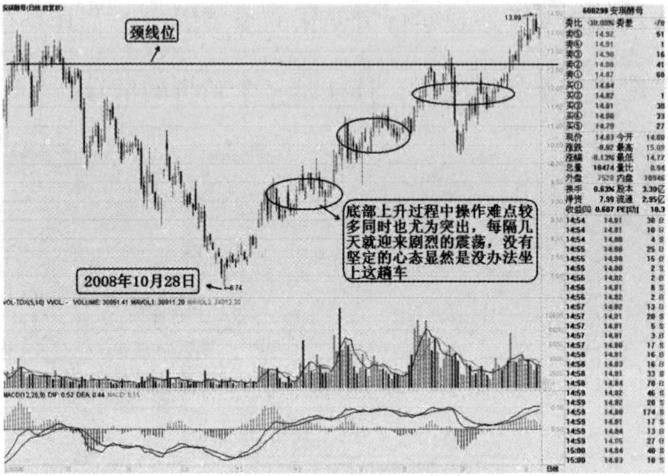
颈线位
底部上升过程中操作难点较多同时也尤为突出，每隔几天就迎来剧烈的震荡，没有坚定的心态显然是没办法坐上这趟车
2008年10月28日

安琪酵母日K线图

点睛：很多时候真正的上涨就那么几天，绝大部分时间基本上都处于震荡的格局，但长时间下来，累计涨幅却是可观的。这也就告诉我们，多份耐心及不频繁折腾的重要性。

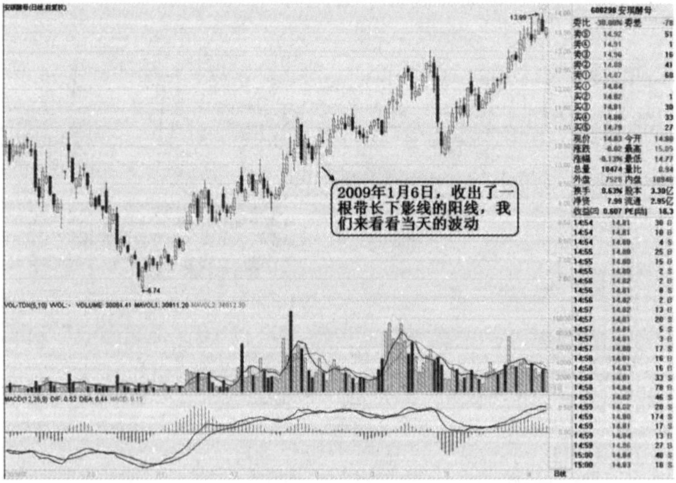
2009年1月6日，收出了一根带长下影线的阳线，我们来看看当天的波动

安琪酵母日K线图

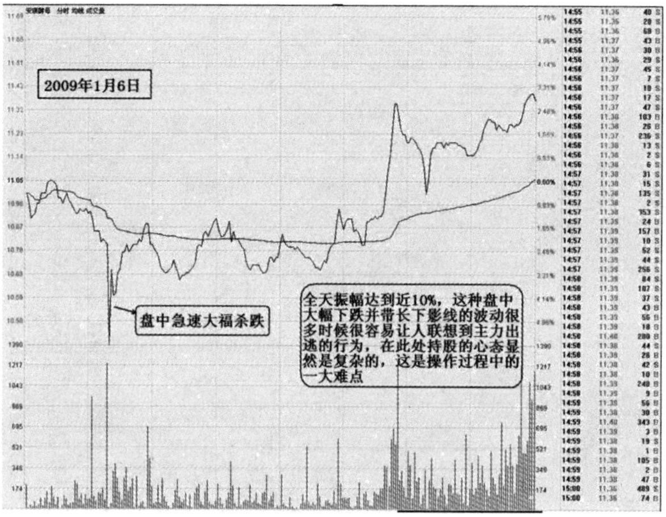
2009年1月6日
盘中急速大福杀跌
全天振幅达到近10%，这种盘中大幅下跌并带长下影线的波动很多时候很容易让人联想到主力出逃的行为，在此处持股的心态显然是复杂的，这是操作过程中的一大难点

安琪酵母分时图

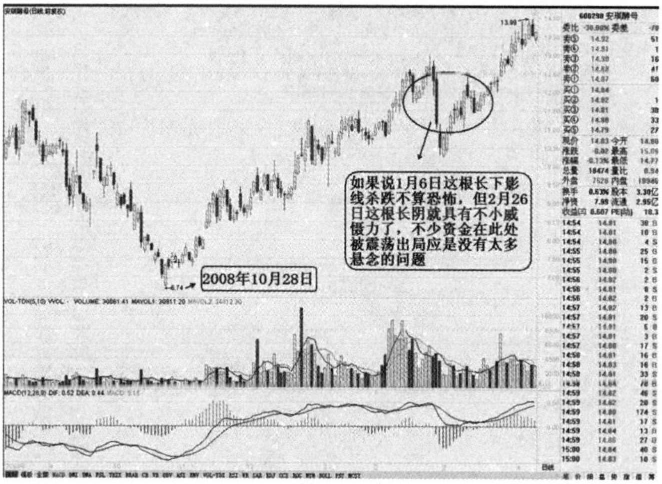
如果说1月6日这根长下影线杀跌不算恐怖，但2月26日这根长阴就具有不小威慑力了，不少资金在此处被震荡出局应是没有太多悬念的问题
2008年10月28日

安琪酵母日K线图

点睛：记住，当行情进入到上涨趋势周期，也即牛市周期时，慢涨快跌很多时候是常态，对于单日或几天的急速下跌不必过于忧虑。

2009年2月26日
就像断了线的风筝，直接往下栽，伴随着跳水资金落荒而逃，当时绝大部分资金的心理是上涨行情告一段落，这种大阴线的杀伤力是极大的

安琪酵母分时图

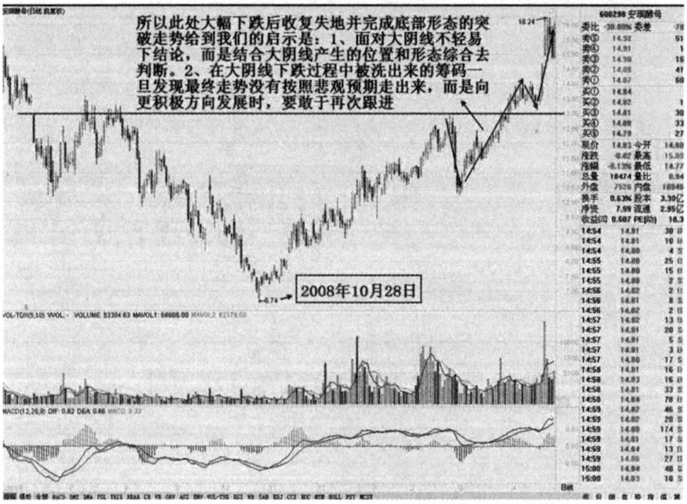
所以此处大幅下跌后收复失地并完成底部形态的突破走势给到我们的启示是：1、面对大阴线不轻易下结论，而是结合大阴线产生的位置和形态综合去判断。2、在大阴线下跌过程中被洗出来的筹码一旦发现最终走势没有按照悲观预期走出来，而是向更积极方向发展时，要敢于再次跟进
2008年10月28日

安琪酵母日K线图

小结：

其一，很多时候个股上行速度不流畅以及上涨力度不大时并不

代表行情的弱势，因为这还可能只是处于上涨的初级阶段，主升浪行情还没来。

其二，要想获取大的利润空间，要经得起市场的折腾和有大波段的思维。

其三，遇到突如其来的大阴线时，不轻易下结论，结合产生位置的形态综合去考虑。

其四，如股价没有按预期方向发展时，要及时认错并采取相对应的策略。

2. 牛股拉升阶段操作难点

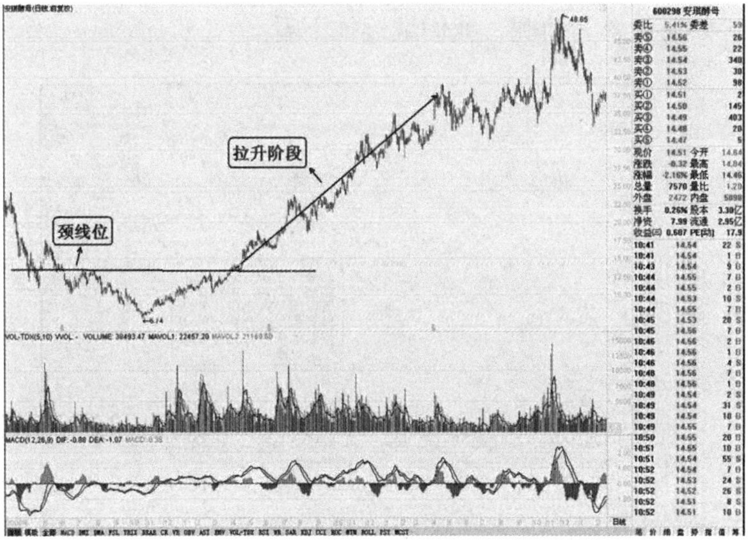

安琪酵母日K线图

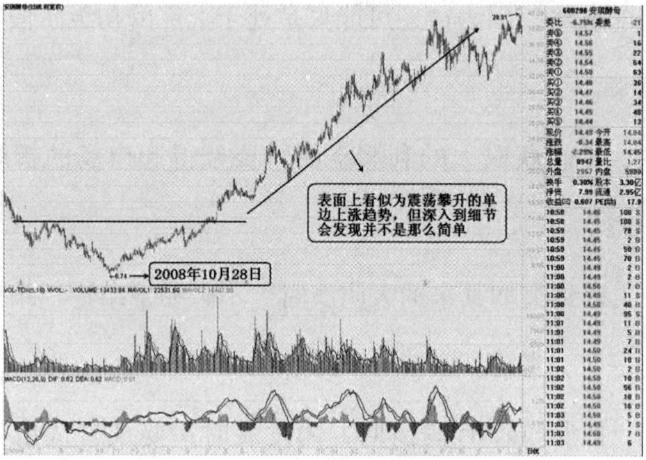
表面上看似为震荡攀升的单边上涨趋势，但深入到细节会发现并不是那么简单
2008年10月28日

安琪酵母日K线图

点睛：很多时候结论上看上去非常简单，但深入细节或身在其中，你会发现并不那么简单，但不论怎么复杂，化繁为简是应有的思路。如何化繁为简呢，我们继续往下看。

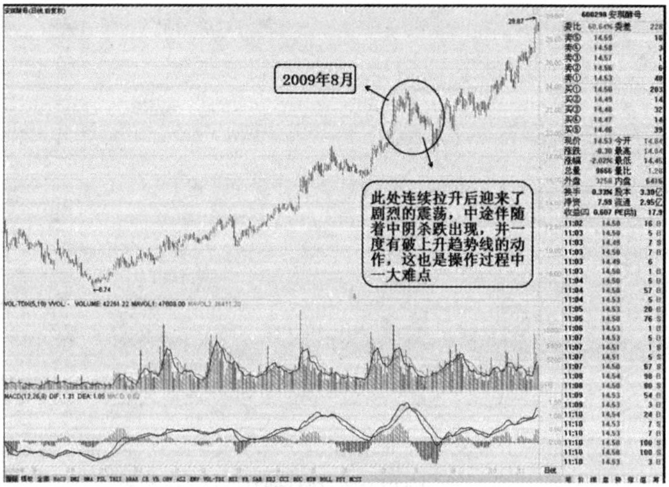
2009年8月
此处连续拉升后迎来了剧烈的震荡，中途伴随着中阴杀跌出现，并一度有破上升趋势线的动作，这也是操作过程中一大难点

安琪酵母日K线图

我们把上图圈中部分放大来看：

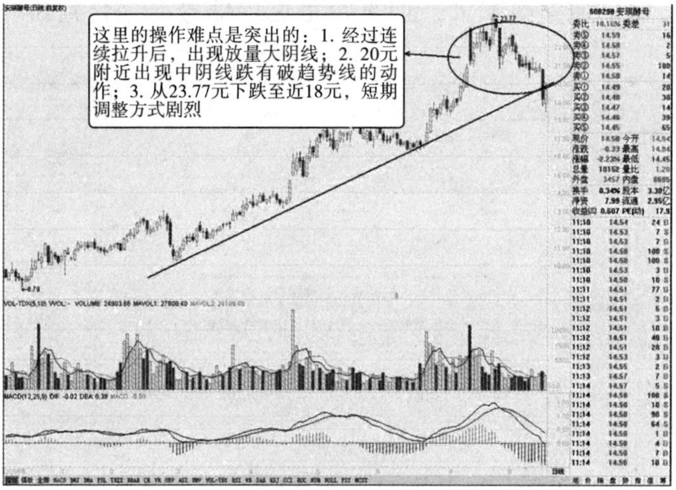
这里的操作难点是突出的：1. 经过连
续拉升后，出现放量大阴线；2. 20元
附近出现中阴线跌有破趋势线的动
作；3. 从23.77元下跌至近18元，短期
调整方式剧烈

安琪酵母日K线图

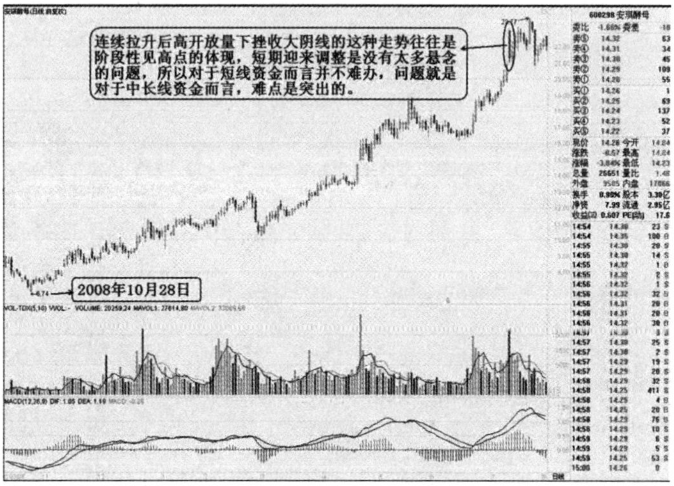
连续拉升后高开放量下挫收大阴线的这种走势往往是
阶段性见高点的体现，短期迎来调整是没有太多悬念
的问题，所以对于短线资金而言并不难办，问题就是
对于中长线资金而言，难点是突出的。
2008年10月28日

安琪酵母日K线图

点睛：连续拉升后的放量大阴线产生，往往是阶段性迎来震荡的信号，短期调整概率大，但是否是见顶信号需综合判断。

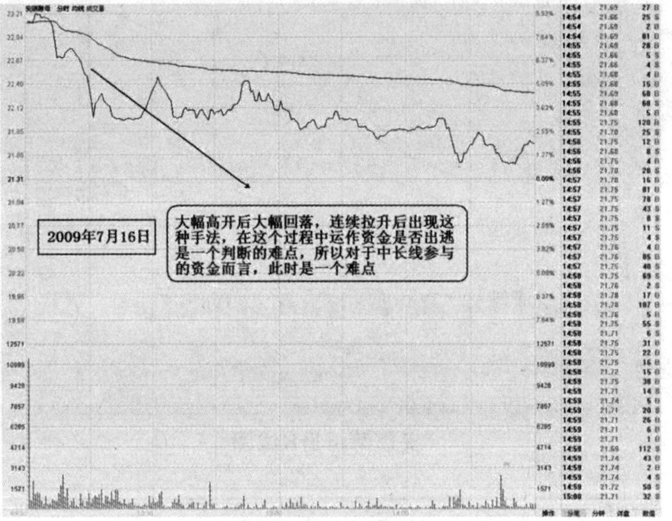
2009年7月16日
大幅高开后大幅回落，连续拉升后出现这
种手法，在这个过程中运作资金是否出逃
是一个判断的难点，所以对于中长线参与
的资金而言，此时是一个难点

安琪酵母分时图

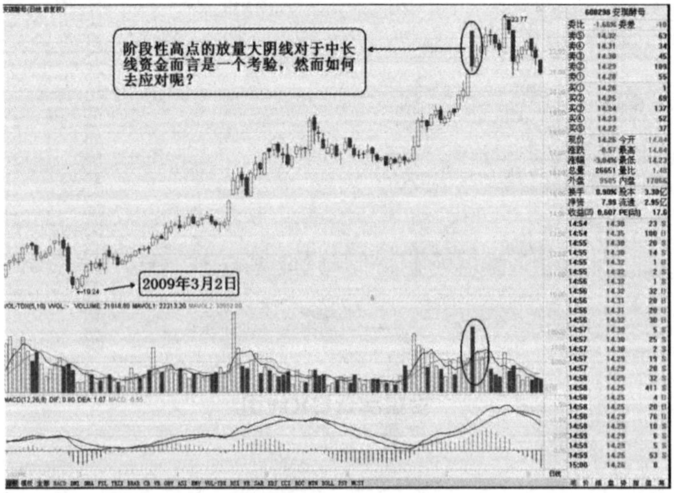
阶段性高点的放量大阴线对于中长
线资金而言是一个考验，然而如何
去应对呢？
2009年3月2日

安琪酵母日K线图

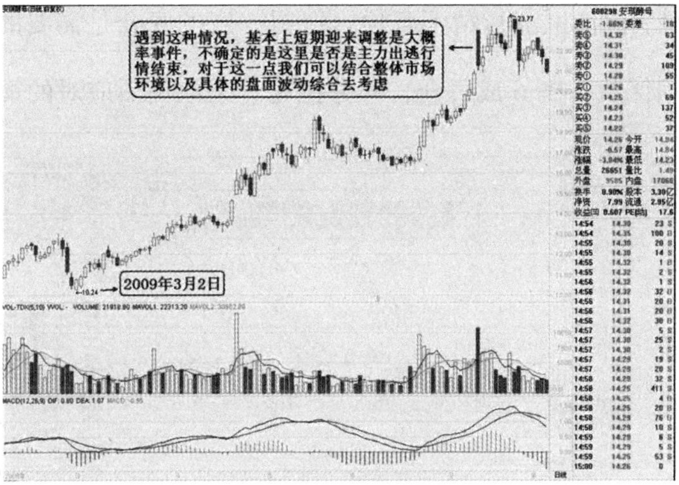
遇到这种情况，基本上短期迎来调整是大概率事件，不确定的是这里是否是主力出逃行情结束，对于这一点我们可以结合整体市场环境以及具体的盘面波动综合去考虑
2009年3月2日

安琪酵母日K线图

点睛：遇上放量大阴线我们不急于下结论，可以根据市场环境具体的盘面波动综合去判断。具体如何去应对呢，我们可以采取底仓和机动仓相结合的策略。

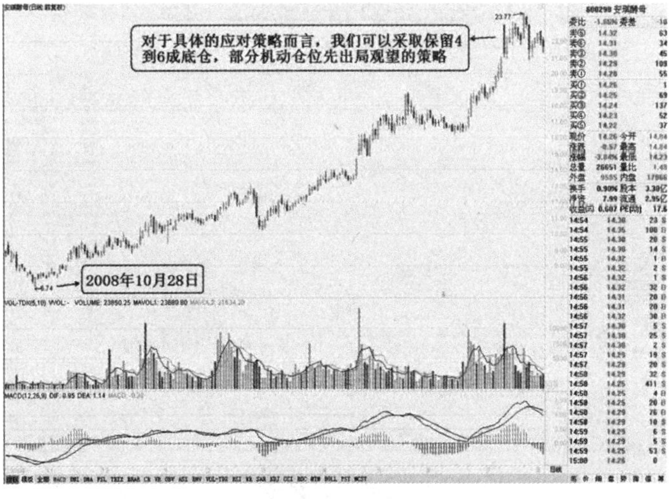
对于具体的应对策略而言，我们可以采取保留4到6成底仓，部分机动仓位先出局观望的策略
2008年10月28日

安琪酵母日K线图

点睛：记住上涨行情不言顶，保留一定的底仓是需要的，也即可以运用保留4到6成底仓，部分机动仓采取灵活应对的策略。

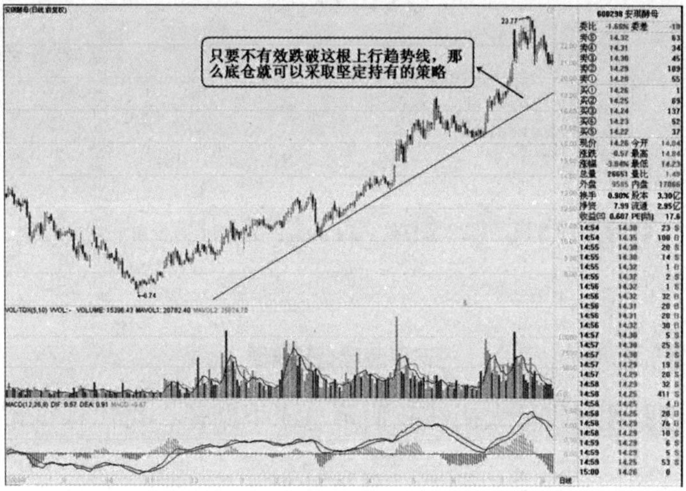
只要不有效跌破这根上行趋势线，那么底仓就可以采取坚定持有的策略

安琪酵母日K线图

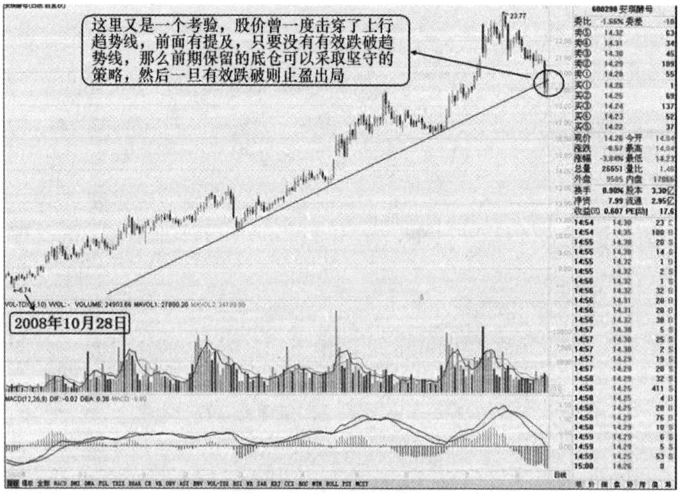
这里又是一个考验，股价曾一度击穿了上行趋势线，前面有提及，只要没有有效跌破趋势线，那么前期保留的底仓可以采取坚守的策略，然后一旦有效跌破则止盈出局
2008年10月28日

安琪酵母日K线图

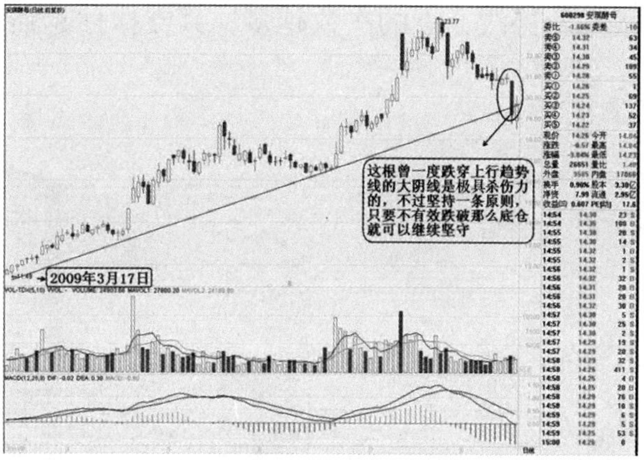
2009年3月17日
这根曾一度跌穿上行趋势线的大阴线是极具杀伤力的，不过坚持一条原则，只要不有效跌破那么底仓就可以继续坚守

安琪酵母日K线图

点睛：很多时候为了达到较为彻底的洗盘诱空目的，主力对一些关键的支撑位往往采取直接击穿的疯狂下杀动作，就如上图所示，一根大阴线当日直接击穿上行趋势线，并收盘在趋势线下方，这种动作显然是极具杀伤力的，但不管怎样要多份观察，关注其是否为有效破位。

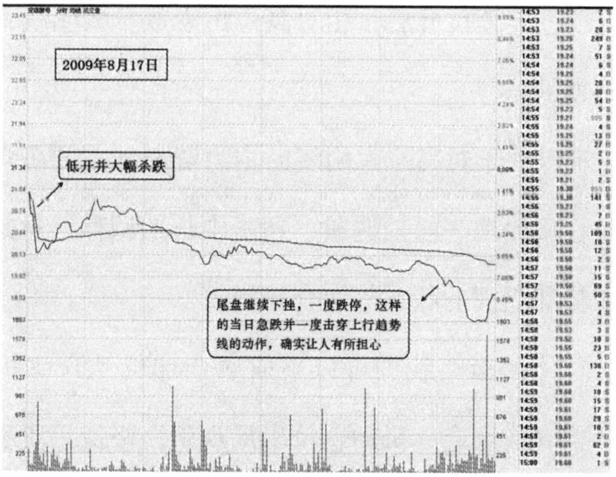
2009年8月17日
低开并大幅杀跌
尾盘继续下挫，一度跌停，这样的当日急跌并一度击穿上行趋势线的动作，确实让人有所担心

安琪酵母分时图

点睛：落在趋势线上点的次数越多，其支撑性越强，趋势线的作用也越有效。

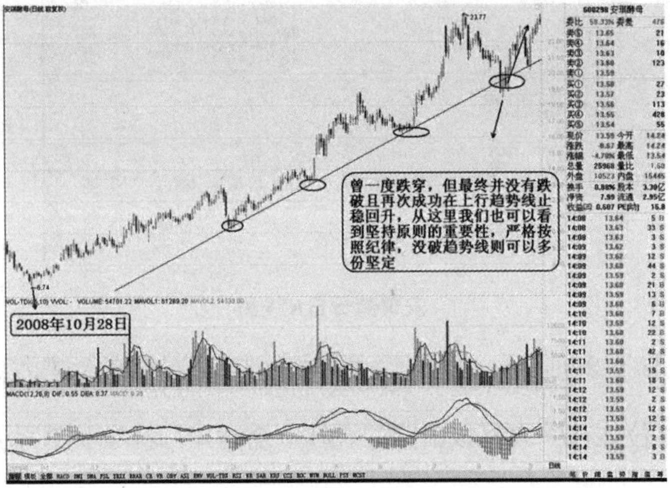
曾一度跌穿，但最终并没有跌破且再次成功在上行趋势线止稳回升，从这里我们也可以看到坚持原则的重要性，严格按照纪律，没破趋势线则可以多份坚定
2008年10月28日

安琪酵母日K线图

进入拉升阶段我们注意以下几点：

第一，经过连续拉升后，相对高位出现放量大阴线，往往是短期进入调整期的信号。

第二，难点在于对高位大阴线后主力资金动向的研判，这也就决定了调整性质是属于短期调整，还是中长期调整。对此我们可以结合整体大势和盘面的状态等综合研判。

第三，具体的策略我们可以采取底仓加机动仓位相配合的策略，保留 4 到 6 成底仓，机动仓位出局观望，坚持只要不破上升趋势的原则底仓就可以多份坚定。

第四，确认调整性质为短期调整后，机动仓位择机再次入场，继续吃大波段。

3. 牛股出货阶段操作难点和总结

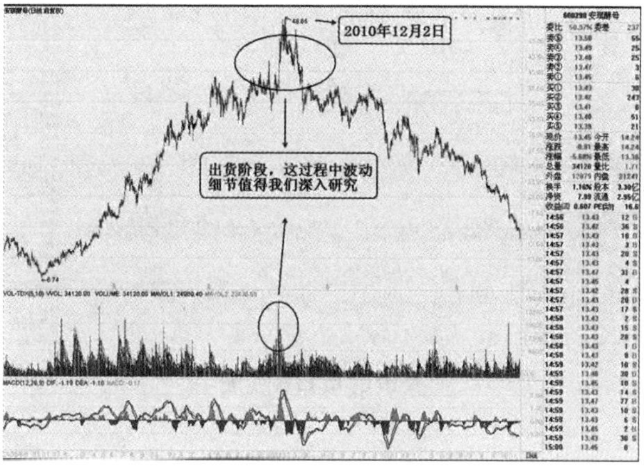
2010年12月2日
出货阶段，这过程中波动细节值得我们深入研究

安琪酵母日K线图

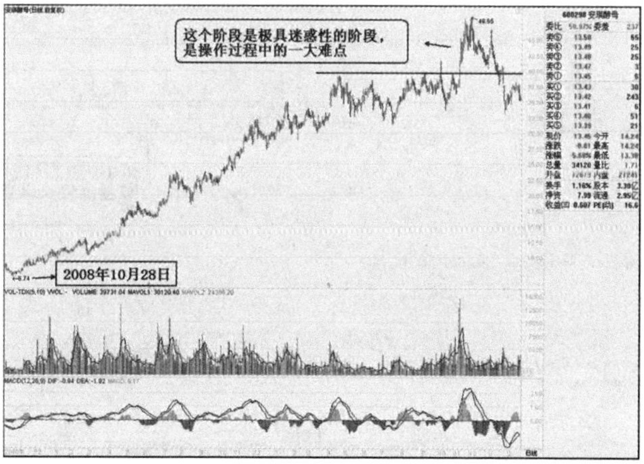
这个阶段是极具迷惑性的阶段，是操作过程中的一大难点
2008年10月28日

安琪酵母日K线图

我们把上述操作难点区域放大来看：

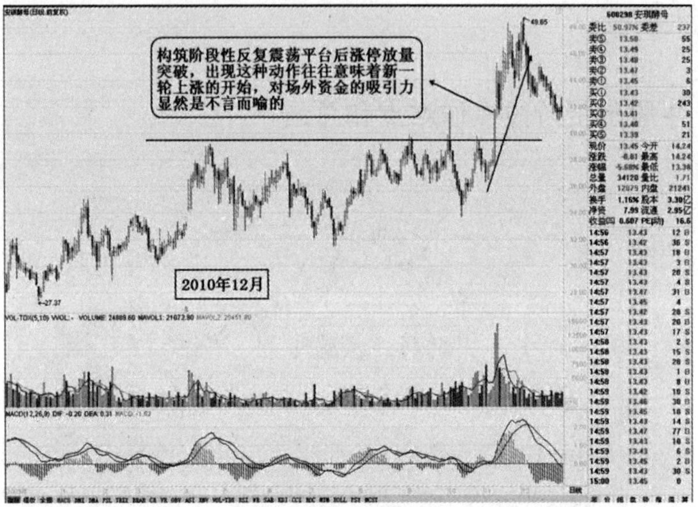
49.65
构筑阶段性反复震荡平台后涨停放量突破，出现这种动作往往意味着新一轮上涨的开始，对场外资金的吸引力显然是不言而喻的
2010年12月

安琪酵母日K线图

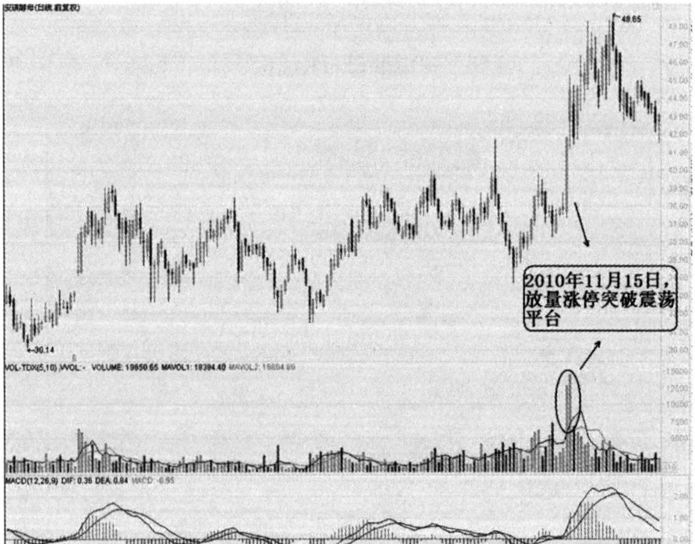
49.65
2010年11月15日，放量涨停突破震荡平台

安琪酵母日K线图

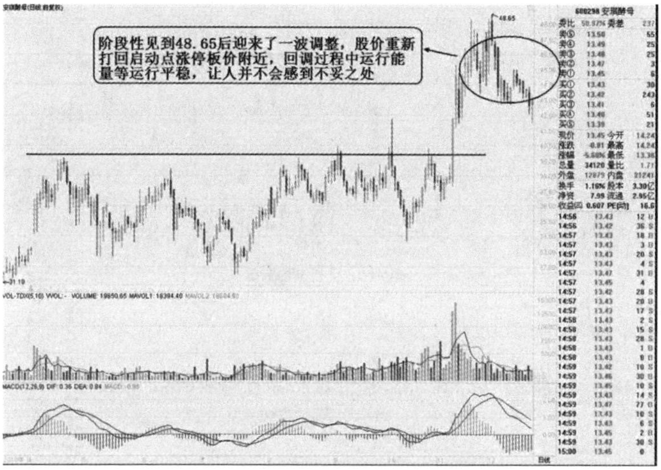
阶段性见到48.65后迎来了一波调整，股价重新打回启动点涨停板价附近，回调过程中运行能量等运行平稳，让人并不会感到不妥之处
600298 安琪酵母

安琪酵母日K线图

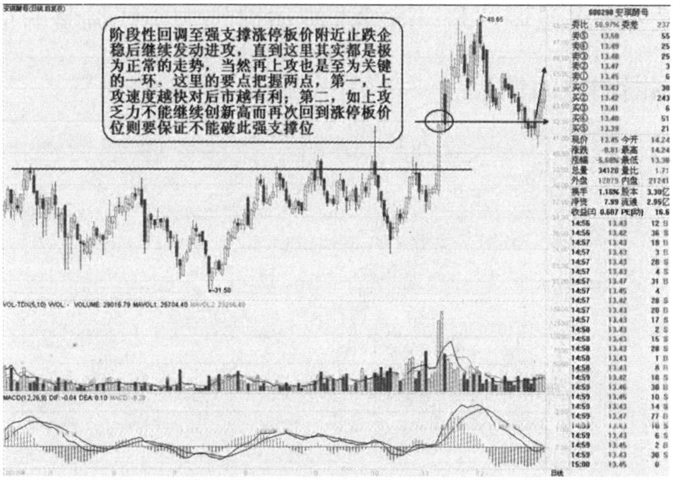
阶段性回调至强支撑涨停板价附近止跌企稳后继续发动进攻，直到这里其实都是极为正常的走势，当然再上攻也是至为关键的一环，这里的要点把握两点，第一，上攻速度越快对后市越有利；第二，如上攻乏力不能继续创新高而再次回到涨停板价位则要保证不能破此强支撑位
600298 安琪酵母

安琪酵母日K线图

点睛：这里两个问题至关重要：第一，回落之后的再上攻速度是极为重要的，其关系到上涨的延续性问题；第二，启动点涨停板价位是重要支撑位，这关系到突破是属于真突破还是假突破的问题。

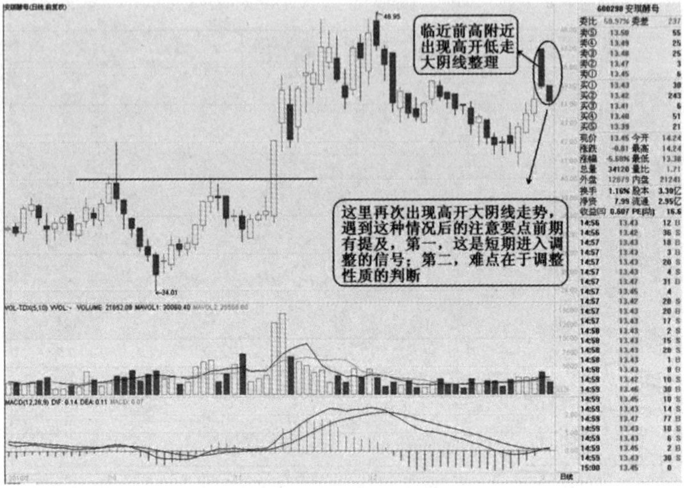
临近前高附近
出现高开低走
大阴线整理
这里再次出现高开大阴线走势，遇到这种情况后的注意要点前期有提及，第一，这是短期进入调整的信号；第二，难点在于调整性质的判断

安琪酵母日K线图

点睛：再次强调的是，连续上涨后遇到大阴线调整的信号，重点在于判断调整的性质。

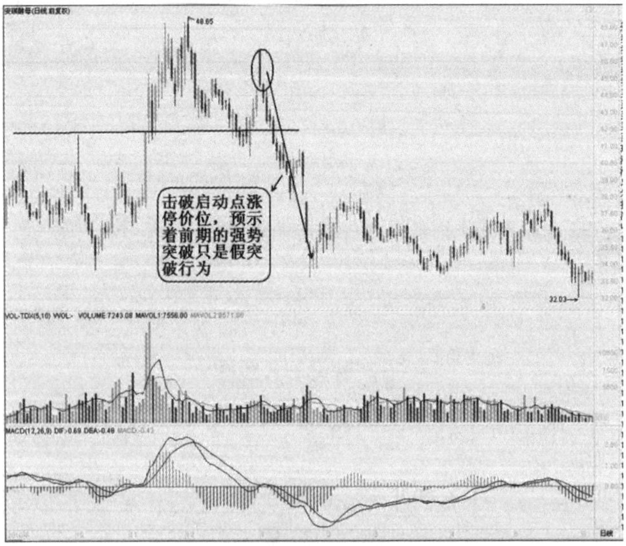
击破启动点涨停价位，预示着前期的强势突破只是假突破行为

安琪酵母日K线图

4. 牛股总结

阶段性牛股安琪酵母走势给我们以下启迪：

其一，很多时候个股上行速度不流畅以及上涨力度不大时并不代表行情的弱势，因为这可能还只是处于上涨的初级阶段，主升浪行情还没来。

其二，要想获取大的利润空间，要经得起市场的折腾和有大波段的思维。

其三，遇到突如其来的大阴线时，不轻易下结论，结合其产生的位置的形态综合去考虑。

其四，如股价没有按预期方向发展时要及时认错并采取相对应的策略。

进入拉升阶段我们注意以下几点：

第一，经过连续拉升过后，相对高位出现放量大阴线往往意味短期进入调整期的信号。

第二，难点在于高位大阴线后主力资金动向的研判，这也就决定了调整性质是属于短期调整还是中长期调整。对此我们可以结合整体大势和盘面的状态等综合研判。

第三，具体的策略我们可以采取底仓加机动仓位相配合的策略，保留 4 到 6 成底仓，机动仓位出局观望，坚持只要不破上升趋势的原则底仓就可以多份坚定。

第四，确认调整性质为短期调整后，机动仓位择机再次入场，继续吃大波段。

对于阶段性强势上攻突破行为，享受拉升的同时，也需关注突破的有效性问题，关键在于生命线（视具体情况而定）的得失情况，站在生命线以上多份持股的勇气，但一旦有效破位生命线，果断出局。

案例5：开元仪器经典涨停狙击

1. 思考点：大格局形态切入

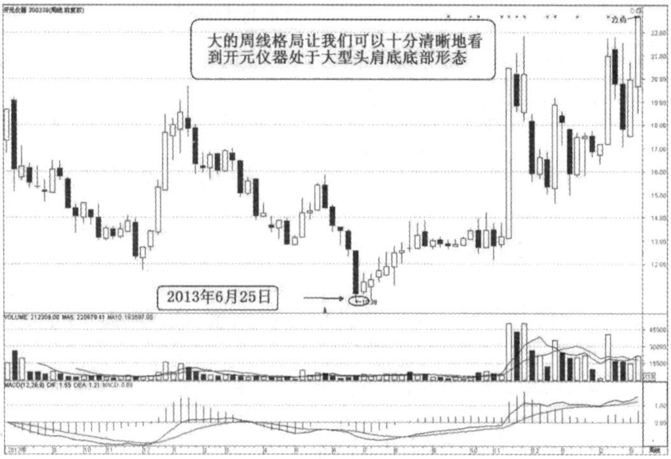
大的周线格局让我们可以十分清晰地看到开元仪器处于大型头肩底底部形态
2013年6月25日

开元仪器周K线图

从上面周线形态入手让我们有站在高处一览众山小的感觉，因此形态格局从周 K 线入手比较明了。

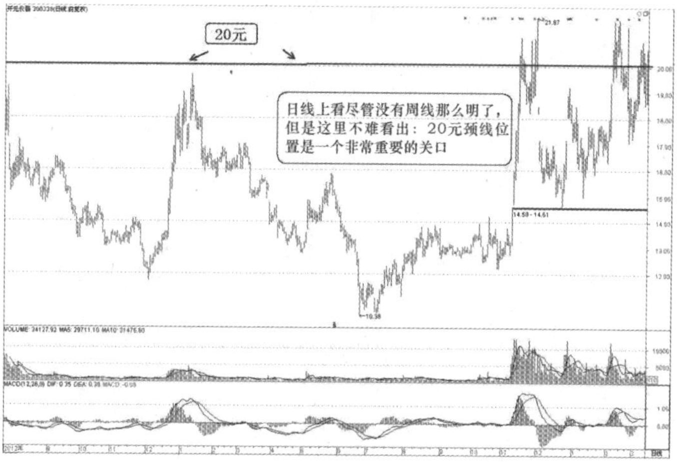
20元
日线上看尽管没有周线那么明了，但是这里不难看出：20元预线位置是一个非常重要的关口

开元仪器日K线图

从周线大格局形态进一步演绎到日线级别，我们会得到更多不一样的收获。

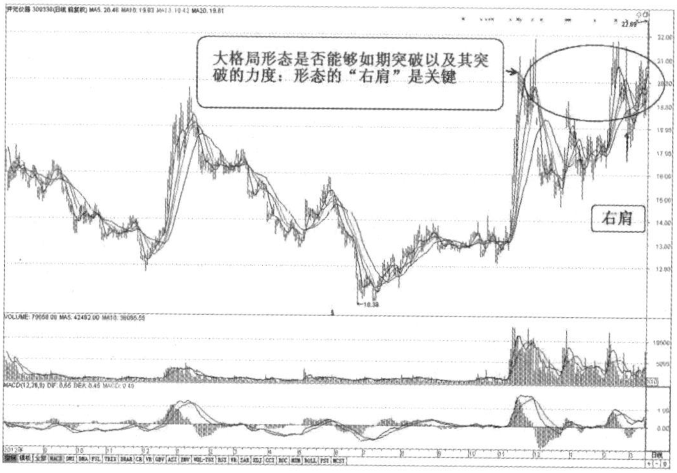
大格局形态是否能够如期突破以及其突破的力度：形态的“右肩”是关键
右肩

开元仪器日K线图

一般来说，市场个股或者指数，其形态尤其是底部是否真正构筑成功，其“类似”底部形态的右肩是值得我们重点研究的。

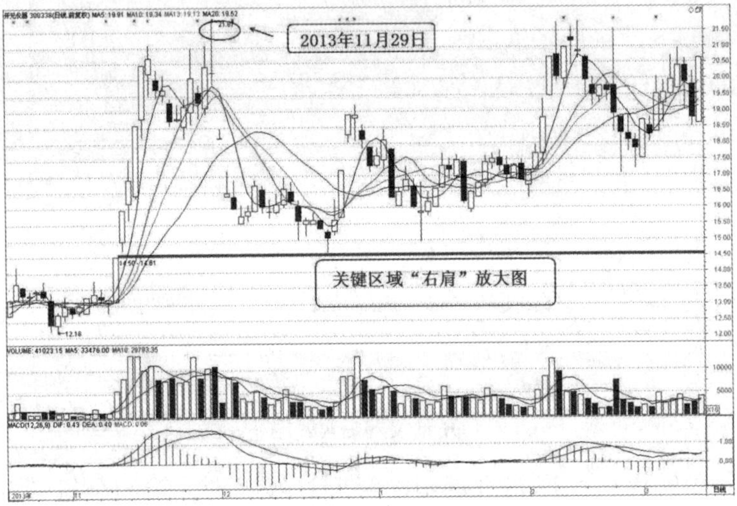
2013年11月29日
关键区域“右肩”放大图

开元仪器日**K**线图

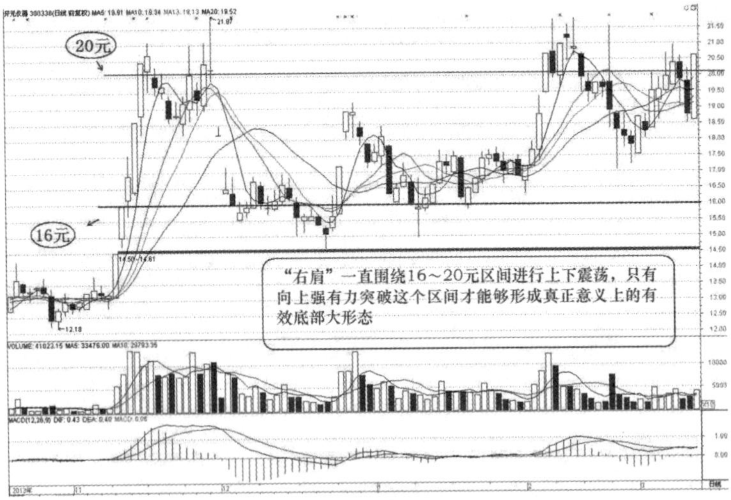
20元
16元
“右肩”一直围绕16～20元区间进行上下震荡，只有向上强有力突破这个区间才能够形成真正意义上的有效底部大形态

开元仪器日**K**线图

开元仪器“大型底部”形态的“右肩”一直处于区间震荡，这是好事，在某种程度上反映主力在这个阶段不断蓄势吸筹。

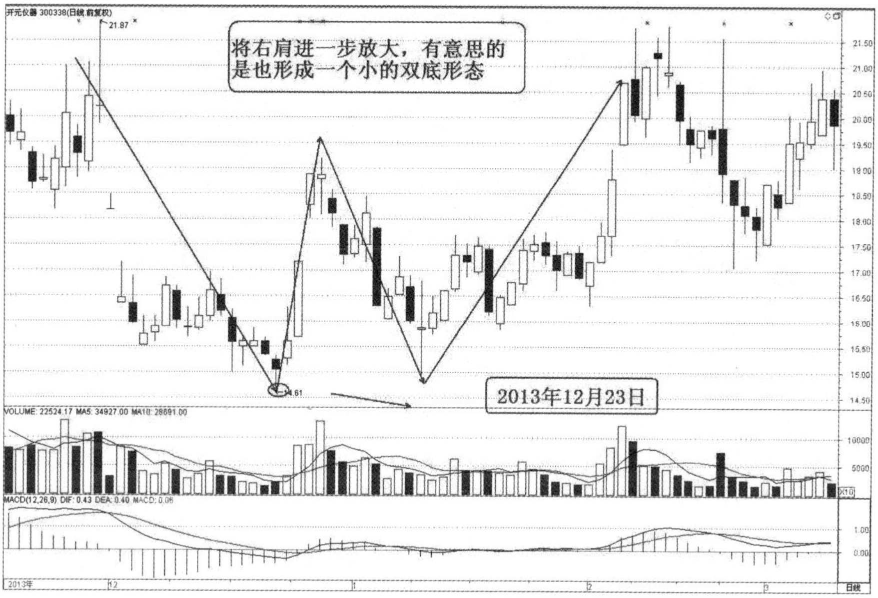
将右肩进一步放大，有意思的是也形成一个小的双底形态
2013年12月23日

开元仪器日K线图

“右肩”又构筑成了一个双底部形态，我们大致可以辨别由“一大”和“一小”两个双底形态构成。

2. 思考点：缺口理论

缺口尤其是强势突破性缺口，一般情况来说，只要不回补，后市有继续走强的态势。

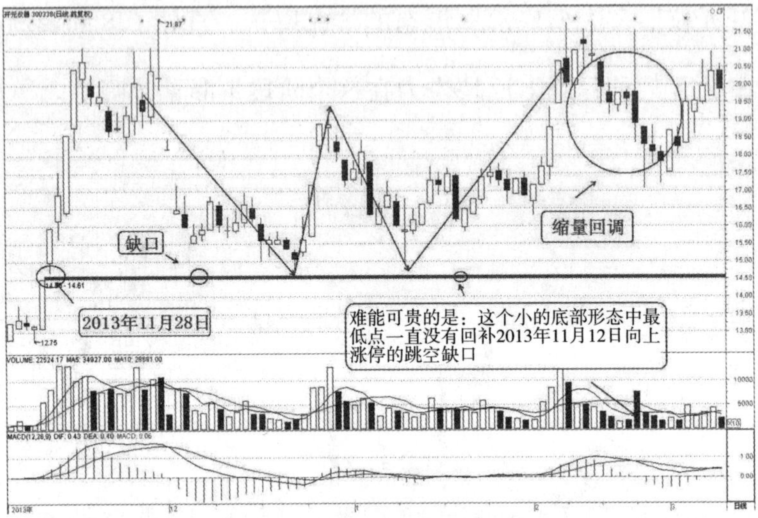
缺口
2013年11月28日
缩量回调
难能可贵的是：这个小的底部形态中最低点一直没有回补2013年11月12日向上涨停的跳空缺口

开元仪器日K线图

3. K 线的奥妙

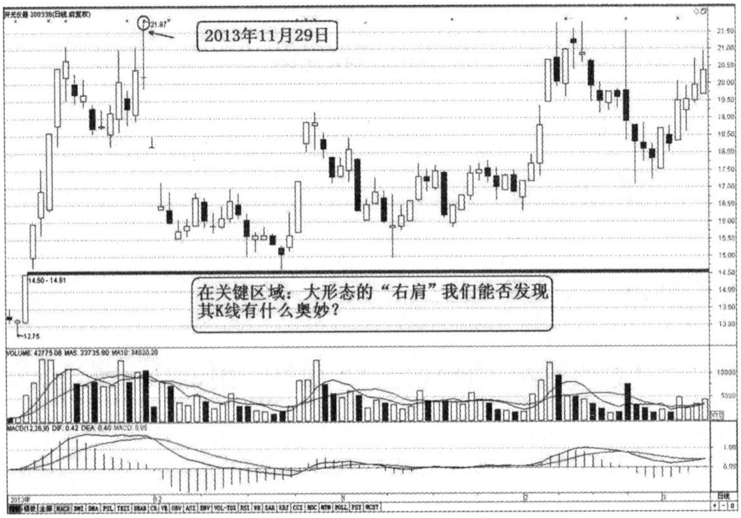
2013年11月29日
在关键区域：大形态的“右肩”我们能否发现其K线有什么奥妙？

开元仪器日K线图

从开元仪器“右肩”这个关键我们可以发现其K线非常有意思，我们仔细看，可以发现其“右肩”震荡区域不断有大阳K线甚至也有许多涨停板K线，这直接反映了在“右肩”震荡区间内，开元仪器的股性相当活跃，也间接勾勒出主力吸筹之时留下的蛛丝马迹。

4. 长上影线魅力

在第一部分长上影线战法我们就提到过，现在再次重温一下。

一般来说股价处在大调整阶段的中期底部、拉升阶段初期或者拉升波段中期，当天股价盘中高开高走放量攻击，但股价冲高之后，主力却在盘中实施回头波打压震荡盘跌。全天量比1倍以上，换手率在5%以内，振幅在7%以上。股价在盘中反复盘跌后，最终以一根带长上影K线报收。收盘时，股价当天仍然保持在1%～3%左右的涨跌幅。当这种K线结构出现在拉升阶段初期、上升波段中期或者大调整阶段的中期底部时，我们定义其为较好条件的长上影线。

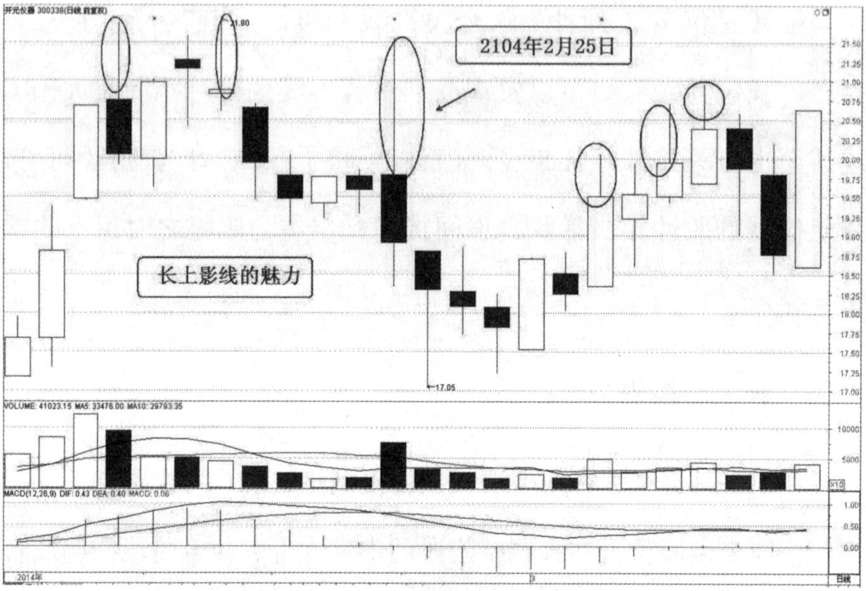

开元仪器日K线图

从主力思维角度来看，出现在阶段性的中期底部，是主力展开向上攻击性试盘的动作，意在测试盘面筹码的稳定度，同时发出进一步加大建仓力度的操盘信号指令。如果当天反复盘跌的即时图形中，出现典型的冲击波型结构，则是主力打压建仓的重要特征。

上面开元仪器在大形态“右肩”部分出现过类似许多这样的长上影线，这也是主力不断试探长期压力位置留下的烙印。

5. 题材热点角度

李克强：雾霾已成重大民生问题 铁腕加铁规治污

2014-03-13 12:11:00　来源: 中国新闻网(北京)　有0人参与　分享到

视频：李克强谈向污染宣战：要铁腕治污加铁规治污　来源：CCTV新闻

中新网3月13日电 国务院总理李克强今日在中外记者会上谈及雾霾问题时表示，“许多人早晨一起来，就打开手机查看PM2.5的数值，这已经成为重大的民生问题。”要铁腕治污加铁规治污，对那些违法偷排、伤天害人的行为，政府绝不手软，要坚决予以惩处。

13日上午，国务院总理李克强在人民大会堂三楼金色大厅会见采访十二届全国人大二次会议的中外记者并回答记者提出的问题。

李克强说，要向雾霾等污染宣战，这是因为这是社会关注的焦点问题。许多人早晨一起来，就打开手机查看PM2.5的数值，这已经成为重大的民生问题。

“我们说要向雾霾等污染宣战，可不是说向老天爷宣战，而是要向我们自身粗放的生产和生活方式来宣战。”李克强表示，我们去年出台了国务院治理大气污染的十条措施，在161 个城市进行PM2.5数值的监测，这在发展中国家是最多的。

2014 年 3 月 13 日（也正是操作买入开元仪器那天）新闻中，李克强总理提到：雾霾已成重大民生问题铁腕加铁规治污，其中提到今年主动加压，加大降耗力度，也就是确定能源消耗强度要下降 3.9%，而去年实际完成是下降 3.7%，这意味着要减少 2.2 亿吨煤炭消耗。

长沙开元仪器股份有限公司致力于煤质检测仪器装备的研发、生产和销售，在煤质检测采、制、化仪器装备方面拥有关键技术和自主知识产权，是我国煤质检测领域产业化水平最高、技术水平最先进、产品品种最齐全的专业煤质分析仪器装备制造厂商。公司于2012年在深交所创业板上市（简称“开元仪器”,股票代码300338）、

公司位于国家级长沙技术开发区，1992年成立，占地120余亩；为了科学、系统、全面地解决好煤质管理过程中的各种问题，科研产品从最初关注的煤质化验领域，延伸到环保制样、全自动机械化采样和燃煤信息化管理领域，并以其在煤质全面精细化管理的领先优势蜚声全球，产品国内市场份额第一，产品目前已出口至30多个国家。

公司一直大力建造行业内超一流的煤质检测仪器装备生产平台，引入了行业内首屈一指的现代化生产设备和工艺技术，引进了先进的PDM、ERP系统，依靠先进的制造工艺、精良的加工机械装备、完善的检测手段和严格的质量保证体系，不断提升产品品质，打造了开元较强的竞争力。

从上图开元仪器的公司网站上我们不难发现，其在煤质检测采、制、化仪器装备方面拥有关键技术和自主知识产权，是我国煤质检测领域产业化水平最高、技术水平最先进、产品品种最齐全的专业煤质分析仪器装备制造厂商。一连用了几个“最”可见其行业地位是多么突出；在煤质检测采、制、化仪器装备方面国内市场份额第一，可见是煤质检测方面的绝对龙头。我们需要切记：题材炒作一旦开始，其龙头的拉升力度与带领作用是其他非龙头个股不可比的。

另外，公司 5E-APS 全自动智能制样系统在国电集团已经有大量订单。智能全自动制样系统的成功研制是开元仪器具有里程碑意义的大事件，该系统的推出有望在国内掀起一场煤炭制样模式的绿色革命，推动煤炭制样设备向智能化、模块化和绿色化方向发展。

6. 功夫在细微：盘口的异动

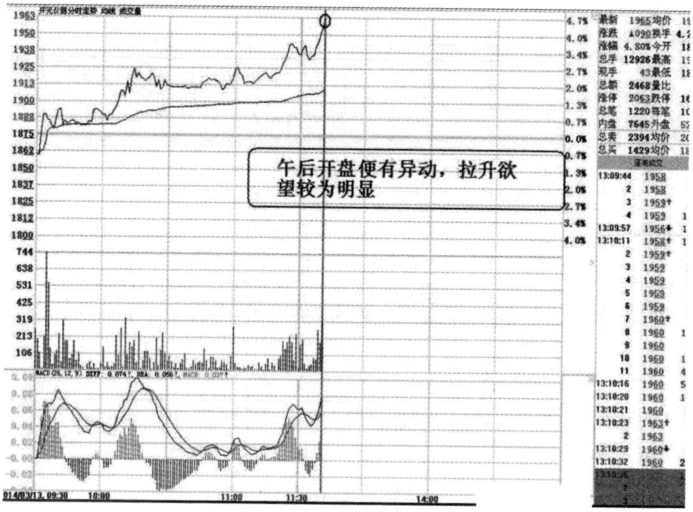
午后开盘便有异动，拉升欲望较为明显

开元仪器分时图

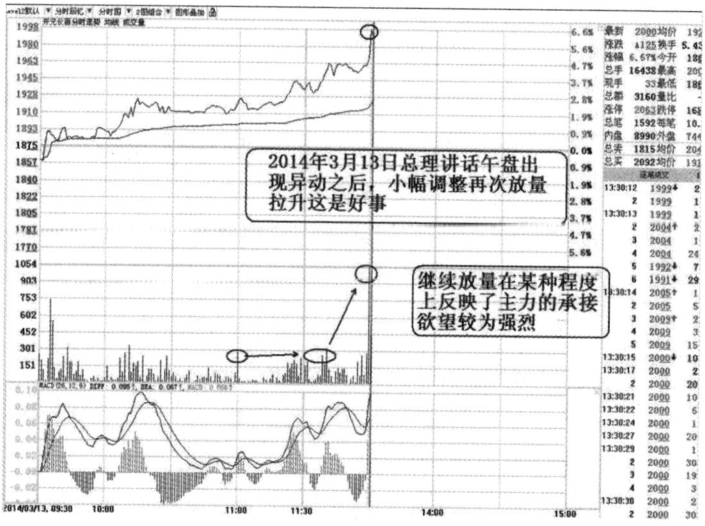
2014年3月13日总理讲话午盘出现异动之后，小幅调整再次放量拉升这是好事
继续放量在某种程度上反映了主力的承接欲望较为强烈

开元仪器分时图

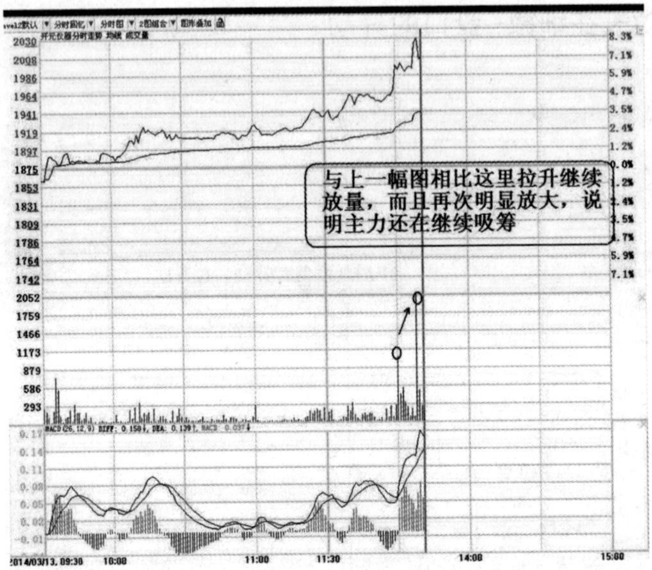
与上一幅图相比这里拉升继续放量，而且再次明显放大，说明主力还在继续吸筹

开元仪器分时图

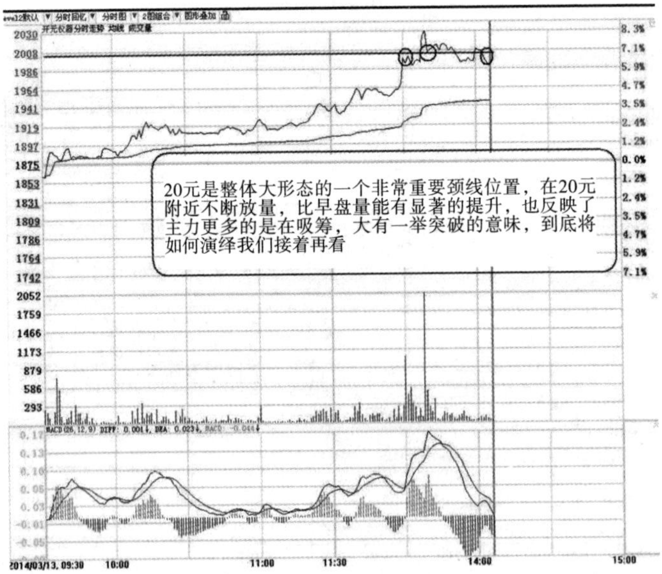
20元是整体大形态的一个非常重要颈线位置，在20元附近不断放量，比早盘量能有显著的提升，也反映了主力更多的是在吸筹，大有一举突破的意味，到底将如何演绎我们接着再看

开元仪器分时图

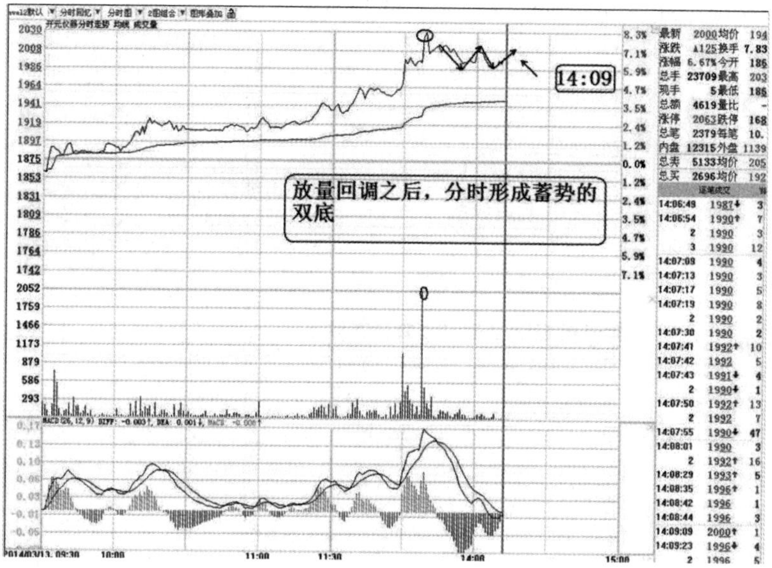
14:09
放量回调之后，分时形成蓄势的双底

开元仪器分时图

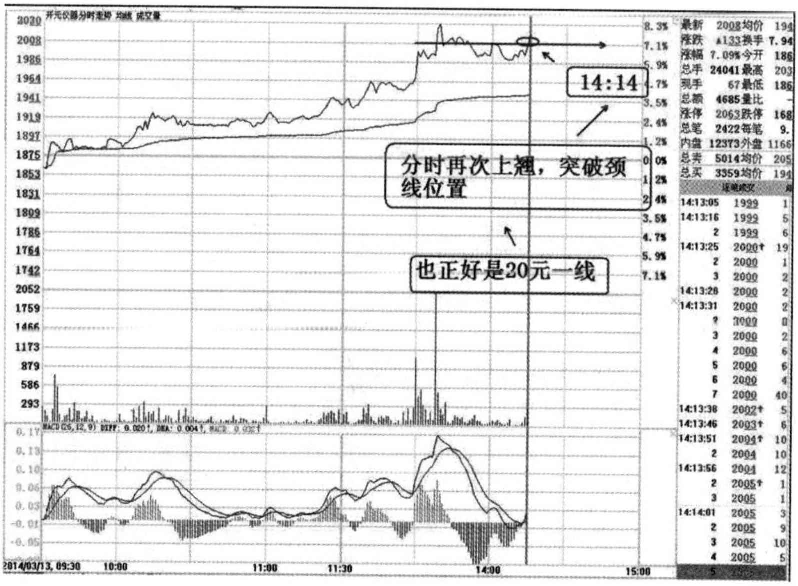
14:14
分时再次上翘，突破颈线位置
也正好是20元一线

开元仪器分时图

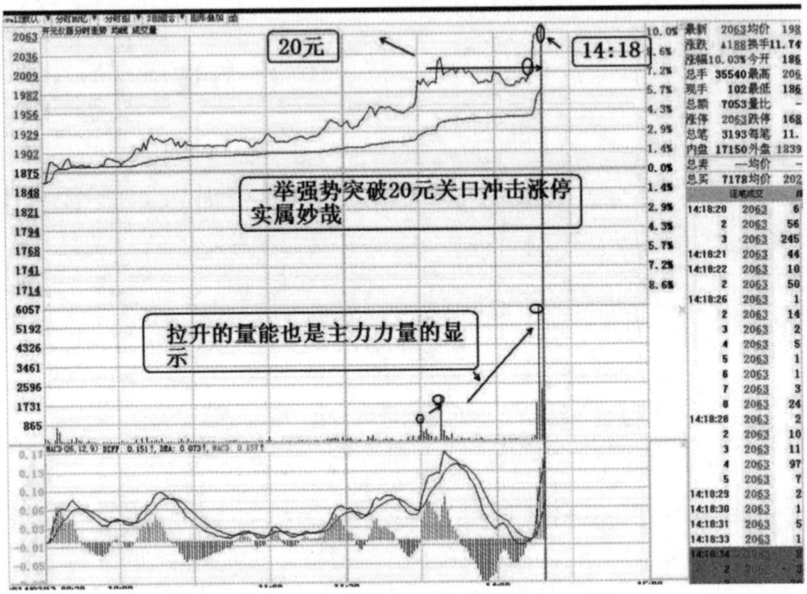
20元
14:18
一举强势突破20元关口冲击涨停实属妙哉
拉升的量能也是主力力量的显示

开元仪器分时图

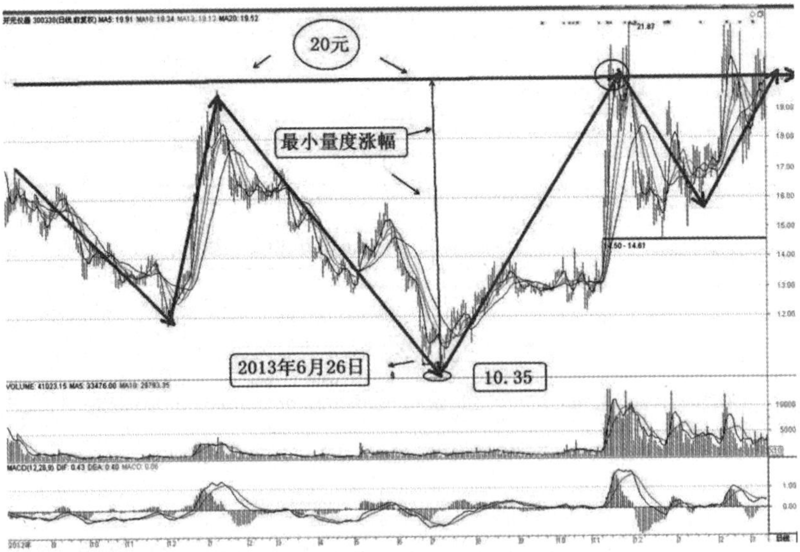
20元
最小量度涨幅
2013年6月26日
10.35

开元仪器日K线图

根据头肩底的量度涨幅：一旦形成正式突破其股价至少要上涨到 29.65 元。

具体算法：（20−10.35）+20=29.65，也就是有至少有 48.25% 的上涨空间。

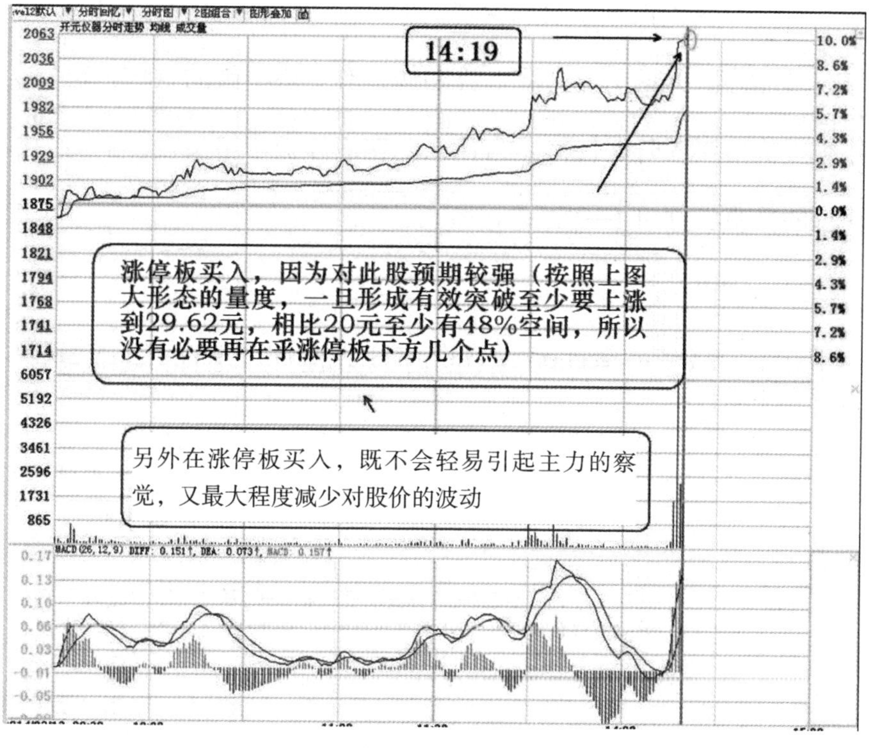
开元仪器分时走势 均线 成交量
14:19
涨停板买入，因为对此股预期较强（按照上图大形态的量度，一旦形成有效突破至少要上涨到29.62元，相比20元至少有48%空间，所以没有必要再在乎涨停板下方几个点）
另外在涨停板买入，既不会轻易引起主力的察觉，又最大程度减少对股价的波动

开元仪器分时图

委托日期	委托时间	委托编号	证券代码	证券名称	买卖标志	委托价格	委托数量	成交价格	成交数量	成交金额	成交日期	成交时间
2014-03-13	14:19:42	AL693890	300338	开元仪器	买入	20.630	[redacted]	20.630	[redacted]		2014-03-13	14:19:49

2013 年 3 月 13 日 12 点 10 分，大量媒体转载了李克强总理的重要讲话：主动加压，加大降耗力度。也就是确定能源消耗强度要

下降。而开元仪器正是煤质分析仪器装备的龙头，尤其是其生产的5E-APS 全自动智能制样系统在国电集团已经有大量订单。该系统的推出有望在国内掀起一场煤炭制样模式的绿色革命，推动煤炭制样设备向智能化、模块化和绿色化方向发展。2013 年 3 月 13 日下午开盘开元仪器便开始有所异动，直至强势突破 20 元长期压力关口放量涨停。可见主力这波来势汹汹大有一举突破的意味，于是在涨停板价格买入开元仪器（为什么要在涨停板价格买入，上图中有详细的分享，这里不做重复）。

卖出理由：

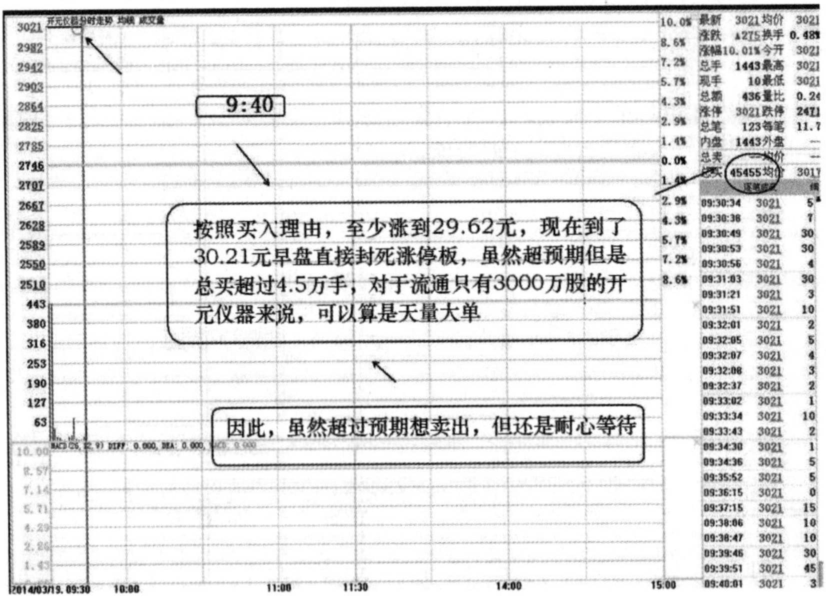
开元仪器分时走势 均线 成交量
9:40
按照买入理由，至少涨到29.62元，现在到了30.21元早盘直接封死涨停板，虽然超预期但是总买超过4.5万手，对于流通只有3000万股的开元仪器来说，可以算是天量大单
因此，虽然超过预期想卖出，但还是耐心等待
2014/03/19, 09:30
10:00
11:00
11:30
14:00
15:00

开元仪器分时图

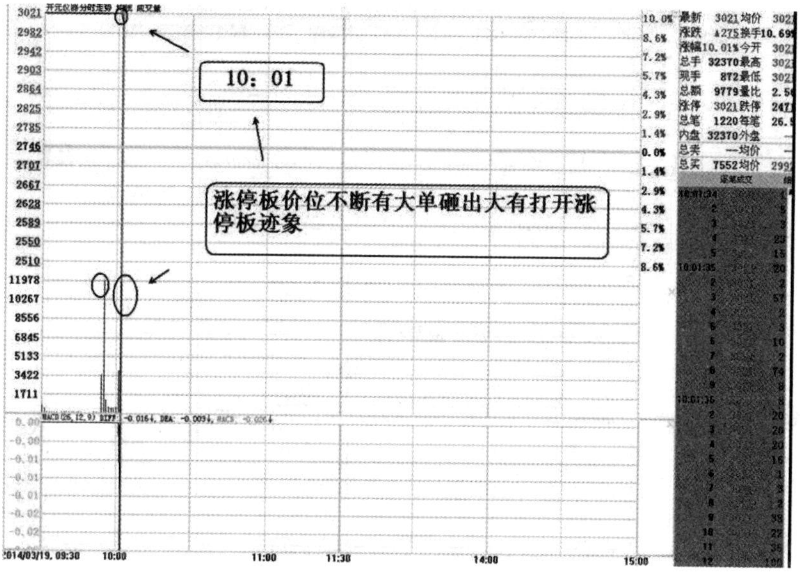
10：01
涨停板价位不断有大单砸出大有打开涨停板迹象

开元仪器分时图

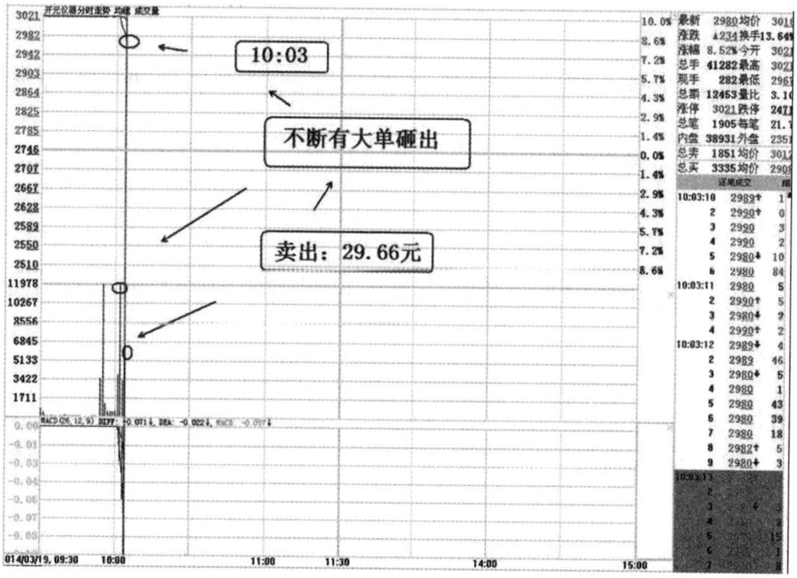
10:03
不断有大单砸出
卖出：29.66元

开元仪器分时图

委托日期	委托时间	委托编号	证券代码	证券名称	买卖标志	委托价格	委托数量	成交价格	成交数量	成交金额	成交日期	成交时间
2014-03-19	10:03:49	AL111647	300338	开元仪器	卖出	29.660	[redacted]	29.682	[redacted]		2014-03-19	10:03:48

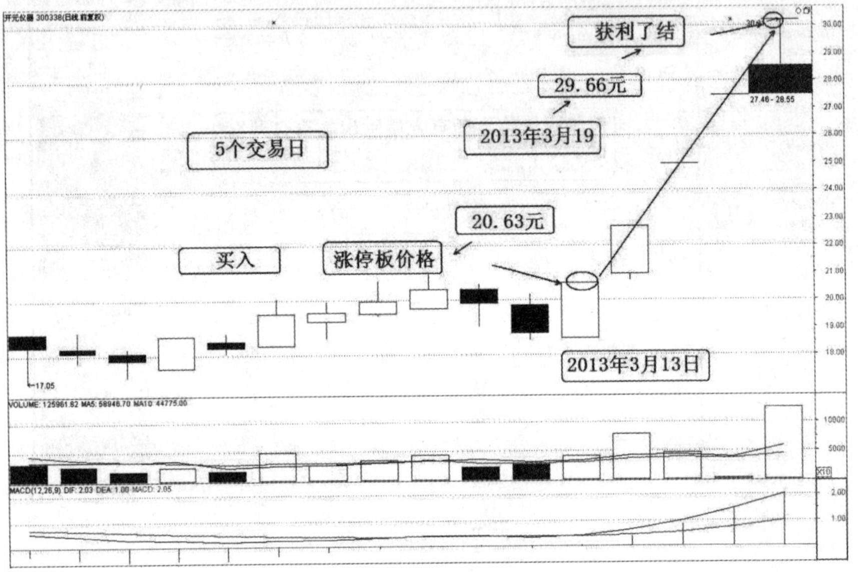

开元仪器日K线图

根据我买入的理由，对于预期是按照双底的量度涨幅大致到29.65元。五个交易日就超过了我的要求，拉升四个涨停板，股价从20.63元上涨到最高点30.21元。上涨之神速完全超过我的预期，于是选择一打开涨停板就进行获利了结，五个交易日收获43.7%的收益率。

第六章

险象环生

——陷阱逃离策略

案例1：中水渔业——严格执行既定策略，侥幸心理不可有

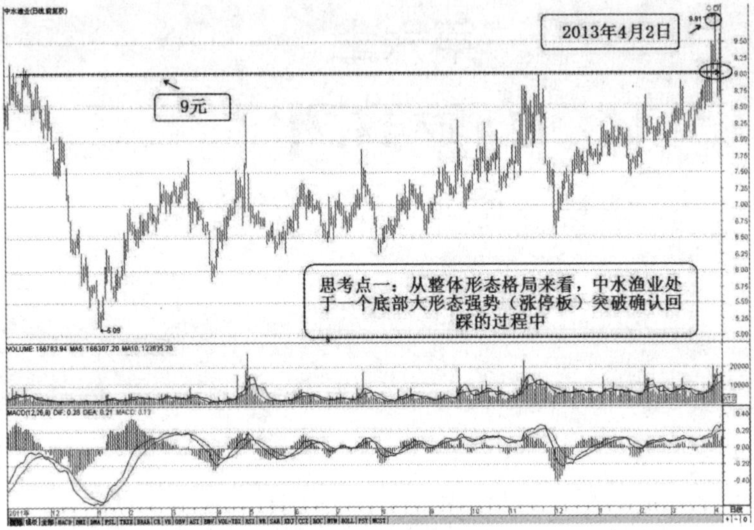
2013年4月2日
9元
思考点一：从整体形态格局来看，中水渔业处于一个底部大形态强势（涨停板）突破确认回踩的过程中

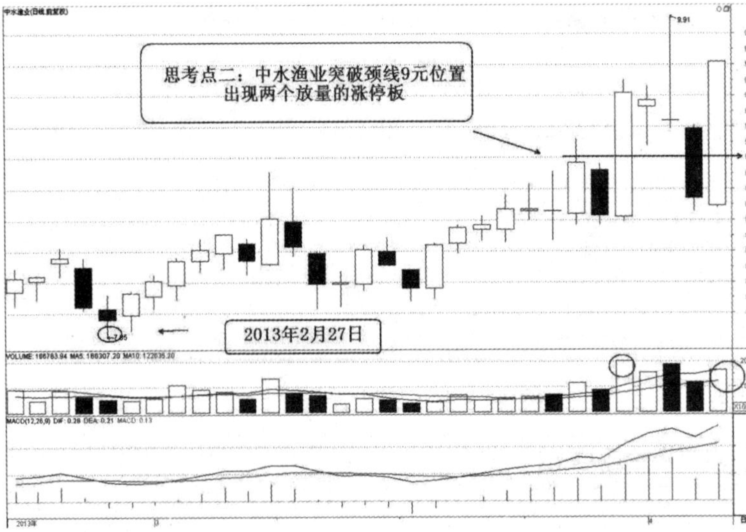
思考点二：中水渔业突破颈线9元位置出现两个放量的涨停板
2013年2月27日

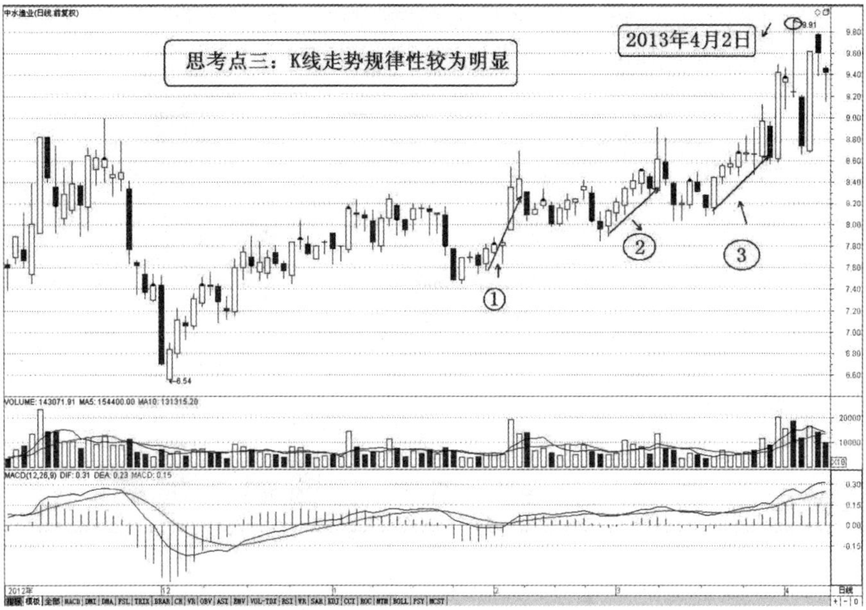

【2012-11-20】【出处】金证顾问

中水渔业(000798)：背靠央企 资产整合极具空间

公司目前是远洋捕捞作业的唯一一家上市公司，公司主要业务有远洋渔业捕捞、产品加工、储运、水产品贸易，渔船、渔机等渔需物资的进出口，对外经济技术和劳务合作等。公司在国内有分公司3家，全资公司1家，参股公司1家，在海外有独资、合资公司和办事处11家，公司拥有各种类型的远洋渔轮和运输船舶57艘，主要分布在北太平洋、南大西洋、印度洋和西南太平洋，常年进行大洋性远洋捕捞生产和经营。

背靠央企，树大好乘凉。公司大股东中国农业发展集团总公司是国务院120家大型试点企业集团，是国资委直接管理的中央企业，在我国农业领域具有重要的地位和作用。中农发集团作为全国规模最大、综合性、国际化的国有中央农业企业，做大做强是国资委的要求，也是集团公司的战略构想。因此推进企业改革，进一步调整优化产业结构，合理配置资源，提高核心竞争力，是中农发集团必由之路。中农发集团的三大产业构成中，远洋捕捞及农业资源开发位列第一。远洋捕捞业在集团业务中占据重要地位，未来的资源整合也变得顺理成章。

资产整合进展较慢，但未来发展空间较大。公司高层曾表示大股东将在适当的时候把远洋渔业中的最优秀资产注入到上市公司里，市场对此关注已久。中农发旗下另一块远洋捕捞业资产，为中国水产总公司，水产总公司远洋捕捞作业，以西班牙拉斯基地为作业指挥中心。中国水产总公司捕捞作业与运输补给配套完备，自成体系，拥有各类捕捞作业、运输补给船只260多艘，在大西洋、印度洋、太平洋、南极等海域作业，主要捕捞品种为金枪鱼、硬体鱼、软体鱼、甲壳类等，年捕获量达10万吨，规模几乎是中水渔业的十倍。如果此资产能择机注入上市公司，中水渔业将发生实质性的变化。

思考点四：1、唯一性
2、资产注入预期

从上图中水渔业F10中业内点评我们不难看出，中水渔业是远洋捕捞作业领域唯一上市公司，另外有资产注入预期，一旦成功注入的话对上市公司整个资产的重新估值将有翻天覆地的变化。

中水渔业	20130410	09:45:56	买入	9.410	[redacted]	1859913	150097	000798	0107202914

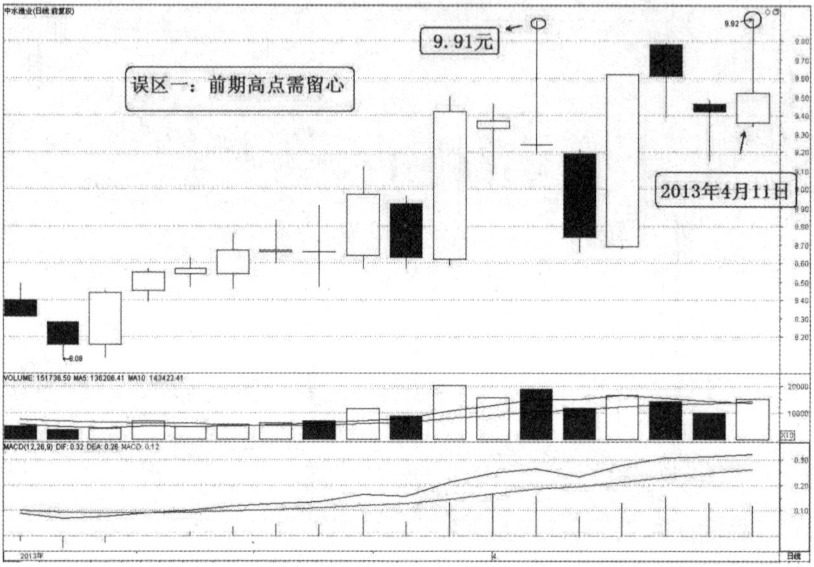

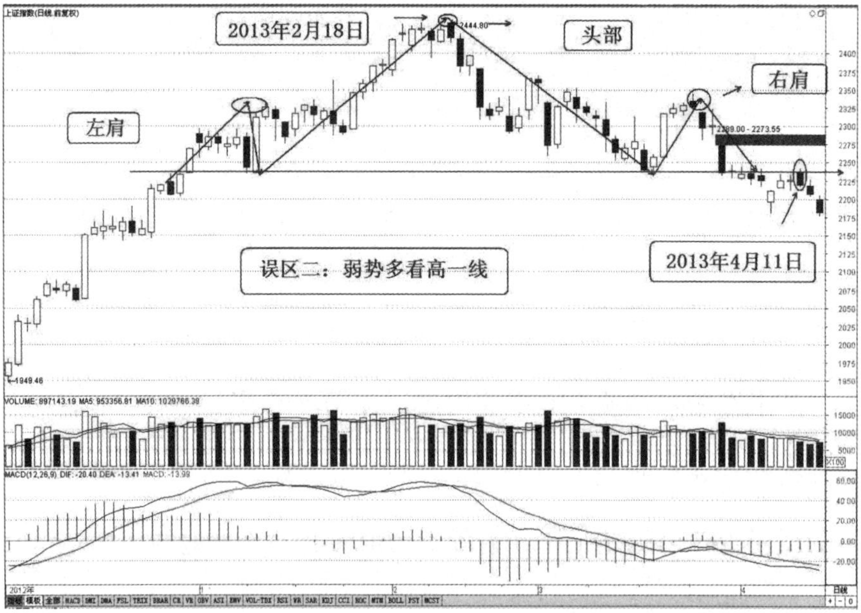

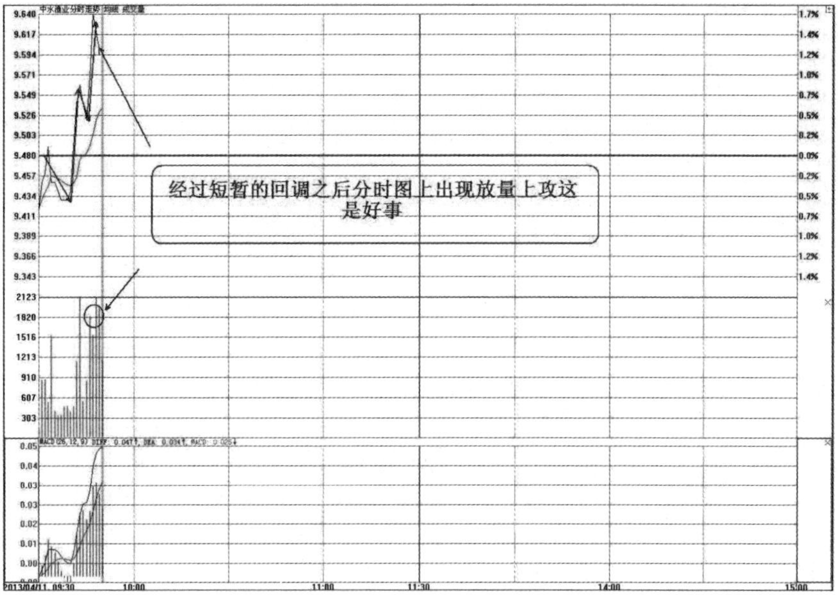
经过短暂的回调之后分时图上出现放量上攻这是好事

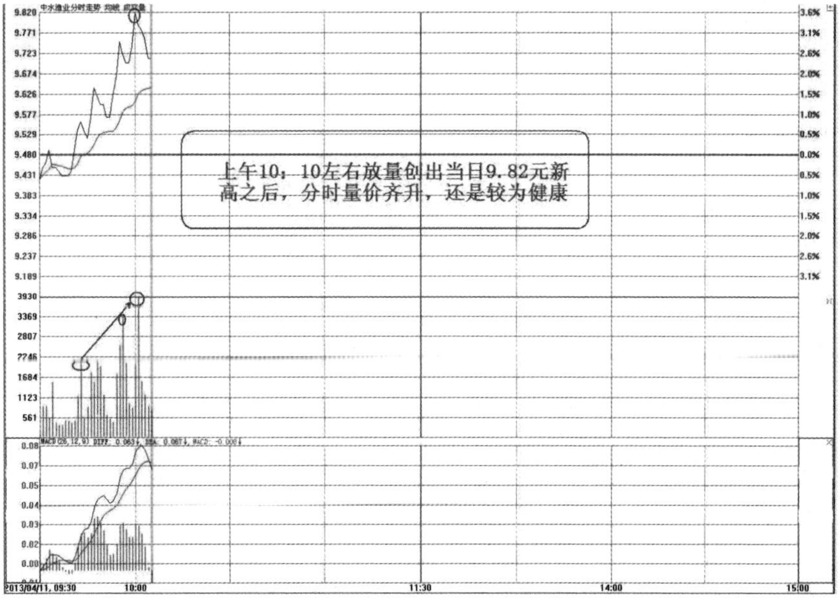
上午10：10左右放量创出当日9.82元新高之后，分时量价齐升，还是较为健康

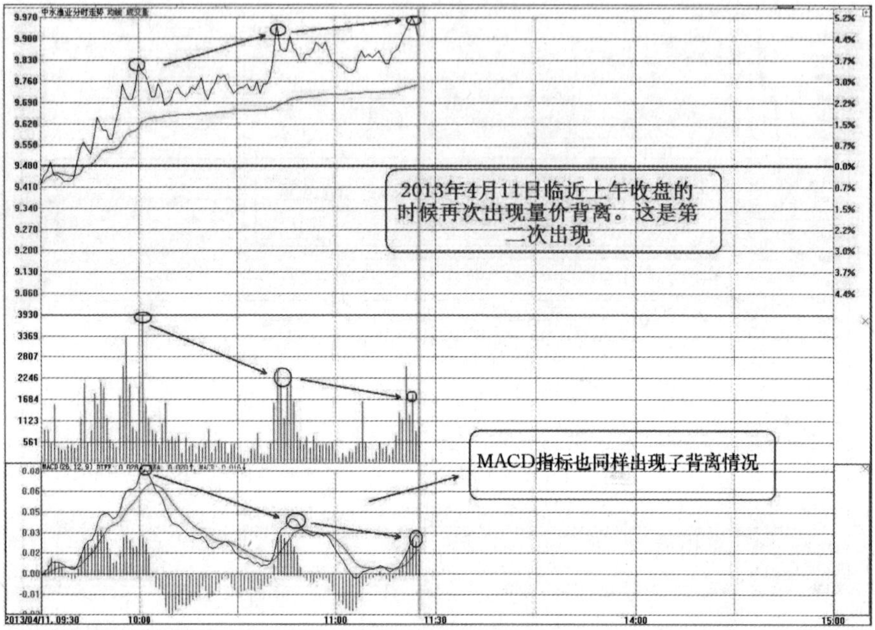
2013年4月11日临近上午收盘的时候再次出现量价背离。这是第二次出现
MACD指标也同样出现了背离情况

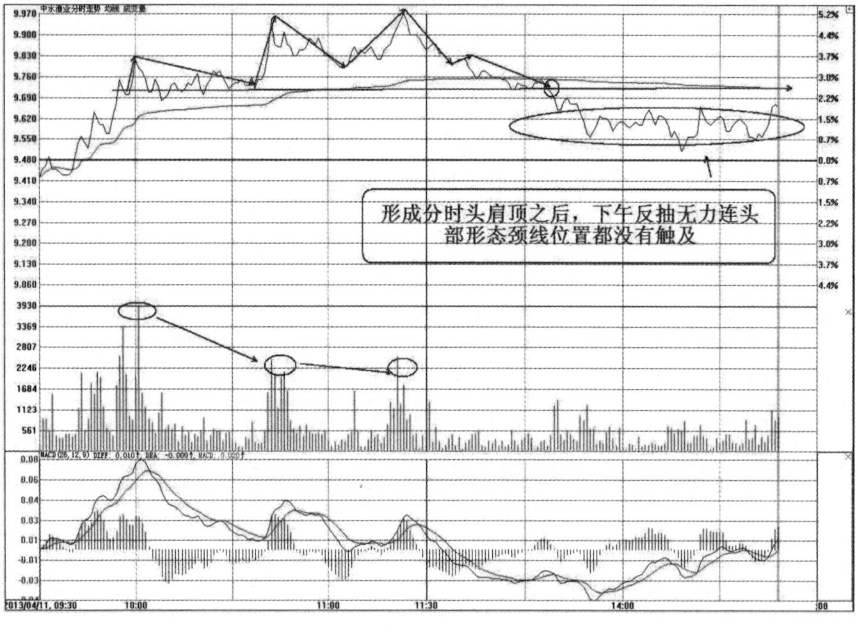
形成分时头肩顶之后，下午反抽无力连头部形态颈线位置都没有触及

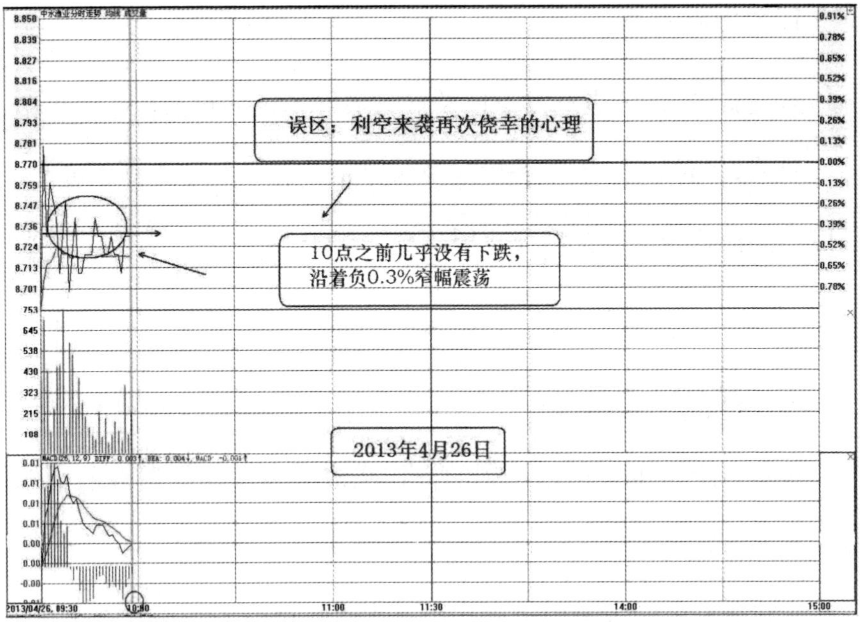
误区：利空来袭再次侥幸的心理
10点之前几乎没有下跌，
沿着负0.3%窄幅震荡
2013年4月26日

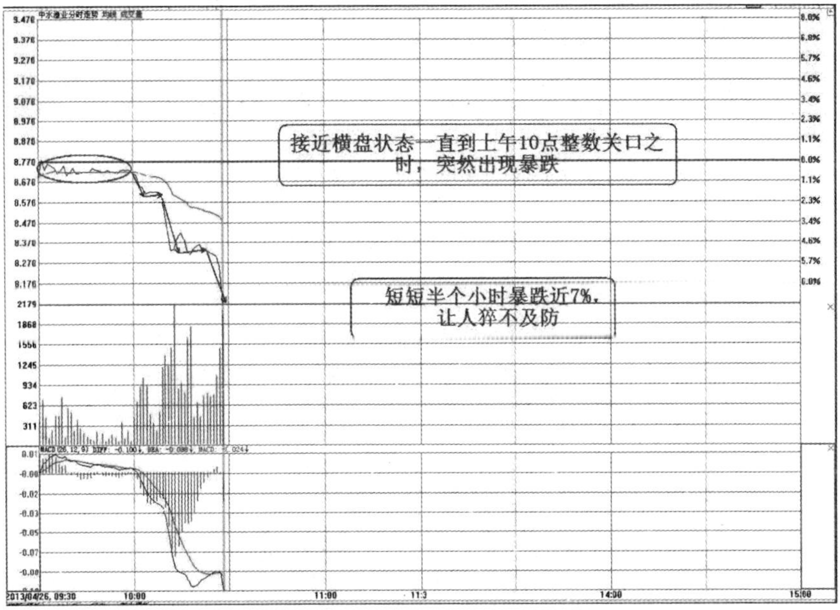
接近横盘状态一直到上午10点整数关口之
时，突然出现暴跌
短短半个小时暴跌近7%，
让人猝不及防

1. 卖出思考点

大盘弱势。最佳盈利卖点以及自己最好设定的止损位一错再错。

业绩大幅降低，上午一度触及跌停板，可见利空剧烈程度。于是借跌停板打开，反抽出仓止损。

中水渔业	20130426	13:09:57	卖出	8.050	[redacted]	9225349	280	000798	0107202914

2. 操盘感悟

这是一个由本来可以盈利的操作酿成了一次大的溃败的案例，总结有如下几个因素。

①在盈利的时候分时图两次出现卖点，都舍不得出。在大盘弱势的情况下对个股期待值不能够太高。

②最佳卖点错过之后，开始掉头下跌之时，破自己止损位（短期）10 日均线，没有及时止损，当时是抱有非常典型的侥幸心理，因为当天 2013 年 4 月 15 日已经破了 10 日均线的止损位置 9.32 元，但是想等反抽再出。

③ 2013 年 4 月 25 晚间中水渔业出台第一季度季报如图：

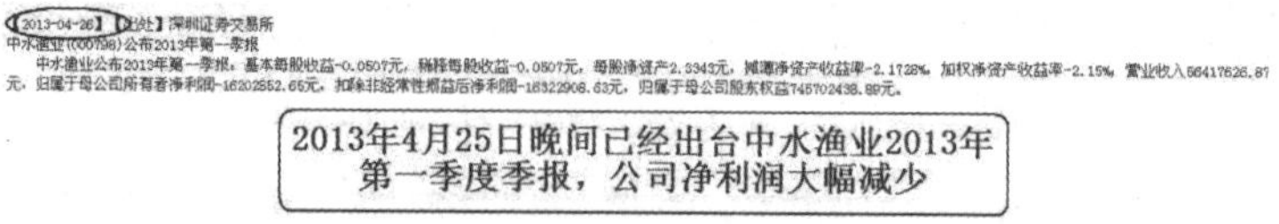
【2013-04-26】【出处】深圳证券交易所
中水渔业(000798)公布2013年第一季报
中水渔业公布2013年第一季报，基本每股收益-0.0507元，稀释每股收益-0.0507元，每股净资产2.3343元，摊薄净资产收益率-2.1728%，加权净资产收益率-2.15%，营业收入56417626.87元，归属于母公司所有者净利润-16202552.65元，扣除非经常性损益后净利润-16322908.63元，归属于母公司股东权益745702438.89元。
2013年4月25日晚间已经出台中水渔业2013年第一季度季报，公司净利润大幅减少

中水渔业F10公司报道

出现大利空，第二天一开盘中水渔业几乎还是横盘震荡整理，并没有大幅低开或者杀跌，因此对其抱有侥幸的心理，其实殊不知错过了当天的最佳卖出时机。

3. 关于止损几点思考——让自己长久生存下来

（1）为什么要止损

关于止损的重要性，专业人士常用“鳄鱼法则”来说明。鳄鱼法则的原意是：假定一只鳄鱼咬住你的脚，如果你用手去试图挣脱你的脚，鳄鱼便会同时咬住你的脚与手。你愈挣扎，被咬住的地方就越多。所以万一鳄鱼咬住你的脚，你唯一的机会就是牺牲一只脚。按此逻辑，股市里的“鳄鱼法则”就是：当你发现自己的交易背离了市场的方向，必须立即止损，不得有任何延误，不得存有任何侥幸。鳄鱼吃人听起来太残酷，但股市期市其实就是一个残酷的地方，每天都有人被它吞没或黯然消失。

下面，先来看看亏损后，翻本的代价有多大：

损失百分比	剩余本金(万)	需追回本金(万)	获利百分比
10%	9	1	11%
20%	8	2	25%
30%	7	3	42.9%
40%	6	4	66.7%
50%	5	5	100%
60%	4	6	150%
70%	3	7	233%
80%	2	8	400%
90%	1	9	900%
95%	0.5	9.5	1900%

通过上面的分析可以看到，翻本需要的获利比例随着亏损的增加越来越大，当投资者的亏损达到90%的时候，就需要获利900%才能翻本，而这里还没有包括交易成本。

（2）止损的方法

无论是外汇市场，还是证券市场或期货市场，资金管理（风险控管）都是交易的重中之重，而止损又是资金管理的灵魂所在，由此可见止损的重要性。唯有落实交易策略，严守止损，才能常保青山在，成为市场里的常胜将军。

A、额度止损法

目前，在国外这是较多操盘手采用的止损方法。其操作要点是：设立进场部位的资金最大亏损额度，一般为所占用资金的5%～20%；也可以是所占用资金的绝对数额，如每手最大亏损额为100美金；也可以是以任意一个不确定的点数，如最大忍受亏损的点位为20点。一旦达到亏损额度，无论是何价位立即止损离场。

使用这种止损方法，必须注意以下两点：

①不同的品种或者不同的操作时间段要采用不同的止损额度。

②设立的止损额度必须在市场中得到概率的验证。

这种止损方式的优点是很明显的：

①突出了资金管理原则。国外经验表明，优秀的操盘手不在于如何分析市场而在于如何管理好资金。

②具有概率上的优势，操作时间越长优势越明显。

③止损位置远离普通投资者，防范了技术止损所带来的市场风险。

使用这种止损方法时，需要做大量的统计和分析工作，确定操作策略，寻找适合自己操作风格的最佳止损额度。

B、技术止损法

①均线止损法。可利用移动平均线的技术特性来设置止损点，某些参数的移动平均线可视为支撑点或压力点，至于参数的设定依各人的交易策略和不同的市场状况而定。

②指标止损法。若投资者以MACD或KDJ等指标作为进场依据，则可根据这些指标的交叉、背离、超买、超卖状态等技术特征来设置止损点。

③形态止损法。这种方法是依照各种K线形态所形成的支撑位或压力位为依据，将其止损点设置于压力之上（做空者）或支撑之下（做多者）。这些特定的形态又包括：

第一，反转形态。反转形态包括头肩顶（底）、M字头（W底）、三角形、矩形等，主要是利用价格突破后所形成的支撑线或压力线作为止损点。

第二，连续形态。连续形态为价格走势中的整理形态，有稍作休息再出发的含义，是不错的进场机会，如三角形、旗形、矩形等。若价格走势呈现箱形整理的特征，且盘整区间在100点以上，则可利用区间来回操作，其止损点可置于盘整区间的上档之外或下档之外。

第三，趋势线。趋势线由价格走势中的两点即可形成，碰触次数越多意义越大。做多者可将卖出止损点设于上升趋势线的下方；做空者则可将买入止损点设于下降趋势线的上方。

第四，缺口。缺口可分为一般缺口、突破缺口、逃逸缺口与竭尽缺口，它们通常也具有支撑或压力的作用（一般缺口除外），所以也可将止损点设置在缺口附近。

④一般性止损法。顺势操作是一般止损法的最高原则（箱型盘整除外）。假定投资者认定此时价格走势为多头走势，则可将止损点设置于前次相对低点；假定投资者认定此时价格走势为空头走势，则可将止损点设置于前次相对高点。

案例 2：宋都股份——浑水里面的鱼儿摸不得

1. 买入思考点

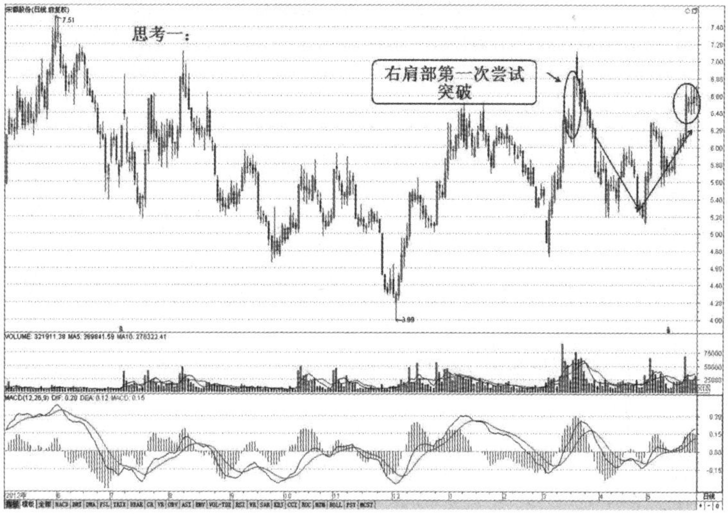

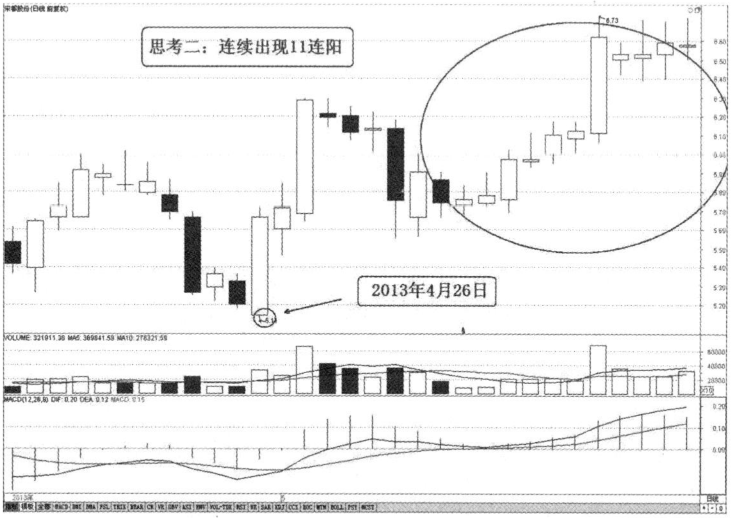

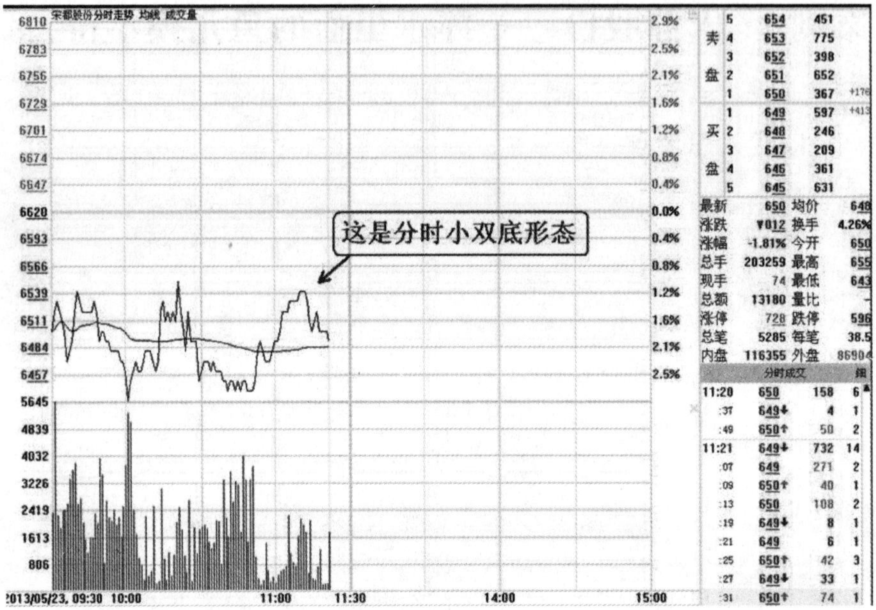
宋都股份分时走势 均线 成交量
这是分时小双底形态
2013/05/23, 09:30 10:00 11:00 11:30 14:00 15:00

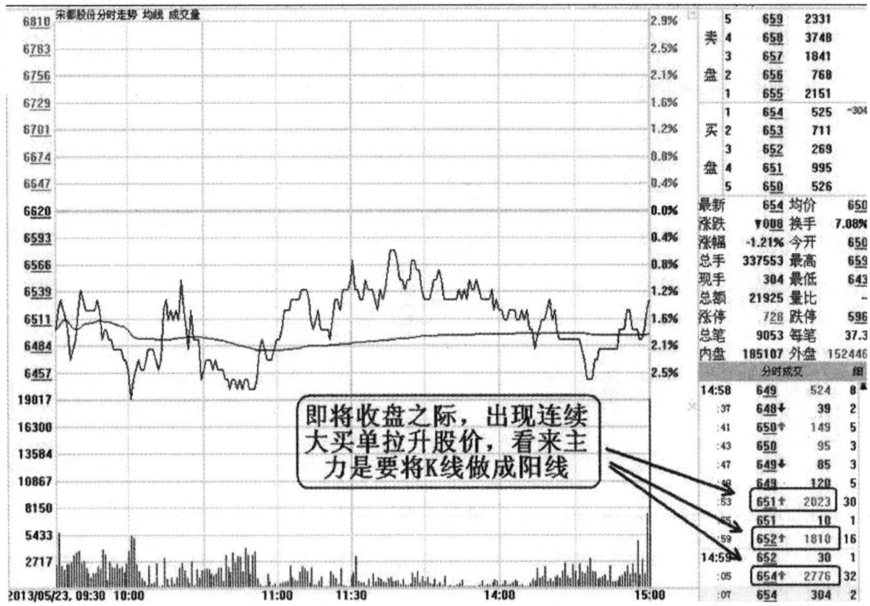
宋都股份分时走势 均线 成交量
即将收盘之际，出现连续大买单拉升股价，看来主力是要将K线做成阳线
2013/05/23, 09:30 10:00 11:00 11:30 14:00 15:00

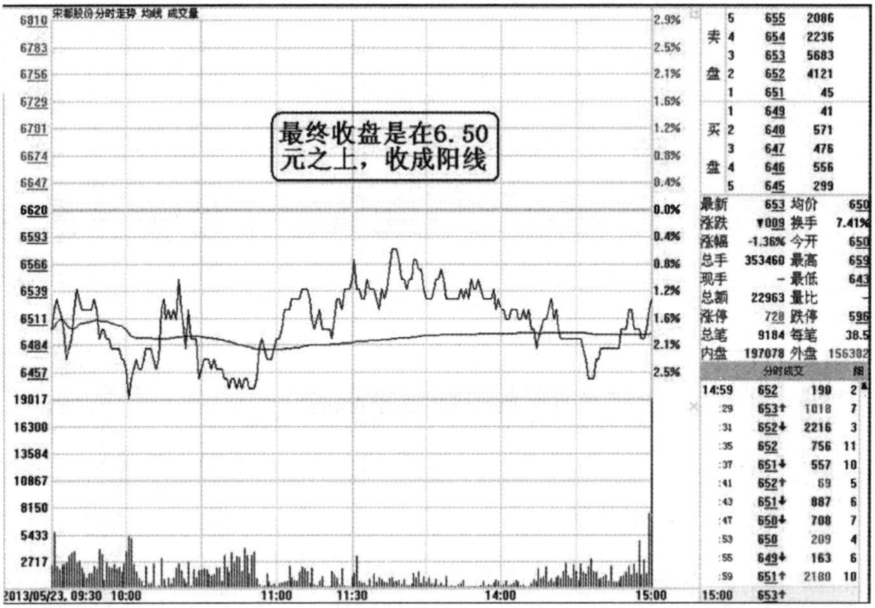
最终收盘是在6.50元之上，收成阳线

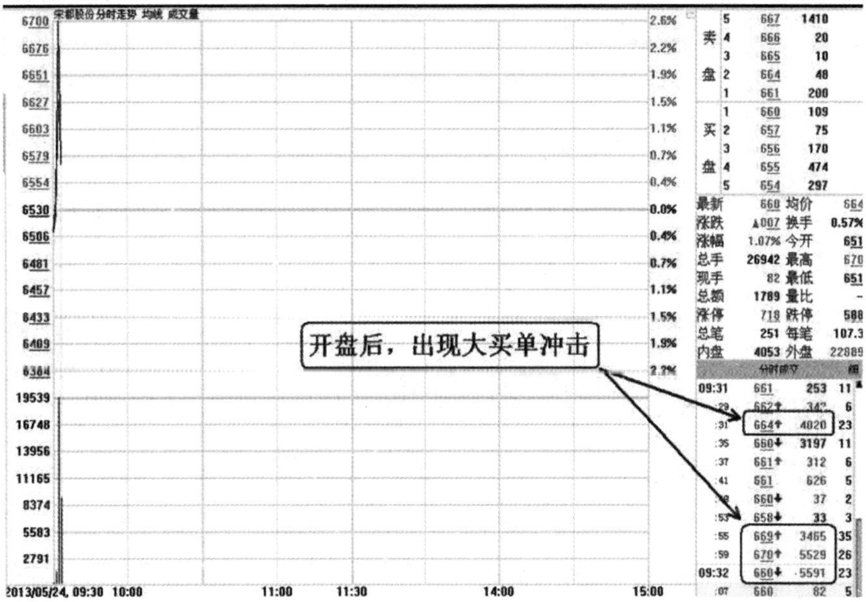
开盘后，出现大买单冲击

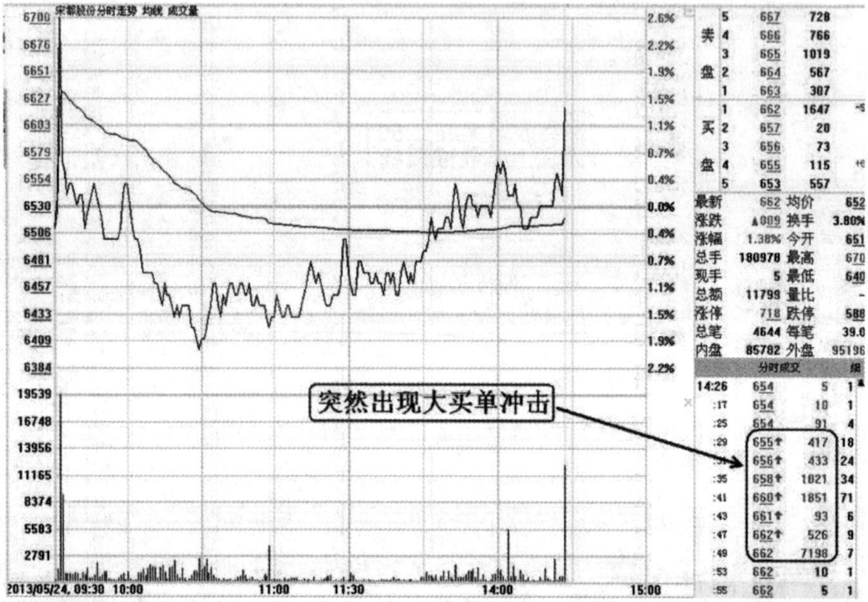
宋都股份分时走势 均线 成交量
突然出现大买单冲击

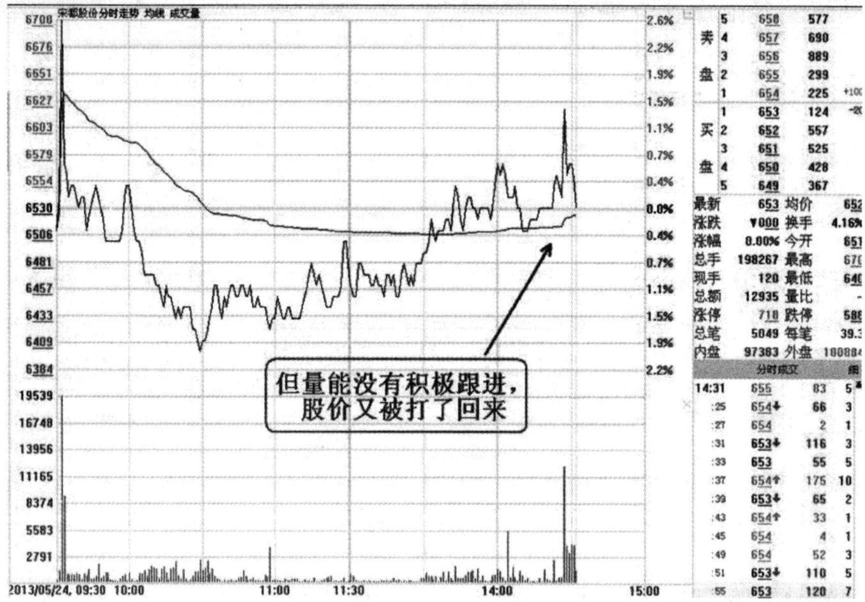
宋都股份分时走势 均线 成交量
但量能没有积极跟进，
股价又被打了回来

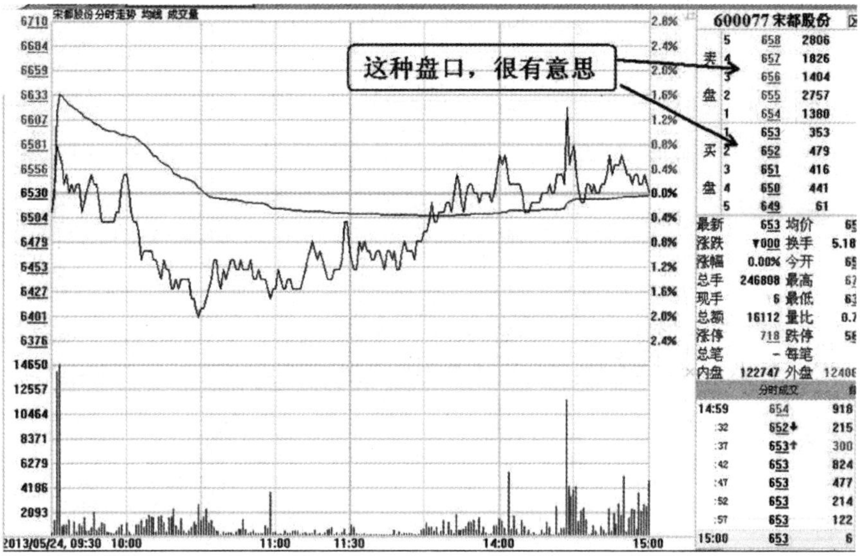
这种盘口，很有意思
600077宋都股份
2013/05/24, 09:30 10:00 11:00 11:30 14:00 15:00

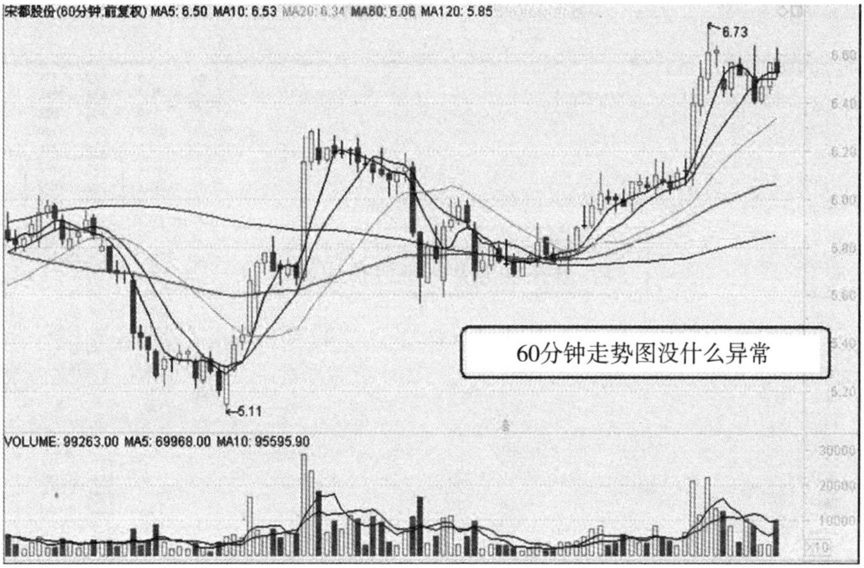
宋都股份(60分钟,前复权) MA5: 6.50 MA10: 6.53 MA20: 6.34 MA60: 6.06 MA120: 5.85
6.73
5.11
60分钟走势图没什么异常
VOLUME: 99263.00 MA5: 69968.00 MA10: 95595.90

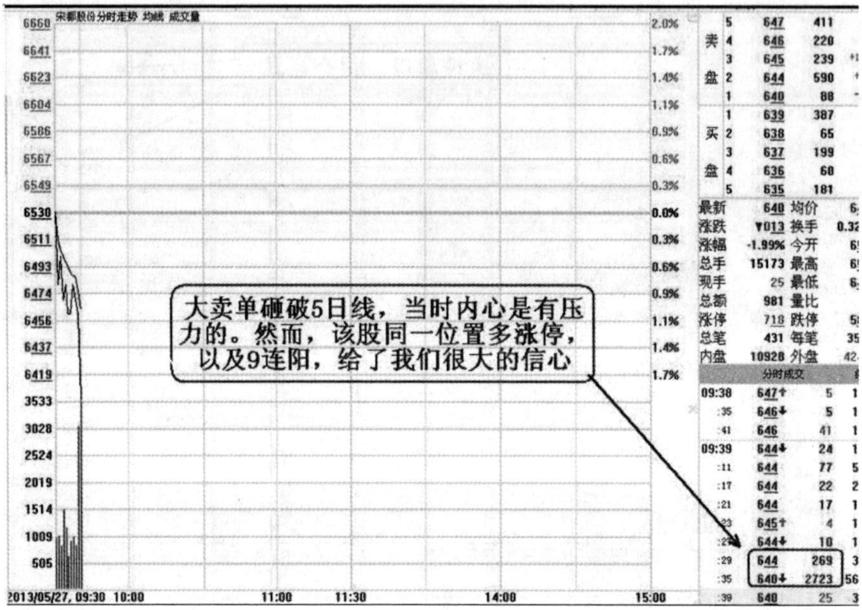
大卖单砸破5日线，当时内心是有压力的。然而，该股同一位置多涨停，以及9连阳，给了我们很大的信心

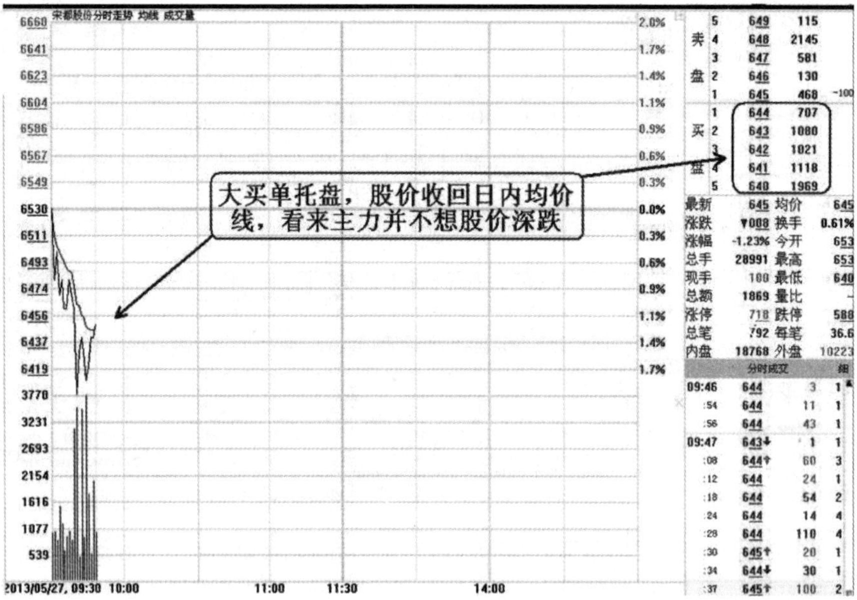
大买单托盘，股价收回日内均价线，看来主力并不想股价深跌

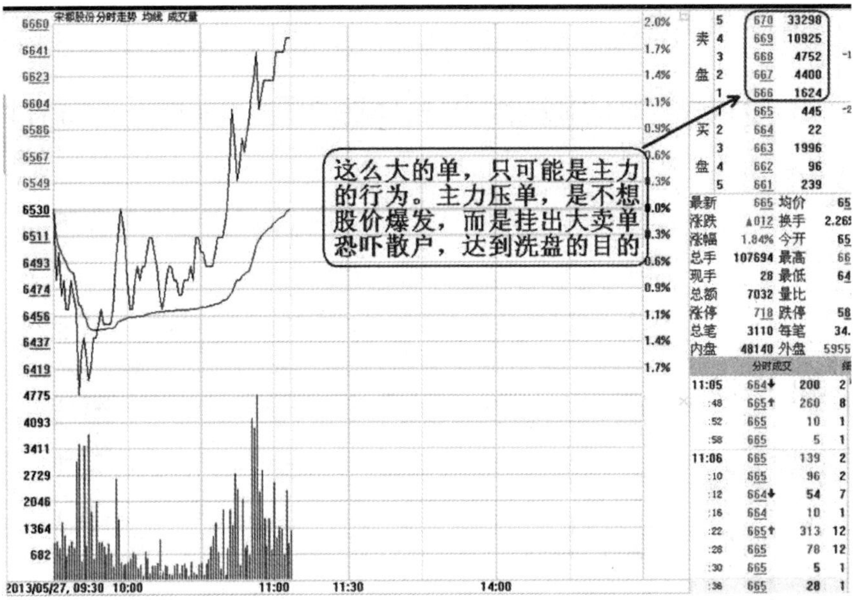
宋都股份分时走势 均线 成交量
这么大的单，只可能是主力的行为。主力压单，是不想股价爆发，而是挂出大卖单恐吓散户，达到洗盘的目的

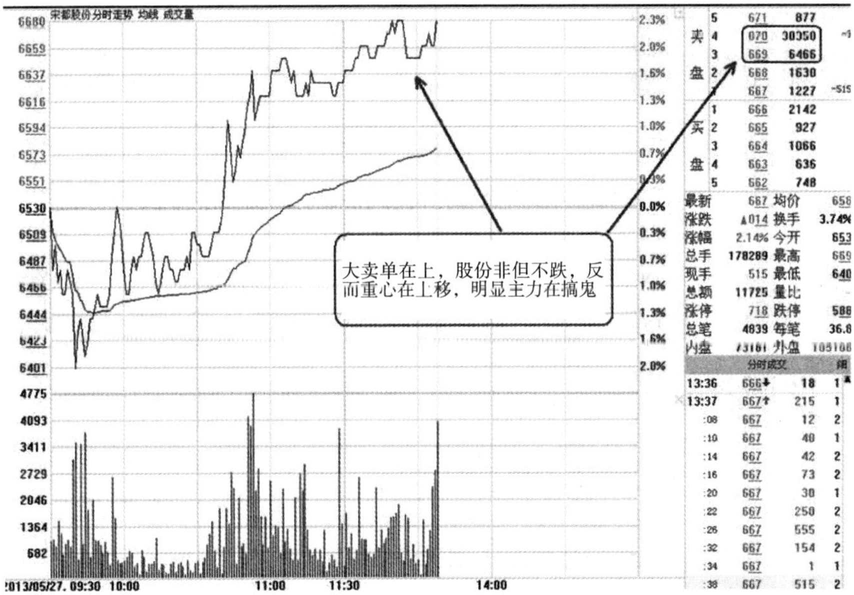
宋都股份分时走势 均线 成交量
大卖单在上，股份非但不跌，反而重心在上移，明显主力在搞鬼

宋都股份	20130529	10:24:33	买入	6.560[redacted]	1912019	47	600077	A504877674

2. 卖出思考点

没有达到预期盈利效果，且已经到了自己当初设定的10日均线止损位。

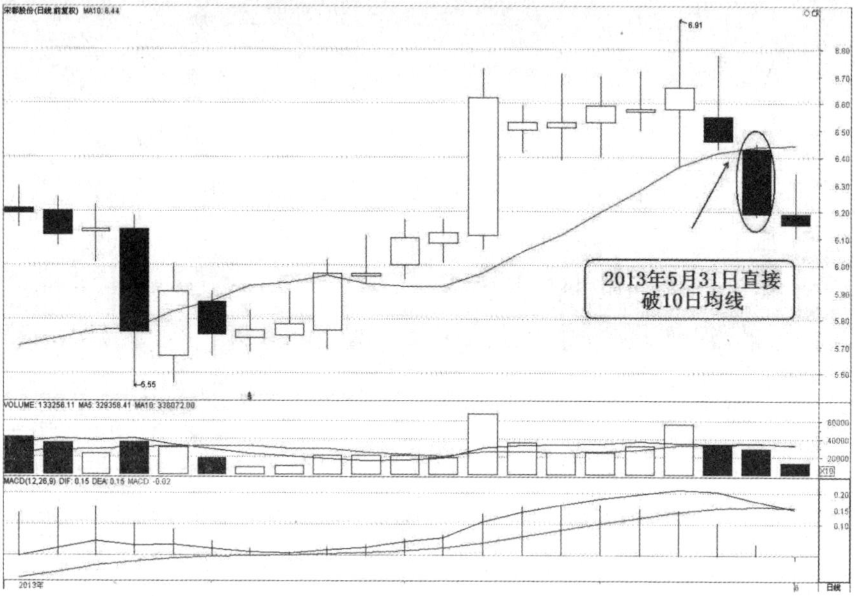

宋都股份日K线图

宋都股份 20130531 10:32:50 卖出 6.300[redacted] 1899991 154 600077 A504877674

3. 操盘感悟

主力出货之前一般会刻意制造一些假象，宋都股份就是非常典型的主力故意通过对敲来迷惑投资者。

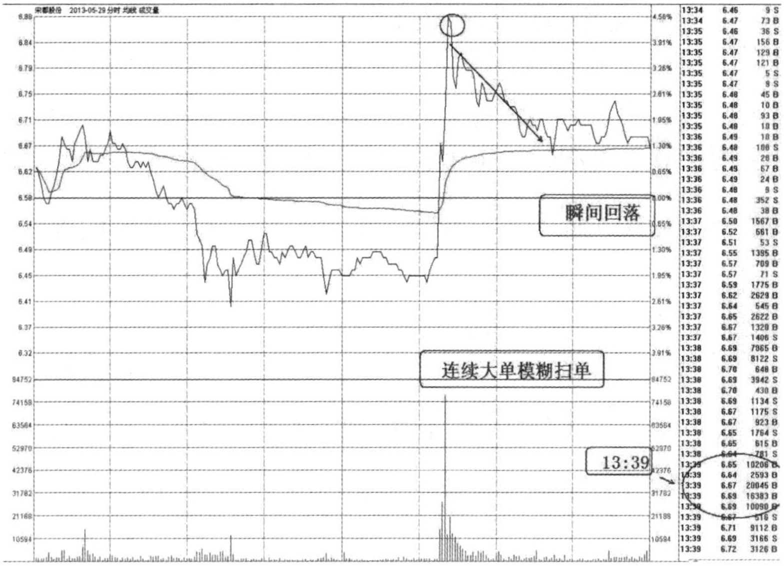

宋都股份分时图

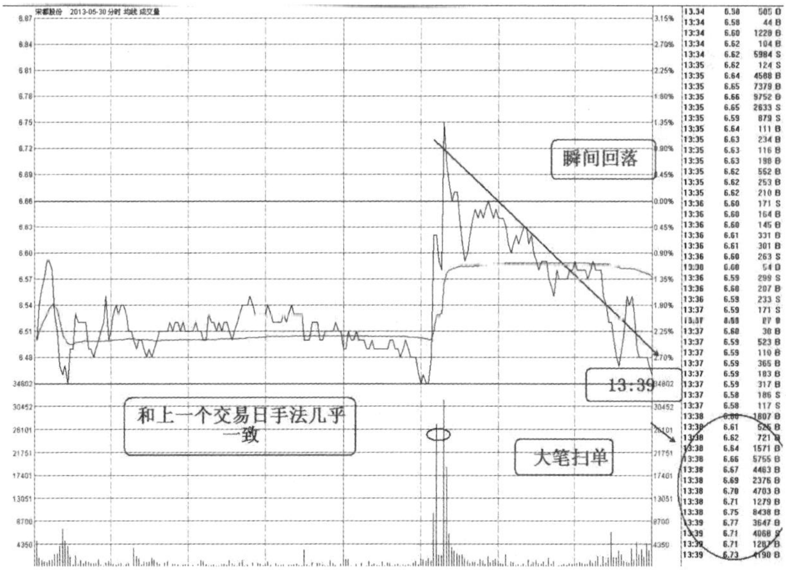

宋都股份日2013年5月30日分时图

主力通过大量买盘制造该股虚假繁荣景象吸引投资者入场接货。

主力无利不早起，股市中主力没有目的一般是不会进行对敲操作的。对敲操作在证券市场现阶段中成为坐庄不可缺少的操作。机构对敲操作一般具有如下目的：

①对敲制造交投活跃气氛，吸引投资者参与，确保目标股票日常交易股性活跃。为了保持目标股票的股性活跃，一般主力控盘必须经常做这样的操作。没有多少人参与，股价拉高了出不了货，也难以进行高抛低吸差价操作，这样的股票就等于“死亡”。如目前贵州茅台、云南白药这些股日均换手不到1%，机构在高位出不了货也做不了差价，一旦该上市公司出了什么问题谁也跑不了的股票，实际上从操作角度看已经“死亡”。

②上升时对敲。制造交投活跃吸引投资者买入借其力推高股价。

③洗盘时对敲。制造大量卖盘制造恐慌气氛恐吓心态不稳的投资者出局。

④出货时对敲。通过大量买盘制造盘口虚假繁荣吸引投资者接货。

⑤主力机构利用对敲操作买卖，虚虚实实迷惑他人。